PSİKOSPİRİTÜEL ROMAN

Yolcu

İlk Kapı: Ben Kimim?

David Harizanov

Telif Hakkı © 2025 David Harizanov

Bu eser PST Coaching'e ait olan "Duygular Evreni" projesinin
bir çalışmasıdır.
Tüm hakları saklıdır.

Bu kitabın hiçbir bölümü, yazarın veya yayınevinin yazılı izni olmadan herhangi bir biçimde ya da herhangi bir yöntemle kopyalanamaz, saklanamaz veya iletilemez.

Yayınevi: PST Coaching

ISBN: [978-1-918272-10-9]

1.Baskı: Eylül 2025
2.Baskı: Ekim 2025

Kapak Tasarımı: PST Coaching
İletişim: info@pstcoaching.co.uk

Bu eser, Amerika Birleşik Devletleri ve diğer ülkelerin telif hakları yasaları kapsamında korunmaktadır. ABD Telif Hakkı Ofisi'ne kayıtlıdır.
Yazarın manevi hakları saklıdır.

Ayrıca eser, Edebi ve Sanatsal Eserlerin Korunmasına ilişkin
"Bern Sözleşmesi" kapsamında, üye ülkelerde
uluslararası koruma altındadır.

Bu eser psikospiritüel bir kurgu romanıdır.
Tarihî şahsiyetlerden ve artık hayatta olmayan tanınmış kişilerden esinlenilmiş olsa da, kitapta yer alan tasvirler, edebî ve psikospiritüel araştırma amacıyla kurgusal olarak yorumlanmıştır. Bu kişilere atfedilen düşünceler, sözler ve eylemler tümüyle hayal ürünü olup, gerçek alıntılar veya belgelenmiş inançlar olarak değerlendirilmemelidir.

Tarihi veya kültürel kişiliklere yer verilmesi,
bu eserde dile getirilen düşünce ve yorumların onlar tarafından benimsendiği ya da onaylandığı anlamına gelmez.

Bu kitap, psikolojik ve ruhsal temaları keşfetmek amacıyla yazılmıştır.
Profesyonel psikolojik, tıbbî veya spiritüel rehberliğin yerine geçmez.
Kişisel destek arayan okuyucular, nitelikli bir uzmana başvurmaya
teşvik edilir.

PSİKOSPİRİTÜEL ROMAN

Yolcu

İlk Kapı: Ben Kimim?

David Harizanov

Beraber yürüdüklerime...

İçindekiler

Önsöz	9
Giriş	13
Kendini Keşfetme	25
1. Durak- Merak	81
2. Durak- Yalnızlık	109
3. Durak- Kaygı	133
4. Durak- Ümitsizlik	164
5. Durak- Cesaret	199
Sonsöz	241

Önsöz

Ey kendine doğru yola çıkan, hoş geldin!

Bazı yolculuklar vardır ki, haritalarda gösterilmez.
Bazı duraklar vardır ki, istasyonları yoktur.
Ve bazı sorular vardır ki, cevabı başka birinden değil, kendi derinliğinden duyulur.

Bu satırları okuyorsan, bil ki bu tesadüf değil. Kainatta tesadüf diye bir şey yoktur. Eğer sen, bu satırlara geldiysen; bunun bir amacı var. Bu, kendini tanımak istiyorsun demektir.

Hayat yolculuğumuz neye benzer bilir misin? Bir puzzle'ın parçalarının etrafa dağılmış hâline…Attığımız her adımda; parçalar birleşmeye, resim biraz daha netleşmeye başlar. Ama biz, yoldayken büyük resmi görmeyiz.

Bugün, bu satırları okuyorsan, kendini ve duygularını tanımak için bir adım atıyorsun demektir.

Bu satırlara gelene kadar, hayatında birçok şey yaşadın. Bazıları zordu, bazıları kolay. Ama hepsinin bir anlamı vardı. Her biri, senin puzzle'ının bir parçasıydı; senindi, sadece senin… Onların her biri, seni sen yapan olaylardı.

Bazen, yaşadığımız olayları, o esnada anlamayabiliriz. Yaşadıklarımız karşısında zorlanabilir, hatta bazen, sorgulayıp "Ben bunu niye yaşıyorum ki?" diyecek duruma gelebiliriz. Fakat seneler sonra geriye dönüp, hayatımızın o ana kadar tamamlanmış olan puzzle'na baktığımızda; her şey anlam kazanır. Ve görürüz ki, en zorlandığımız anlar; aslında en büyük değişim ve nimetlerin hazırlayıcısıymış.

Belirsizlik, insanın çok rahatsız olduğu bir hâldir. Ama her belirsizlik, bizim için kötü değildir. Eğer bu satırlara geldiysen; iç dünyada, senin için şu anda belirsiz olan, keşfedeceğin ve keşfettikçe heyecanlanacağın birçok mekanizma var demektir.

Hoş geldin ey Yolcu!

Duygularını tanımaya, kendini keşfetmeye, iç dünyada seyahat etmeye ve bilmediklerini öğrenmeye hazır mısın?

Bu yolculuk, sırlarla dolu bir yolculuktur. İnsanın kendini tanıması kadar sırlı ve zorlu bir yolculuk yoktur. Ve bu yolculukta devam edebilmek için sabırlı, istekli, kararlı olman gerekir.

Duygular, düşüncelerin anlam kazanmış hâlidir. Neyi, neden hissediyorsun? Bunu keşfetmeye hazır mısın? Eğer hazırsan, sana kendi yolculuğunda çok önemli bir örnek olabilecek Kerem'in yolculuğunu anlatacağım. İster misin?

Kerem de tıpkı senin gibi, "Bu yol nasıl yürünür? Ben ne yapacağım?" diye düşünen bir Yolcu'ydu. Onun hikâyesi, sadece ona ait değil; aslında herkesin içinde yaşayan, isimsiz bir Yolcu'nun hikâyesidir.

Kerem bu hikayede; zamanın dışına taşan bir binada, fikirleri ve ruhları yüzyılları aşmış on bir bilge ile karşılaştı. Her biri ona; sadece bir şey öğretmedi, içindeki hakikate ayna tuttu.

Gazâlî, kalbin sesini hatırlattı.
Freud, iç karanlığına ışık tuttu.
Adler, ona değerini fısıldadı.
Jung, gölgesiyle yüzleştirdi.
Bediüzzaman, Allah'a ait olduğunu haykırdı.
Erikson, kimlik inşasını anlattı.
Beck, düşüncelerini ehlîleştirdi.
Brown, umut aşıladı.
Kandehlevî sahabenin izini gösterdi.
İbn Arabî benliğini sildi.

Ve Geylânî, her şeyin sonunda secdeye çağırdı.

Sen bu sayfaları çevirirken belki bir binaya adım atmayacaksın, ama kendi iç dünyana doğru yolculuğa çıkacaksın. Bazen ben konuşacağım, bazen Kerem; bazen Gazâlî, bazen Freud, bazen Adler... Sonra bir bakmışsın Muhyiddin İbn Arabî...

Bu kitap bir kurgu değil, bir davet. Kendine, iç yolculuğuna, tevazuya ve hakikate açılan bir kapı. Sorusu ortak: "Ben kimim?"

Eğer sabredeceksen, eğer dikkatini vereceksen, eğer dinleyeceksen...

Haydi gel!
Yolculuk şimdi başlıyor.
Hoş geldin, ey Yolcu!

Giriş

(Beşiktaş - İstanbul)

Kerem, terapistin kapısından yavaşça çıktı. Kapı arkadan kapandıktan sonra, bir süre merdiven başında durdu. Derin bir nefes aldı.

Dışarıda hava serindi. Rüzgâr Boğaz'dan esip, ceketinin yakasını hafifçe kaldırıyordu. Üzerinde lacivert bir kaban, gri boğazlı bir kazak ve koyu kot pantolon vardı. Elini cebine attı, telefonunu çıkardı; ama ekrana bakmadı, sadece baş parmağını ekranın üzerinde gezdirdi.

"İyiyim galiba." diye mırıldandı kendi kendine. Ama iyiliğinin yüzeysel olduğunu biliyordu. İş yerinde başarı, iyi bir maaş, sevdiği bir nişanlı... Kâğıt üstünde hayatı kusursuz görünüyordu; ama içeride, göğsünün tam ortasında, boş bir odanın kapısı aralık duruyor gibiydi.

Terapistin dedikleri kulağında çınlıyordu: "Bazı boşluklar, yeni şeyler inşa edilmeden dolmaz."

"Yeni şeyler mi?" diye düşündü: *"Daha ne yapabilirim ki?"*

Beşiktaş'ta çarşıya doğru yürümeye başladı. Akşamüstü kalabalığı başlamıştı; balıkçıların tezgâhından tuzlu koku yayılıyor, martılar alçaktan uçuyor, çay ocaklarından ince belli bardakların şıngırtısı geliyordu. Trafiğin gürültüsü, kaldırımda aceleyle yürüyen insanların adımlarına karışıyordu.

Tam köşe başını dönerken, karşıdan gelen birini gördü. Yüzü tanıdık geldi, ama çıkaramadı. Adam yaklaşınca, bir anlığına zaman geriye aktı: *"Burak?"*

Adam, Kerem'in şaşkın bakışları arasında gülümsedi: "Kerem! Vay

İlk Kapı: Ben Kimim?

be, seni gördüğüme inanamıyorum!"

Yıllar önceki lise günlerinden tanıdığı; o zamanlar sınıfın en zıpır, en yerinde duramayan çocuğu olan Burak karşısındaydı. Ama bu Burak, başka bir Burak gibiydi. Saçları daha kısa, sakalları düzenli, gözleri daha dingin...

Selamlaştılar, tokalaştılar, ardından refleksle sarıldılar. Kalabalığın içinde kısa bir sessizlik oldu.

"Sen ne yapıyorsun buralarda?" diye sordu Kerem.

"Şimdi anlatsam uzun sürer," dedi Burak gülerek. "Ama önce gel, şurada bir çay içelim. Beşiktaş'ta çay içmeden sohbet olmaz."

Köşe başındaki küçük çay ocağına oturdular. İnce belli bardaklar masaya geldiğinde, aralarındaki mesafe, lise günlerinden bir anıya dönmüş gibiydi. Kerem, lafa girdi: *"Tamam, önce kısa bir özet... Hayat nasıl gitti?"*

Burak, hafifçe geriye yaslandı: "Liseyi bitirdim, bir üniversiteden mezun oldum, birkaç işte çalıştım. Daha sonra, aile şirketinde çalışmaya başladım. Evlendim, ama maalesef yürümedi. Bayağı çalkantılı bir süreç... Anlayacağın epeyce zorlandım. Bu süreçte çok ciddi yıprandığımı hissettim. İşler zorlaştıkça, eksik olan bir tarafım olduğunu keşfetmeye başladım. Kendimi tanımadığımı farkettim ve aramaya başladım. Öyle işte... Sen anlat; nasılsın, neler yaptın?"

Kerem başıyla onayladı ve anlatmaya başladı: *"Üniversite bitti, iyi bir iş buldum. Kariyer güzel gidiyor. Nişanlandım. Maddi olarak iyiyim, ama içimde tarif edemediğim bir boşluk var. İşte buradan geliyordum, terapistten."*

Burak, dikkatle Kerem'in gözlerine baktı ve "Boşluk... O duyguyu iyi bilirim," dedi. Bir yudum çay aldıktan sonra, anlatmaya başladı: "Biliyor musun, bu boşluk hissi beni neredeyse yuttu. İşimi kaybettim, evliliğim bitti. Bütün insan ilişkilerim etkilendi. O zaman dedim ki: 'Bende bir şeyler eksik.' Kendimi tanımak için eğitimlere başladım. Önce mindfulness üzerine bir kurs aldım. Sonra NLP eğitimi ve ardından nefes terapileri, pozitif psikoloji seminerleri... Bir de Stoacılık felsefesi üzerine online bir program... Toplamda beş farklı tarzda kendimi tanıma yolculuğu yaptım."

Kerem dikkatle dinliyordu: *"Peki işe yaradı mı?"*

Burak başını salladı: "Yaradı, ama eksikti. Hepsinde bir şeyler öğrendim, ama parçalar bir türlü birleşmiyordu. Ta ki İngiltere'deki "Keşifler Yolculuğu Eğitimi" denilen o programı bulana kadar...

"Kuran, Sünnet ve modern psikolojiyi bir araya getiren seksen günlük bir eğitim... Daha önce hiç karşılaşmadığım yeni bir modelleme... Dini bir eğitim değil. Kur'an'ın içindeki insan psikolojisi üzerine konsantre olunmuş. Tereddüt ettim en başta; 'Benim problemim psikolojik, din ile mi çözeceğim bu işleri?' diye düşündüm. Ama, sadece o alan kalmıştı. Modern dünyanın en etkili eğitimlerini almıştım. 'Ne kaybederim ki? Hoşuma gitmezse bırakırım.' dedim kendi kendime ve programı araştırdım biraz.

Her gün, bir konu hakkında bir analiz metni gönderiyorlar. Eğitimin, hislerini yazdırmak gibi değişik bir modellemesi var. Okuyorsun, sonra o metnin sende uyandırdığı hisleri yazıp koçuna gönderiyorsun. Beni biliyorsun, çok yazan biri değilim. Ama duyguları yazmaya başlayınca, öyle şeyler görmeye başladım ki, ben bile şaşırdım. O zaman anladım, yazma konusunda eğitimin neden bu kadar disiplinli olduğunu."

Kerem'in içinde bir şey kıpırdadı. Bu, uzun zamandır hayalini kurduğu bir şeydi. Modern psikolojiyle inancın bir araya geldiği, disiplinli bir program... *"Sonra ne oldu?"* diye sordu merakla.

Burak'ın sesi biraz daha derinleşti: "Kerem... Hayatım değişti. Şükretmenin sabırla nasıl bağlantılı olduğunu öğrendim. Allah'ın beni çok kıymetli bir varlık olarak yarattığını; kıymetimin para, statü ve makamdan değil, aslında yaratılışımdan geldiğini ve her insanın kıymetli

İlk Kapı: Ben Kimim?

olduğunu; vicdan ve nefsin nasıl çalıştığını, Hz. Musa ile Firavun kıssasındaki psikolojik savaşları, Firavun'un gaslighting'ini, iblisin şeytanlaşma sürecini, şeytanın insana sağdan nasıl yaklaştığını ve daha nicelerini... Bu eğitim bana duygularımı tanımayı, onları yönetmeyi öğretti. Artık başka biriyim."

Kerem bardaktaki çayın yarısını bitirmişti, ama farkında değildi. Sanki zaman durmuştu. Burak'ın kelimeleri zihninde yankılanıyordu. Gözleri uzaklara dalmıştı. Karşıdaki tabelalara bakıyor, martı seslerini duyuyordu; ama aklı bambaşka bir yerdeydi. Burak anlattıkça, içinde yıllardır kapalı duran bir kapı gıcırtıyla açılıyor gibi oldu. İçinden geçirdi: *"Belki de bu, aradığım şey."*

"Kerem, anlatamıyorum oğlum!" dedi Burak. "Bu eğitim öyle bir şey ki okumak için değil, hissetmek için. Metni okuyorsun, sonra o metni ayna gibi tutup iç dünyana bakıyorsun. Okuduklarının, içinde bazı kıpırtılar oluşturuyor. Daha önce hiç hissetmediğin, dikkatini çekmeyen şeyleri görmeye başlıyorsun abi! O hisleri unutmamak için de, hemen yazasın geliyor. Yazmadan olmuyor. Yazmadığında, sanki o gün eksik kalmış gibi hissediyorsun. Ve yazdıkça, kendinle konuşmaya başlıyorsun. Sanki ben, ben ile barışıyor; ben ile arkadaş oluyorum gibi... İsimlendirmeye korktuğum, düşünmemeye çalıştığım eksiklerimi, kendimle konuşmaya başladım. Neyse abi... Ne kadar anlatırsam anlatayım, senin kendin tecrübe etmen lazım bu işi."

"Bu cümle beni vurdu. 'Kendinle barışmak ve kendinle arkadaş olmak...' Ben hep, kendimle yüzleşmekten kaçmamış mıydım? Evet inançlıydım, ama bazı gerçeklerle yüzleşmekten kaçardım. Çünkü yaklaşınca anlamıyordum. O belirsizlik, kaçtığım şeylerle barışmanın habercisiydi belki."

Burak, telefonu çıkarıp bana bir link gösterdi. "Başvur derim. Sana iyi gelir."

Bir anda içimi; daha önce hiç hissetmediğim bir heyecan, bir merak duygusu kapladı. Ben kendimi bildim bileli, yeni şeyler öğrenmeye meraklı biriydim. Bu da kişisel gelişimimde bana çok yardım etti.

Ama bu seferki duygu, daha önce hissettiklerimden çok farklıydı. Hani böyle, çok sıcak bir günde, saatlerce su içmezsin ve çok susarsın ya, işte aynen öyle bir hissiyat idi. Kendimi ve duygularımı keşfetme merakı, sanki bütün benliğimi sarmıştı.

O an, bu yolculuğun çok farklı bir yolculuk olduğunu anlamıştım. Düşünmedim bile. Ve linki telefonuma kaydettim.

Ertesi gün, başvuru formunu doldurdum. Form bile ciddiydi: "Hayatındaki hangi duyguları en çok tanımak istiyorsun?" "Kaç gün üst üste disiplinli çalışabilirsin?" "Yazmak senin için ne ifade ediyor?"

Cevapları yazarken fark ettim: Kendime karşı dürüst olmam gerekiyordu. Bu öyle; "Bugün canım istedi yaparım." ya da "Bugün canım istemedi, yapmam." diyebileceğim bir eğitim değildi sanki.

Üç gün sonra, iki koç aradı. Ses tonları ciddi, ama bir o kadar da samimiydi.

"Kerem Bey! Bu eğitim, bir bilgi edinme eğitimi değil. Bilgi zaten sizde var. Biz, hislerinizi görmek istiyoruz. Metinleri okurken, aklınıza gelenleri değil; kalbinizde uyananları yazmanızı istiyoruz."

"Anladım." dedim, ama içimden "Bunu yapabilir miyim?" diye geçirdim.

Biraz sonra, koçlardan biri şöyle dedi: "Belki de içinizden 'Acaba ben bunu yapabilir miyim?' diye düşünüyorsunuzdur. Bu hissiyat, eğitime katılmadan önce, birçok insanda olan hislerden biridir. Ama göreceksiniz ki siz, sandığınızdan daha disiplinli ve daha integrity sahibi birisiniz."

Koçumun bu söylediği karşısında istem dışı gülümsedim. Ve "Evet, gerçekten bunu içimden geçirmiştim." dedim. Karşılıklı güldük, görüşme daha samimi ve sıcak bir hâle gelmişti.

Telefonu kapatırken, benimle bu yolculukta ilerleyecek olan koçum: "Kerem Bey, 'Keşifler Yolculuğu'na hoş geldiniz!" *dedi. Teşekkür*

İlk Kapı: Ben Kimim?

ettim ve heyecanla telefonu kapattım.

İki gün sonra, mailime ilk analiz geldi. Hz. Musa ile Hz. Hızır'ın sırlı yolculuğu: Sabır...

Okumaya başlayınca, benim yolculuğumun da sırlarla dolu olduğunu ve bu yolculukta, sabırla ilerlemem gerektiğini öğrendim.

Gelen analiz, beni gerçekten şaşırtmıştı. Günler geçtikçe ve okumaya devam ettikçe; Burak'ın neden bahsettiğini anlamaya başladım. Aydınlık ve karanlık kavramlarını, her karanlıktan sonra bir aydınlığın muhakkak olduğunu, bilmediğimi dahi bilmediğim birçok alanın olduğunu, yapmak ile denemek arasında nasıl farklar olduğunu, seçmek ile karar vermek arasındaki farkları; şeytanın bana sağdan, soldan, önden, arkadan nasıl vesveseler verdiğini, sabredebilmek için muhakkak şükretmek gerektiğini; Kur'an'da hüzün ile ilgili anlatılan altı duyguyu, depresyon analizlerini ve bunun gibi daha birçoklarını... İç dünyamı ciddi şekilde değişime sevk eden analizleri okudum. Vicdanımın sesini dinledim, nefis mekanizmamı analiz ettim. Bazen güldüm, bazen ağladım; ama en önemlisi; kıymetli olduğumu hissettim.

Her okuduğum metinde; 'Allah beni seviyor. Ben yalnız değilim; hangi durumda olursam olayım, ben kıymetli bir varlığım.' diye hissettim.

Birçok metinde; terapistimle konuşmuş olduğum teorilerin, aslında Kur'an'da mevcut olduğunu gördüm. Buna inanamadım. Komplike ilişkilerle ilgili gelen analizlerde; Firavun'un Hz. Musa'yı nasıl manipüle edip gaslight ettiğini, bir narsist ile nasıl mücadele edileceğini Kur'an'ın çözümleri ile okuduğumda, hayretler içinde kaldım. Toplumun baskısı karşısında, doğru bildiğimi nasıl savunabileceğimi öğrendim. Okuduklarım sadece dini bir eğitim değildi. Okuduklarım, beni Yaratan'ın benim ile ilgili, son hidayet rehberi olan Kur'an'a koyduğu şifrelerdi.

Duygular Evreni – Yolcu

Seksen gün sonunda, başka bir Kerem vardı artık. Duygularımı tanımaya başlamıştım. Eğitim boyunca analizi yapılan karakterlerin, aslında benim hayatımda da olduğunu görmeye başladım. Benim nefsimde de, anlatılan eksiklerden birçoğu vardı. Kendimi, duygularımı tanıdıkça, daha ne kadar yolun başında olduğumu farkettim. Merakım arttıkça arttı. Kendimi keşfettikçe, daha fazla kendi başıma kalmak istemeye başladım. Yalnızlaşmam artmaya başladı.

Kendi kendime uzun yürüyüşlerim arttı. Dışarısını bırakıp, iç dünyamı analiz etmeye başladım. Bu; benim en çok korktuğum şeydi aslında, ama yaptıkça daha da lezzet aldım.

Psikolojik olarak daha stabil hâle geldim. Artık dürtülerimle değil, prensiplerle hareket etmeye başladığımı farkettim. Hislerim, davranışlarımı yönlendiremiyordu. Hislerim beni değil, ben hislerimi yönetir hâle geldim. Otokontrolüm arttı. Her hissin, bende bir duygu hâline gelmesine izin vermez oldum. Her duyguyu da, davranışa geçirmemeye başladım Artık kontrolde olmaya başlayan bir Kerem vardı.

Hayatımda gerçekleşen olaylara yüklediğim anlamlar değişmeye başlamıştı. Artık "Kim suçlu?" analizlerini bırakıp, "Ne öğreniyorum?" demeye başlamıştım. Kendime inanamıyordum. Bu değişimi gördükçe de merakım ve kararlılığım daha da arttı. Duygularımı daha da derinlemesine tanımak için her şeyi yapacaktım. Ama bir yandan da "Ben bunu tek başıma yapabilir miyim acaba?" hissi içimde çokça belirmeye başladı. Bu kaygı daha önce yaşadıklarım gibi değildi. Meraklandıkça daha derinlemesine öğrenme iştahım arttı. O arttıkça, kendimle baş başa kalmalarım arttı. Ama "Acaba bu yolu sonuna kadar götürebilir miyim?" kaygısı beni sık sık ziyaret etmeye başladı.

Dünyanın en zor mücadelesinin, insanın kendi ile olan mücadelesi olduğunu keşfettim. Küçük adımlarla; bu mücadelede başarılı olduğumu gördükçe, öz güvenim ve öz saygım arttı. Ve bu hisler, hayatımın her alanında, daha verimli bir insan olmamı sağladı.

İlk Kapı: Ben Kimim?

Bu yolculuk; artık benim için, kendimi tanımladığım ve olmazsa olmaz bir yolculuk hâline gelmişti. Ben, duygularımı tanımaya ve o duygularıma yön verme sanatını öğrenmeye kararlıydım. Bunun için de, ne yapılması gerekiyorsa yapacaktım. Daha yolun başında olduğumu ve henüz ilk adımı attığımı çok iyi biliyordum, ama kararlıyım. Bu yoldan dönmeyecektim. Çünkü insanın kendini keşfetme yolculuğu, hiç bitmeyecek bir yolculuk. Ve benim, bu konuda yardıma ihtiyacım var. Kendi kendime durmadan tekrarlayıp duruyordum:

Bunu nasıl yapacağım?

Bunu nasıl yapacağım?

Bunu nasıl yapacağım?

***

Ey Yolcu!

Kerem'in heyecanını, anlattığı şeylerdeki değişim ve kararlılığı görüyor musun? İnsan; nefsini tanımaya, duygularını yönetmeye başlayınca nasıl öz güvenli, disiplinli ve kararlı biri hâline gelmeye başlıyor, görüyor musun?

Kerem'in iç dünyasında oluşan "kendini keşfetme merakı"nın, nasıl kendi ile daha fazla vakit geçirmeye dönüştüğünü ve bunun kıymetini anladığında oluşan; "Daha derinleşmeliyim, ama bunu nasıl yapacağım?" kaygısını görüyor musun?

Bak! Bu heyecan ve kararlılık, Kerem'in hayatında nasıl bir değişime sebep oldu? Şimdi, Kerem'in esas yolculuğu başlayacak. Sen de onun duygularını nasıl keşfettiğine, kendi ile nasıl yüzleştiğine şahit olacaksın. Unutma! Bu, aslında senin de yolculuğun. Ve okuduklarını, sanki Kerem senmişsin gibi oku!

Kerem devam etti:

"Keşifler Yolculuğu Eğitimi"ni tamamlayalı belki bir sene olmuştu.

İçimdeki bu heyecan hiç dinmiyordu. Ben, beni keşfetmeliydim. İçimdeki sesleri ayrıştırmayı, yaşanan olaylara doğru anlamlar yükleyebilmeyi öğrenmem gerekiyordu.

Her gece, hiç bıkmadan dua ediyordum. Zaman uzadıkça, "Acaba olmayacak mı?" hissi içimde oluşmaya başlıyor, umudumun kırıldığı anlar oluyordu. Ve bu beni çok üzüyordu. Hayatımın en zor haftalarından birini geçiriyordum. Nişanlımla anlamsız tartışmalar içine giriyorduk. Çözülmeyen bir problemler yumağının içindeydik sanki. Çözmeye çalıştıkça, sanki yeni problemler açığa çıkıyordu.

Bir Çarşamba gecesi idi. İşte zor bir gün geçirmiştim. Yöneticimin manipülatif tavırları canımı fazlaca sıkmıştı. Öğrendiklerim ile üzerimde uygulanan gaslighting'i görebiliyordum. Nasıl davranmam gerekiyor, daha efektif nasıl ilişki kurabilirim düşünceleri, iç dünyamı iyice daraltmıştı. O gece çok zor bir geceydi. Hani yatağına yatarsın; uyuduğunu sanırsın, ama saate baktığında daha üç dakika geçtiğini görürsün ya... Gerçekten çok zordu. 'Kerem kalk, uyuyamayacaksın.' dedim kendi kendime. Yatağımdan doğruldum, istemsizce ağlamaya başladım. Daha önce hiç böyle ağlamamıştım. Kendimi durduramıyordum. Durmadan 'Allah'ım bana bir yol göster. Allah'ım bana bir yol göster.' diye mırıldandığımı hatırlıyorum. Uzun süre ağlamanın yorgunluğu ile yatağımda bayılmışım.

Bilmiyorum kaç dakika o hâlde kaldım. Gözlerim kapanmıştı, ama uyumak gibi değildi. Sanki birden, beynimdeki bütün sesler gitmişti.

Bir kapıdan içeri çekiliyor gibiydim. Kendimi, ne yukarı ne aşağısı olan, sınırları belirsiz bir alanda buldum. Ortam loştu, ama bu; huzurlu bir loşluktu.

Uzakta bir insan figürü gördüm, bana doğru yürüyordu. Üzerinde beyaz, sade bir elbise vardı. Asıl dikkat çeken yanı ise; kıyafeti değil, gözleriydi. Sanki o gözler, bana çocukluğumdan beri sakladığım bütün hisleri hatırlatıyordu. Yanıma geldi, durdu. Dudakları kıpırdamadı, ama zihnimde yankılanan bir ses duyuyordum: "Aradığın cevap, kendini tanımanın içinde. Yolculuğun buradan başlıyor.

İlk Kapı: Ben Kimim?

Yolculuğun esas şimdi başlıyor."

Derin bir nefes aldım, kalbim hızla çarpıyordu. "Bu gerçek mi?" diye sordum. "Gerçek, bazen gördüğünden ibaret değildir." dedi figür. "Sen, kendini bulmaya niyet etmişsin. Bu yolculuk sana verildi; ama sabır, kararlılık ve kendine karşı dürüstlük olmadan tamamlanamaz. Her adımında, hem aklın, hem kalbin güçlenecek. Onlar güçlendikçe, aklın ve kalbin barışacak. Aklın ve kalbin senkronize olmaya başlayacak. Ve sen; bu senkronizasyonu yakaladığında, artık kainatın senkronizasyonu ile yürüyeceksin."

Elini açtı. Avucunda, üzerinde hem eski yazılar hem de modern işaretler bulunan bir harita belirdi. Haritaya baktığımda, yolun sonunda kocaman bir bina olduğunu gördüm.

Uzattı; "Al." *dedi,* "Bu harita, seni ormanın derinliklerindeki o, on bir katlı binaya götürecek. Orada seni bekleyenler var. Ama bil ki, bu yola adım atan, değişim ve gelişime adım atar. Eski Kerem artık olmayacak."

Haritayı kapar gibi aldım. "Zaten ben, gelişmek istiyorum; kendimle barışmak ve gerçek benliğimi bulmak istiyorum." *dedim.*

Gülümsedi. Ardından, gözlerimi kamaştıran bir ışık patladı. Kendimi bir anda, nemli toprak üzerinde buldum. Yol dar, iki yanı sık ağaçlarla kaplıydı. Üzerimde hâlâ ev kıyafetlerim... Hızla yürümeye başladım.

Başlangıçta kolaydı; kuş cıvıltıları, yaprakların hışırtısı bana eşlik ediyordu. Ama yokuşlar başlayınca bacaklarım ağırlaştı. "Bırak." *diye fısıldayan bir ses vardı içimde. Ama o zatın sesi, bu fısıltıyı bastırıyordu:* "Sabır..." *O an, Hz. Musa'nın Hz. Hızır ile olan sırlı yolculuğu geldi aklıma ve ben de kendi kendime* "Üç insan ömrü de sürse, bu yoldan dönmeyeceğim." *dedim.*

Bir dereye vardım. Ayakkabılarımı çıkarıp suya girdim; soğuk kemiklerime işliyordu. Karşıya geçince, derin bir nefes alıp yoluma devam ettim. Her kıvrımda yeni bir manzara ile karşılaşıyordum: Dev bir çınar, yosun kaplı taşlar, eski bir köprü... Ve aniden, ağaçlar çekildi. Önümde, sisler içinde bir taş bina yükseliyordu. On bir katlı... Kemerli pencereler, altın işlemeli kapı... Yanında küçük, ahşap bir misafirhane vardı. Misafirhanenin kapısını çaldım. Kapıyı; gözleri yumuşak, ama dikkatli, yaşlı bir kadın açtı:

"Hoş geldin evladım. Yorgun görünüyorsun. Uzun bir yolculuk olmuş, belli. İçeri gel. Daha yeni başlıyorsun. Bu kapı, yolculuğunun ilk kapısı. Bu kapıdan girmeden önce; bütün etiketlerini, bütün bildiklerini, bütün makamlarını, bütün elbiselerini, bütün zenginliklerini çıkartıp kapıda bırakacaksın. Sana yepyeni bir kıyafet verilecek.

Bu yolculukta giyeceğin kıyafetler, yatağının üzerine bırakıldı. O kıyafetleri giydiğin an, artık sadece sen varsın. Artılarınla, eksilerinle, fazlalıklarınla, eksikliklerinle yalnız sen... Zaten bunların hepsi, seni sen yapan şeyler.

Bu kıyafetleri giydiğinde, artık ne isminin ne de cinsiyetin önemli olacak. Unutma! Bu; kalbinin, aklının ve nefsinin yolculuğu; duygularını keşfedip anlamlandırma yolculuğu. Bu yolculukta kimlikler olmaz. Sana artık "Yolcu!" diye hitap edilecek.

İçine dön, kendini keşfet ey Yolcu! İnsanın kendi ile yüzleşmesi, dünyanın en sırlı yolculuklarından biridir. Bu yolculuk çok heyecan vericidir, fakat sabırlı olman lazım.

Şimdi biraz istirahat et. Yarın, hayalini kurduğun yolculuğunun ilk günü olacak."

Yaşlı kadının bakışları, sesinin tonu, söyledikleri beni âdeta büyülemişti. İçinde bulunduğum bu metafizik âlemin atmosferi, bütün benliğimi sarmıştı.

"Biraz istirahat et Kerem. Hmmmm artık Kerem yoktu, değil mi? Biraz istirahat et Yolcu! Yarın önemli bir gün." dedim kendi kendime. Ve ışığı kapatıp tek kişilik sert yatağıma uzandım.

İlk Kapı: Ben Kimim?

Çok geçmeden Kerem uykuya daldı. Yarın, sırlı bir yolculuk başlayacaktı.

Kendini Keşfetme

Zamanüstü Yolculuğun Başlangıcı

Kerem gecenin yarısı birden gözlerini açtı. Çok az uyumuştu, ama dinlenmişti. Bugün, yolculuğun ilk günüydü. Ne ile karşılaşacağını bilmiyordu. Belirsizlikler onu hep endişelendirirdi. İçinden bir ses, "Bilmediğini dahi bilmediğin alanlar negatif olmak zorunda değil; pozitif ol, her şey çok güzel olacak." dedi.

Onun için hazırlanmış yeni kıyafetlerini giydi. Ağır adımlarla kapıyı açtı. Sabahın serinliğini yüzünde hissetti. Derin bir nefes alıp *"Haydi Bismillah! Görelim Mevlam neyler, neylerse güzel eyler."* dedi. O kocaman bina tam karşısında duruyordu. Gözleri ile binayı dikkatlice inceledi. Tam on bir kat vardı. Kendi kendine, *"Hımmm... Acaba on bir kat ne ifade ediyor?"* diye düşündü.

Binaya doğru yürüdü. Onu kapıda orta yaşlı, gayet dinç görünümlü ve güler yüzlü biri karşıladı.

"Hoş geldin Yolcu." dedi ve devam etti: "Seni bekliyorlar. Her katta sana, biri eşlik edecek. İçini bilenler, içini dinleyenler... Bugün, yolculuğunda sana eşlik edip sorularına cevap bulmana yardımcı olacak bilgeler ile tanışacaksın. Onların kim olduğu, hangi alanda sana yardımcı olacaklarını öğreneceksin. Anlattıklarını iyi dinle. Çünkü onlar, kendi alanlarında en iyiler. Onların anlattıkları ile iç dünyana bak. Keşfedeceğin çok şey göreceksin. Birinci katta İmam Gazâlî ile başlayacaksın."

Yolcu, başını salladı. Ne tereddüt vardı ne de hazırlık. Üzerinde, ona verilen yolculuktan dolayı kocaman bir şükür hissi... Uzun zamandır hayalini kurduğu yolculuğa kavuşmuş olmanın mutluluğu, yüzünde

İlk Kapı: Ben Kimim?

bir tebessüm oluşturdu. Derin bir nefes aldı. Kendi kendine "Hadi bakalım ey Yolcu! Şimdi kendini, duygularını keşfetme zamanı..." dedi.

Ve kapı açıldı.

1. Kat- İmam Gazâlî

Kapı aralandığında Yolcu'yu loş, ama huzurlu bir ışık karşıladı. Duvarlar, zamanın tozuyla değil, hikmetin sabrıyla yoğrulmuştu. Odada halı değil, toprak hissi veren bir zemin vardı. Köşede kitaplar... Düzgün dizilmiş, her biri sanki bir yudumluk hakikat... Ve tam ortada, sırtı hafif kamburlaşmış bir bilge: İmam Gazâlî.

Üzerinde koyu yeşil kaftan. Başında sarık, yüzü derin; ama yumuşak çizgilerle örülmüş.
Gözleri ne çok yaşlı, ne de çok genç; sanki zamanın ötesinden bakıyor. Elinde bir kalem, ama yazmıyor. Sanki gözleri Yolcu'nun kalbine yazıyor gibi...

Gazâlî, yavaşça gülümseyerek konuşmaya başladı: "Ey Yolcu! Hoş geldin. Belli ki bir ses seni buraya çağırdı. Ben de o sesin yankısıyım. Gel. Otur. Hikâyeni anlat bana. Sana nasıl yardımcı olabilirim?"

Yolcu bir an duraksadı. Sonra yutkundu ve konuşmaya başladı: *"Ben, kendimi tanımıyorum. Kimliğimi arıyorum. Bazen kendi iç sesime yabancı hissediyorum. Sanki geç kaldım, ama hâlâ geç değilmiş gibi. Kendimi keşfetmek istiyorum."*

Gazâlî başını salladı. Derin bir nefes aldı ve devam etti:

"Ben 'hüccetü'l-İslam' olarak anıldım. Aklı ve kalbi birleştirmeye çalıştım. Felsefenin hakkını teslim ettim, ama sınırlarını da gösterdim. Kalbin ilmini, aklın ilmiyle tarttım. Tahkik ehli olmadan, taklidin zaaflarını gösterdim.

Ruhsal boşlukların bilgiyle değil, marifetle dolduğunu savundum. 'İç dünyasını temizlemeyen, dış dünyayı anlamlandıramaz.' dedim.

Duygular Evreni – Yolcu

Gerçek ilim, insanı Allah'a yaklaştıran ilimdir. Kalp, sırat köprüsüdür; hem dünyaya hem ahirete uzanır. Bilgiyi biriktirmek değil, dönüştürmek önemlidir. Nefis terbiyesi olmadan, ilim sadece kibri artırır. Herkes konuşur, ama az kişi hakikati duyar. Nefsini bilen, Rab'bini bilir."

Yolcu, Gazâlî'nin söyledikleri karşısında âdeta büyülenmişti. Gazâlî'nin tane tane konuşması ve söyledikleri, sanki zihnine kazınıyordu. Duydukları, kalbinde bir heyecan oluşturuyordu. Yolcu, bunları unutmamak için tekrarlayıp duruyordu. *"Herkes konuşur, ama az kişi hakikati duyar."*

Zihninden, "Burada duyduklarımın hepsini not alıp her gün okumam gerekiyor." diye geçirdi. Onun bu heyecanını fark eden Gazâlî, tebessüm etti. Yolcu'nun kendine gelmesine ve tekrar konsantre olmasına zaman tanıyıp konuşmasına devam etti.

"Şekli değil, özü aradım. Dıştan ibadet eden çoktur, içten ibadet eden az. Her ibadet, bir ruh hâliyle tamam olur. Hakikat, sadece kitapta değil, yaşantıda gizlidir. Ruhunu tanımayan, bedenine tutsak olur. İnsan, dışarıdan bakınca bir varlık; içeriden bakınca bir muamma...

Aklın sınırını bilmek, aklın kemalidir. Kalbin huzuru, Allah'ı bilmekle başlar. Marifet, sadece bilmek değil, hissetmektir.

Göz gördüğüne, kalp hakikate bakar. Her iç karanlık, bir ışık doğurabilir. Şüphe etmek, doğruya yaklaşmanın bir adımıdır.

Tefekkür, ibadetin kalbidir. Hakikat, parça parça değil, bütün olarak hissedilir. Allah'a giden yollar, insanın kendi içinden başlar. İlim, seni kendinden geçirmiyorsa eksiktir."

Gazâlî kaşlarını çattı. Yolcu'ya dikkatlice baktı ve konuşmaya devam etti:

"Evladım! Ayna kırık ise, suret bozulur. Önce aynayı onar. Kendini bilenin yüreği ağır, ama yüzü hafif olur.

Ey Yolcu! Kendini keşfetmeye çalışman, Allah'a doğru yürüyüşünün

İlk Kapı: Ben Kimim?

işaretidir. Çünkü kendini bilmek, Yaradan'ı bilmektir. Senin içindeki boşluklar, Rab'bine giden yolların haritasıdır. Şimdi dikkatle dinle. Ben sana derim ki: Senin kalbin uyanmak istiyor, ama nefsin hâlâ baskın. Aklın, kendini sorguluyor, ama yönü dağınık. Sen bilgiye değil, marifete susamışsın. İçindeki ses, ilahi olanla beşerî olanın savaşı. Ve bu bir eksiklik değil, bir başlangıçtır.

'Peki ne yapmalıyım?' diye sorarsan evladım; her sabah, güne 'Ben kimim?' sorusuyla başla. Kendine yalan söyleme. İçinde ne varsa dürüstçe gör. Nefsini gözlemle. Gün içinde, kendi kendine kalıp sessizleştiğin zaman dilimlerin olsun.

'El-Gaffâr' ismini dilinden düşürme. Kitap değil, kendini oku. Kalbin karanlıklarında bile, Allah'ın ışığını ara.

Aman ha, şunlara da dikkat et:

Sakın kendini değersiz sanma. Allah seni çok kıymetli yarattı. 'Geç kaldım!' diye düşünme, bu yolculuğun yaşı yoktur. Sen, kendi yolculuğuna bak. İnsanların ne dediği önemli değildir. İnsanlardan onay bekleme.

Bu yolculukta, çok eksiğini göreceksin. Bunları inkâr etme. O eksikler senin kuvvetlendiğin alanlar olacaktır. En önemlisi de öğrendiklerini eyleme geçir. Sakın, bilgiyi eylemsiz bırakma."

Yolcu: *"İçimde ne kadar da çok şey varmış, bilmiyordum. Kendimi tanımaya niyet etmiştim, ama bu kadar derine gideceğini düşünmemiştim. Korkuyorum, ama ilk defa korkumun anlamı var gibi..."*

Gazâlî: "Korku, kalbin derinleşme işaretidir. Kim ki içine bakar ve titrer; işte o, hakikate yaklaşır."

Gazâlî Yolcu'ya eski, deri kaplı küçük bir ayna uzattı: "Bu ayna senin. Baktığında sadece yüzünü değil, niyetini göreceksin. Her gün bir kez, bu aynaya sessizce bak. Kalbin ne söylüyor, onu dinle."

Yolcu aynayı aldı. Gözleri doluydu. İlk defa ağlamamıştı, ama içinde bir çözülme vardı.

Derin bir nefes alıp kapıya doğru yöneldi. Kapı açılırken, kendi kendine fısıldıyordu: *"Ben galiba başlıyorum; kendimi tanımaya, korkarak da olsa, adım atmaya..."*

Büyük üstadı saygıyla selamlayıp, izin isteyerek odadan ayrıldı. Kapıdan çıkarken, Gazâlî'nin yüzüne baktı. Gazâlî'nin yüzündeki tebessüm, onu cesaretlendirmişti. İçini bir anda yoğun bir sevinç sardı. Kendi kendine *"Demek ki kendini tanıyan, bulan insan bir tebessümle bile, birini etkileyebiliyor."* dedi. Sonra yavaşça kapıyı kapattı ve ikinci kata doğru yola çıktı.

2. Kat- Sigmund Freud

Asansör yoktu bu binada. Yolcu merdivenleri ağır adımlarla çıktı. Her adımda, içinde bastırılmış seslerin yankısı duyulur gibi oldu. Her kat, onu binanın içine biraz daha çekiyordu. Kapıya geldiğinde küçük bir tabelada şunu gördü: "Bilinçdışının ışığına hoş geldin."

Kapı yavaşça açıldı. Oda bir psikanalistin mekânına yaraşır şekilde düzenli ve sakindi. Bir köşede klasik kırmızı-bordo bir koltuk, tam karşısında sade bir sandalye... Duvarlarda beyin anatomisi, rüya sembolleri ve antik mitolojiye ait çizimler... Hafif bir sandal ağacı kokusu vardı, eski kitapların ağır havasıyla karışık. Masa üzerinde antika bir saat, yanında not defteri...

Ve işte orada... Sigmund Freud.

Yetmişli yaşlarda görünüyordu. Sakalları beyazlamış, gözlükleri burun ucunda duruyordu. Sert değil, ama dikkatliydi. Sanki gözleriyle her hareketi analiz ediyordu.

Üzerinde koyu gri bir takım elbise vardı. Bastonu köşede duruyordu. Sesi derin, keskin; ama kibirli değildi. Yavaşça başını kaldırdı: "Hoş geldin. Seni Gazâlî'den aldık, şimdi başka bir katmanın eşiğindesin. Söyle bakalım Yolcu, hangi yükle geldin bana?"

İlk Kapı: Ben Kimim?

Yolcu kısa, ama derin bir nefes aldı. Sesi biraz titrek, ama niyeti berrak bir şekilde konuşmaya başladı: *"Kendimi tanımak istiyorum. İçimde, anlamlandıramadığım duygular var. Bazen ben gibi hissediyorum, bazen de sanki biri beni içeriden sabote ediyor. Ben, kendimle mi savaşıyorum?"*

Freud başını salladı. Hafifçe gözlüğünü düzeltti. Gülümsedi, ama bu bir sıcaklık gülümsemesi değil; daha çok bir "anladım seni" ifadesiydi.

"Ben, modern zamanlarda insan ruhunun karanlık dehlizlerine ilk inenlerdenim. Bilinçaltı kavramını ortaya attım ve bastırılmış duyguların gücünü anlattım. İnsanın görünmeyen tarafı, görünen kadar belirleyicidir dedim.

Akıl sandığımız şey, çoğu zaman bilinçdışının kuklasıdır. İd, ego ve süperego kavramlarıyla insanın içsel çatışmasını tarif ettim.

İd, dürtülerimiz; süper ego, toplumun sesi; ego ise aradaki denge merkezidir. Rüyaları, bastırılmış arzuların dışavurumu olarak okudum. Çocukluk deneyimlerinin, yetişkin kişiliğini derinden etkilediğini söyledim.

Her nevrozun arkasında bir çocukluk hikâyesi yatar. Bastırılan her şey geri döner, ama daha karmaşık bir hâlde.

İçimizde bir sansür mekanizması çalışır ve adı 'savunma mekanizmaları'dır. 'Yüceltme, bastırma, yansıtma, inkâr' gibi yollarla, ruh kendini korur. İnsanı anlamak için, dürtülerini anlamak gerekir.

Konuşmak, özgürleştirir. Suskunluk, hastalığın başka bir dilidir. Kendini çözümlemek, cesaret ister. Ruhsal sağaltım, kişinin dürüstleşmesiyle başlar. Travma bilinçten silinse de bedenden silinmez. Her semptom, anlatılmak isteyen bir hikâyedir."

"Konuşmak özgürleştirir." söylemi Yolcu'yu tebessüm ettirmiş, cesaretini arttırmıştı. Kendi kendine *"Daha da özgürleşeceğim. Daha da konuşacağım. Kendimi çözümlemek için daha da cesaretleneceğim. Gelişmek için kendime daha dürüst olacağım ve bu kararlılığım her geçen gün artacak."* dedi. Hatta bunları içinden tekrar etmek bile, vücudunda bir hafifliğe sebep olmuştu.

"İçindeki çocuğa ulaşmadan yetişkini iyileştiremezsin. Analiz; yargılamak değil, anlamaktır. Kişi, kendine aynada bakmaktan korkar; ben, o aynayı tuttum.

İnsan, kendi içinde savaşa tutuşmuş bir evrendir. Hayatın anlamı, onu dürüstçe analiz etmeye başladığında doğar. Ben seni yargılamam. Ama seni sana gösterebilirim.

Yolcu! Senin yaşadığın şey, kimlik arayışı değil sadece. Bastırılmış bir geçmişin, görünmeyen bir duygunun, tanınmamış bir arzunun yüzeye çıkma çabası bu. Kendini anlamak istiyorsan önce kendi içindeki gölgeleri kabul edeceksin. Karanlık yanını görmeden, ışığına ulaşamazsın."

Öğretime göre senin problemin; içindeki bastırılmış duygular ve çözülmemiş geçmiş parçaları. Egon bunları bastırmakla meşgul, ama artık başaramıyor. Bu yüzden "Kimim?" sorusu seni rahatsız ediyor. Çünkü içindeki seslerin hepsi senin değil, ama senin içinden konuşuyorlar.

Peki, neler yapılabilir?

Bir duygusal günlük tut. Ama sadece "Bugün ne oldu?" diye değil, "Bugün ne hissettim ve neden?" diye. Rüyalarını yaz. Her sabah uyanınca ilk iş bu olsun. Geçmişte seni en çok etkileyen üç olayı düşün, onların bugünkü seni nasıl şekillendirdiğini yaz. Kendine "Ben neyi bastırıyorum?" sorusunu dürüstçe sor. Terapiye açık ol. Biriyle konuşmak, kendi karanlığına fener tutmaktır. Bastırdığın bir duyguyu resimle ifade et. Kelimelerle değil, renklerle anlat. "Utandığın" bir hatıranı kendinle paylaş, yargılamadan.

Seni sabote edecek duygular ise: Suçluluk ve utanç. Bastırılmış öfke,

İlk Kapı: Ben Kimim?

kendine yöneltilmiş küçümseme, sürekli savunmada olma hâli ve içinde hissettiğin, ama adını koyamadığın korkular.

Yolcu: *"Ben, belki de geçmişimi hep halının altına süpürdüm. Ama o toz, artık nefesimi tıkıyor gibi. Kendimden kaçmak, beni kendime daha çok yaklaştırmış. Bu çok garip."*

Freud: "Kaçış, daima merkeze döner. Ama şimdi kaçmıyorsun. Bu, en büyük ilerlemedir.
Kendinle yüzleşmek cesaret ister. Sen bu cesareti gösteriyorsun."

Freud, masasından küçük bir anahtar çıkardı: Gümüş rengi, sade. Ucunda bir sembol: bir göz.

"Bu bir 'bilinçaltı kapısı'nın anahtarıdır. Gerçek değil elbette, ama her korkunun arkasında bir kapı vardır. Ne zaman korksan, bu anahtarı hatırla. İçeri gir. Kaçma!"

Yolcu, aynasını bir cebine, anahtarı diğer cebine koydu. İlk defa yüzü hafifçe gülümsedi. İçinde hâlâ korkular vardı. Ama bu kez, o korkular; kaçışı değil, yürüyüşü başlatıyordu. *"Ben yalnız değilmişim. Kendi içimde yol arkadaşlarım var. Ve artık onlar konuşabiliyor."* dedi.

Bir kat daha bitti ve yeni bir bilinç katmanı açıldı.

3. Kat- Alfred Adler

Merdivenlerden çıkan Yolcu, bu kez farklı bir sıcaklık hissetti. Ne mistik ne bilimsel bir hava...

Bu katta, hayatın ortasına ait bir şey var. İnsanı yalnız bir birey değil, çevresiyle anlam bulan bir varlık gibi hissettiren bir atmosfer...

Kapıda yazan cümle kısa, ama etkili: "İnsan, hayatın sorunlarını çözmeye çalışan bir anlam varlığıdır."

Duygular Evreni – Yolcu

Kapı açıldı. Oda sade, ama ferah. Duvarlar açık renk. Işık bol. Pencere büyük. Köşede bir masa var. Ama Adler, masaya oturmak yerine; bir pencere kenarında, küçük bir koltukta bekliyordu. Yanında iki kişilik sade bir oturma takımı...

Adler, ellili yaşlarında görünüyordu; kısa saçlı, gülümseyen, ama gözlerinde ciddiyet olan biriydi.

Kıyafeti, kahverengi bir takım elbiseydi. Kravatı bile sadeydi. Yüzünde "Ben buradayım ve seni dinliyorum." diyen bir ifade vardı. Ayağa kalktı, Yolcu'ya yaklaştı. Samimi, ama müdahaleci olmayan bir el sıkışmayla onu karşıladı.

"Merhaba Yolcu. Burası, hayatın anlamını yeniden kurduğumuz yer. Gel. Otur. Bana yükünü anlat."

Yolcu göz teması kurdu. Artık daha az çekingen. Sesinde hâlâ tereddüt vardı, ama içinde güvene dair ilk kıpırtılar baş gösteriyordu:

"Ben hâlâ, kendimi bir yere ait hissetmiyorum. Bazen değersiz, bazen yetersiz hissediyorum. Ve en çok da, hayatın içinde kendi yerimi bulamıyorum."

Adler başını salladı. Gözlerini kaçırmadı. Hafifçe gülümsedi ve anlatmaya başladı:

"Ben bireysel psikolojinin kurucusuyum. İnsanı tek başına değil, sosyal bir bütün içinde ele aldım. Her insan, hayatına bir anlam vermeye çalışır. Aşağılık duygusu, gelişimin motor gücüdür. İnsanlar, kendilerini eksik hissettikleri için gelişmek isterler. Aşağılık duygusu sağlıklı şekilde aşılırsa ilerleme doğar; aksi hâlde kompleks oluşur. Üstünlük çabası, insanın denge arayışıdır. Amaçsız bir üstünlük arzusu ise, hastalıklı hâle gelir. İnsanların davranışları geçmişe değil, gelecekteki hedeflerine göre şekillenir. Yani 'neden' değil, 'niçin' sorusu esastır.

Her birey, kendi yaşam tarzını (life style) çocuklukta geliştirir. Bu tarz, kişinin dünyayı nasıl yorumladığını belirler.

İlk Kapı: Ben Kimim?

Davranışlarımız bilinçli bir hedefe yöneliktir, rastgele değildir.

Toplumsal ilgi (social interest), ruh sağlığının temelidir. Kendini, sadece kendi için düşünen insan, eninde sonunda yalnız kalır. Başkalarıyla bağ kurmak, insanı iyileştirir. Empati, psikolojik gelişimin mihenk taşıdır.

İnsan hayatında travmanın kendisi değil, onları nasıl anlamlandırdığı belirleyicidir. İrade ve sorumluluk, bireyin gelişim sürecinde olmazsa olmazdır.

Kıyaslamak değil, katkı sağlamak önemlidir. Kardeş sırası, ailedeki dinamikler, bireyin davranışlarına etki eder. Ama insan, her zaman yeniden yazabileceği bir hikâyeye sahiptir."

Yolcu, bunları duyunca kendi kendine *şöyle dedi: "Evet! Ben hikayemi yeniden yazmak istiyorum kendimle barışmak istiyorum. Hayatımı yeniden anlamlandırmak istiyorum. Benim bu şansım var ya ben buna inanıyorum."*

Adler devam etti:

"Kendini iyileştirmek, başkalarına fayda sağlamakla mümkündür. Değerli olmak için, mükemmel olmana gerek yok. Yardım etmek, şefkat göstermek de terapi gibidir. Her insanın bir hayat amacı vardır, ama onu keşfetmek çaba ister. İnsan, bağ kurdukça kimliğini bulur. Hayat sorun çözmektir; her sorunun bir anlamı, her anlamın bir yönü vardır. Güç, başkalarını ezmek değil; birlikte yürümekle oluşur.

"Ey Yolcu! Sen yetersizlikten şikayetçisin. Ama bil ki bu duygu, gelişmek isteyen bir ruhun işaretidir. Çünkü sadece gelişmek isteyenler, yetersizlik hisseder. Bu duygu seni bitirmez, yön verir."

Senin yaşadığın, bastırılmış değil; yönsüz bir aşağılık duygusu. Hayat içinde kendine doğru yerini bulamamışsın. Toplumun, ailenin, belki de kendinin senden beklediği kişi olamamışsın. Ama bu bir kriz değil, bir çağrıdır; kendini yeniden inşa etme çağrısı.

Yolcunun içindeki heyecan daha da artmaya başladı.

Peki, kendini yeniden inşa etmek için neler yapabilirsin?

Kendine her gün şu soruyu sor: "Bugün kime faydam dokundu?"

Küçük bile olsa, bir katkı sağla. Yardım, aidiyet doğurur.

"Ben yetersizim" düşüncesini yakala ve şunu sor: Bu gerçek mi, yoksa öğrenilmiş mi?

Geçmişini değil, geleceğini merkeze al. Nereye gitmek istiyorsun?

Bir amaç defteri oluştur. Küçük, gerçekçi hedefler belirle.

Sosyal çevreni gözden geçir: seni büyüten mi, küçülten mi insanlar?

'Ben yeterliyim.' cümlesini ezberleme, yaşa; küçük adımlarla."

Dikkat etmen gereken şeyler de şunlar: Sürekli kıyas yapmak, başarısızlık korkusu, onay alma bağımlılığı, toplumun beklentilerini kendine misyon zannetmek ve ait hissetmediğin yerlerde ısrar etmek.

Yolcu: *"Ben hep bir şey eksikmiş gibi hissettim. Ama eksik parçayı dışarda aradım. Belki de benim katkım, birilerinin eksik parçası olabilir, değil mi?"*

Adler: "Kesinlikle. Kimi insanlar kendini, başkasının yarasına merhem olurken bulur. Kendini keşfetmek, kendinden ibaret değildir. Sen bağ kurdukça kendini daha çok tanıyacaksın."

Adler, küçük bir kart çıkardı. Üzerinde sadece şu yazılıydı: "Hayat bir sorundur. Ama sen de cevapsın."

Ve der ki: "Bunu cüzdanında taşı. Ne zaman kendini anlamsız hissetsen, bu cümleyi oku. Çünkü senin anlamın, çözmeye çalıştığın sorunlarda gizli."

İlk Kapı: Ben Kimim?

Yolcu derin bir nefes aldı. Bu kez, içinden bir cümle yükseldi; bir iç ses değil, bir fark ediş: *"Ben bir eksiğim, ama tamamlanabilirim.*

Ve belki, başkasını da tamamlayabilirim."

Bir kat daha tamamlanırken, Yolcu artık sadece içini değil, yönünü de anlamlandırmaya başladığını hissetti. Dördüncü kata doğru çıkarken, içinden *"Adler'in anlattıkları, geçen sene aldığım eğitimde Kur'an'ın anlattığı bazı disiplinlere ne kadar da çok benziyor."* diye düşündü ve ağır adımlarla merdivenleri çıkmaya devam etti.

4. Kat- Carl Gustav Jung

Bu kata çıkan merdivenler diğerlerinden farklıydı... Her adımda duvarlarda semboller beliriyordu: Bir kelebek, bir labirent, bir maske, bir çocuk, bir yaşlı... Yolcu, bu imgelerin bir kısmını tanıyor gibi hissetse de hiçbirine tam manasıyla anlam veremiyordu. Kapıda tek bir cümle yazılıydı: "Işık, en çok gölgenin içinden parlar."

Kapı yavaşça açıldı. Odaya girince ilk fark edilen şey simge bolluğu... Tavan boyunca uzanan raflarda hem kutsal kitaplar hem mitolojik figürler, hem psikoloji hem ezoterik metinler... Orta Doğu, Afrika, Uzak Doğu ve Avrupa'nın sembolleri aynı anda bir arada. Ortada yuvarlak bir masa vardı; üzerinde de "mandala" desenli bir örtü. Carl Jung 60'larında; dik duruşlu, kendinden emin ama; baskın olmayan bir aurayla Yolcu'yu karşıladı.

Beyaz sakalı kısa, bakışları hem derin hem de sabırlıydı. Kahverengi kadife bir ceketi vardı, kravatı yoktu. Bir elinde bastonunu tutarken, diğer elini Yolcu'ya uzattı.

"Merhaba. Bilinçaltı seni buraya getirdi. Ama şimdi bilinçüstü konuşmak istiyor. Otur. Sembolünü bulmana yardım edeceğim."

Yolcu, ilk kez bu kadar karmaşık bir enerji hisseder. Hem güven verici hem de sanki uyanması gereken bir şeyleri dürtüyor gibi. Sesi biraz kısıksa da kendinden emin: *"İçimde bir şey uyanıyor gibi, ama ne olduğunu bilmiyorum. Kimi zaman kendimi tanımıyorum. Bazen çok yaşlı, bazen çok çocuk gibi hissediyorum. Ben, kendimden mi ibaretim?"*

Jung gülümsedi. Cevap vermedi. Sadece gözleriyle konuştu bir süre. Sonra anlatmaya başladı.

İnsanın ruhsal derinliği, arketiplerle tarif edilir. Bilinçdışını ikiye ayrılır: Kişisel ve kolektif. Kolektif bilinçdışı, insanlığın ortak hafızasıdır. Mitler, masallar, semboller; hepsi bu ortak alanın izleridir.

Kişilik, sadece 'ben'den ibaret değil; 'gölge, anima/animus' gibi katmanlar da vardır.

Gölge, bastırılmış benliğimizdir; kabul edilmeden ruh bütünleşemez. Anima (eril benlikteki dişil öz) ve animus (dişil benlikteki eril öz), ruhsal denge unsurlarıdır.

Kendini tanımak, gölgelerini kucaklamakla mümkündür. Maskeler (persona), toplumda taktığımız kimliklerdir, ama hakikatin kendisi değildir."

Duydukları, Yolcu'nun çok hoşuna gidiyordu. Ama Jung'un söylediği bazı teknik terimleri "Acaba anlayabilir miyim?" endişesi ile dinliyordu. Sonra bu düşüncelerine müdahele etti ve kendi kendine *"Detaylara takılma, sadece dinle."* dedi.

"'Kendini bulmak' aslında zaten orada olan özü keşfetmektir. Ruhsal yolculuk, bireyleşme sürecidir. Bireyleşme, kişinin içsel parçalarını bütünleştirmesidir. Her insanın içinde bir kahraman, bir bilge, bir çocuk, bir kurban vardır.

Rüyalar, ruhun sembollerle konuştuğu dildir. Mandalalar, içsel bütünlüğün sembolleridir.

İnsan, hem bilinçli bir birey hem kolektif bir varlıktır. Toplumdan kopmadan özgün olmak mümkündür. 'Senin olmayan bir yaşamı yaşarsan, ruhun protesto eder.' İçindeki sesi bastırmak, zamanla

İlk Kapı: Ben Kimim?

hastalığa dönüşebilir.

Korkular, ruhun dilini anlamadığımızda ortaya çıkar. Senin içinde, seninle konuşmak isteyen yüzlerce figür var.

Yansıtma (projection), içimizde tanımadığımızı başkalarında görmemizdir. İnsan kendini çözmeden, başkasını anlayamaz.

Ruhsal gelişim bir çizgi değil, bir dairedir, tekrar tekrar dönersin. Yüzeyde huzursuzluk varsa, derinde bir mesaj vardır."

Yolcu, hafifçe gülümsedi ve kendi kendine *"Ey çok derinlerden gelen mesaj! Seni gayet net duyuyorum."* dedi. Ardından da, dikkatini toplayarak tekrar dinlemeye başladı.

İçindeki bilgeye kulak ver. O hep vardı. Ruhun dili mecazdır. Sembolü tanı, mesajı anlarsın. Gerçek özgürlük, içindeki parçaları bütünlemektir.

Ey Yolcu! Senin yaşadığın şey yalnızlık değil; ruhunun seni uyandırma çabası. Sende tanımadığın parçalar var: bir çocuk, bir savaşçı, bir bilge, bir yaralı... Hepsi senin içinde konuşmak istiyor. Kendini anlamak istiyorsan, onları dinlemeye cesaret et."

Jung, Yolcunun gözlerinin içine çok önemli bir şey söyleyecekmiş hissiyatıyla baktı ve devam etti.

"Sen, maskelerini kişiliğin zannetmişsin. Gölgeni bastırmış, animanı susturmuş, kahramanını hapsetmişsin. Bu nedenle parçalanmış hissediyorsun. Ama sen parçalanmış değilsin.
Sadece kendini bütünlememişsin.

Her gece bir dakikalığına şu soruyu sor: 'Bugün içimde hangi benlik konuştu?' Rüyalarını çizerek anlat. Sözler yetmeyecek bazen. Seni rahatsız eden insanlara dikkat et. Onlar gölgelerini temsil edebilir. Her hafta bir "içsel figür" yazısı yaz: içindeki çocuk, içindeki bilge, içindeki korkak... Mandala çizmeye başla. Renklerle duygularını tanı. Dinle; ama sadece dışarıyı değil, içeriyi."

Duygular Evreni – Yolcu

Jung biraz daha ciddileşerek Yolcu'nun dikkat etmesi gereken şeyleri şöyle sıraladı:

"Kimlik karmaşası. Kendine yabancılaşma. 'Ben böyle biri değilim.' itirazları. Bastırılmış öfke ve utanma. Ruhsal yalnızlık hissi."

Yolcu: *"Ben içimde sadece bir kişi var sanıyordum. Oysa şimdi fark ediyorum ki, bir orkestra gibiyim; kimi zaman çatışmalı, kimi zaman senfonik. Ben bu sesleri susturmak istemiyorum artık. Duymak istiyorum."*

Jung: "Harika. Ruh, sadece bastırılınca bağırır. Dinlenince, dans eder."

Jung küçük bir tahta kutu açtı. İçinde yuvarlak taş bir obje vardı: bir mandala taşı.

"Bu bir sembol. Her ne zaman kendini dağılmış hissedersen, bunu eline al. Merkezine dön. Çünkü senin merkezinde, hiç dağılmamış bir öz var."

Yolcu derin derin düşünerek yürüdü. Ayna, anahtar, kart ve şimdi de mandala taşı...
Her biri bir parçasını temsil ediyor gibiydi.

Ve içinden şöyle dedi: *"Ben sadece geçmişim değilim. Sadece hayallerim de değilim.
Ben, tanımaya cesaret ettiklerimim."*

Bir kat daha tamamlandı. Yolculuk devam ediyor.

5. Kat- Bediüzzaman Said Nursî

Bu kata çıkan merdiven taş değil, toprak gibi yumuşaktı. Ayakları bastıkça yerde iz bırakıyor, ama sonra o izler siliniyordu. Duvarda yazılı bir cümle vardı: "Her şey O'nu gösteriyor."

İlk Kapı: Ben Kimim?

Kapı kendiliğinden açıldı. Ortam, diğerlerinden farklıydı. İlk defa bir "kalbî" hava hâkim. Mekân ne medrese gibi ne de klinik gibi. Sanki hem dünya hem ahiret arasında bir yer.

Duvarlarda ayetler, ama dikkat çekmeyen bir sadelikle. Kütüphane sade; Kur'an, Risale-i Nur Külliyatı ve birkaç klasik eser. Orta yerde kilimsiz, bir yer minderi. Pencere açık, rüzgâr içeri doluyor. Ve orada, elinde tespih, gözleri açık; ama sanki hep içe bakan biri: Bediüzzaman Said Nursî.

Üzerinde beyaz iç gömlek, koyu cübbe ve başında sarığı. Yüzünde hem gurbet hem vuslat var.

Bakışı tok, sesi yumuşak. Yolcu'ya bakıp konuşuyor: "Ey aziz kardeşim! Bu kat, kalbin katıdır. Bütün yolculuklar O'na çıkmak içindir. Söyle bakalım, nereye yürüyorsun?"

Yolcu, kalbinde ilk defa bir ağlayış hisseder. Sesi titrek, bakışları yere dönük: "Ben kendimi ararken, galiba Rab'bimi kaybettiğimi fark ettim. Artık O'nu hatırlamadan hiçbir şeyin yerine oturmadığını görüyorum. Ama çok geç kaldım mı?"

Bediüzzaman gözlerini kapar. Hafifçe başını sallar: "Geç kalmak mı? O, kulunun geç kaldığına bakmaz. Ama kul, geç fark ettiğine üzülür. Gel. Otur. Önce bir şey anlatacağım sana: Kendini ararken kimi bulman gerekir?"

"Ben, Kur'an tefsiriyle bir çağın inşasını hedefledim. Zaman, imanı akıl ve kalple temellendirme zamanıydı. Risale-i Nur, bu çağın içinden bir marifet yoludur. Kalp, akıl ve ruh birlikte yürüyünce insan hakikate ulaşır. En büyük ilim, Allah'ı bilmektir. En büyük cehalet, nefsini bilip Rab'bini unutmaktır. İman, sadece inanmak değil; hissetmek, yaşamak ve teslim olmaktır. Tevhit, sadece bir inanç değil; bir bakış biçimidir. 'Her şey O'nu gösterir.' hakikati, kâinatın özüdür. Kâinat, Allah'ın isimlerinin tecellileridir. İnsan, bu isimleri en parlak gösteren bir aynadır.

Duygular Evreni – Yolcu

İnsan, mahiyetçe küçük, ama anlamca kâinattan büyüktür. Nefis, hem düşman hem de merdivendir. Aczini ve fakrını anlayan, Allah'a en yakındır. 'Ben yaparım.' diyen, yıkılır. 'O'nunla yaparım.' diyen ise kemale erer.

Kalp, dünya dolusu bilgiyle değil, bir gram tefekkürle aydınlanır. Zikir, hatırlamaktan öte; bağ kurmaktır. Şükür, kulluğun direğidir. İhlas, niyetin özüdür; gösteriş zehirdir. İmtihan, bir ceza değil; terakki vesilesidir. En büyük zafer, nefsin sesine karşı susabilmektir. Dua, sadece istemek değil; yönelmek ve teslimiyettir. Allah, kalbine gelen duayı senin adına yazandır."

Yolcu, duydukları karşısında adeta mest olmuştu. Bütün benliğini, anlam veremediği bir hafiflik ve lezzet sarmıştı âdeta.

"İnsanın içindeki boşluk, sadece Yaradan'la dolar. Modern çağ, sesi yükseltti ama anlamı susturdu. Vicdan, fıtratın konuştuğu yerdir. Marifet, bilgi değil; hakikatle buluşmadır. İnsanın yolu iki şeyle açılır: tevazu ve tefekkür. Her şey, 'Bismillah' ile başlar; hakikat de öyle.

Ey Yolcu! Senin sorunun sadece 'Kimim?' değil. Asıl soru: 'Kiminim?' Bu soruya doğru cevap verirsen, diğerleri zaten yerine oturur. Kalbindeki boşluk, Rab'bini hatırladıkça şekil kazanacak.
O seninleydi; sen kendinle meşguldün. Şimdi ise O'na bakmaya başlamışsın. Bu, en büyük dönüş.

Senin derdin, kendini tanıma değil; kendini sahiplenme. Sahipsizlik hissi, Allah ile bağın zayıfladığında başlar. Kendini boşlukta hissetmenin nedeni, hakiki merkezi unutmandır.
Sen 'Ben kimim?' derken, aslında 'O benimle mi?' diye soruyorsun."

Bediüzzaman devam etti:

"Her gün 'Elestü birabbikum.' ayetini oku. Kendine kim olduğunu hatırlat. Sessiz bir an bul ve sadece 'Ben O'na aitim.' de. Gün içinde otuz üç defa 'Ya Hadi' zikrini tekrarla. Her gece kalbine şu soruyu sor: 'Bugün Rab'bimi andım mı?' Kur'an'dan rastgele bir ayet aç ve sadece bir

İlk Kapı: Ben Kimim?

cümlesini hayatına indir. Dua et ama sadece istemek için değil, yönelmek için. İki günü, birbirine eş geçirme. Her gün ruhunu bir adım besle."

Yolcu, Bediüzzaman'ın söylediklerini âdeta zihnine kazıyordu. *"Bunlar kesinlikle her gün uygulayacağım şifreler."* diye kendi kendine mırıldandı.

"Aziz kardeşim, şeytan seni yolundan şu şekilde engellemeye çalışabilir. Aman bunlara dikkat et:

Sahipsizlik hissi. Geç kalmışlık korkusu. Allah'ı unutmuşluk değil; unutulduğunu sanmak. Kıymetsizlik vehmi. 'Beni kimse anlamıyor.' çığlığı."

Yolcu: *"Ben, O'nu unuttum sanıyordum. Ama sanırım en çok O'nu özlemişim. Ve O'na dönmeden hiçbir şeyin tamam olmadığını ilk defa bu kadar derin hissettim."*

Bediüzzaman: "O, kulunu unutan değildir. Ama kul bazen hatırlamak için düşmelidir. Düşmenin sebebi, kalkışa değer katmak içindir. Şimdi kalkıyorsun. Ve artık yönün belli."

Küçük bir kâğıt parçası uzattı. Üzerinde, el yazısıyla yazılmış tek bir cümle vardı: "Her şey O'nu gösteriyor. En çok da sen."

Ve ekledi: "Bu notu kalbinin yakınına koy. Kendini unutsan da bu cümleyi unutma."

Yolcu bu defa farklıydı; sanki sırtındaki yük gitmişti, ama içinde ağırlaşan bir huzur vardı. Dizlerinin üzerine çöküp, dua etmek geliyordu içinden. Kendi kendine mırıldanıyordu: *"Ben sahipsiz değilim."*

Bir kat daha tamamlandı. Ama bu kat bir kat değil, bir mihraptı. Yolculuk devam ediyor.

Duygular Evreni – Yolcu

6. Kat- Erik Erikson

Merdivenler bu kez daha geometrik ve matematiksel bir düzenle dizilmiş gibiydi. Sanki bu kata çıkan her adım bir yaş, her basamak bir evre... Kapıda sade bir tabela var, altında sekiz ince çizgi. Kapı açılıyor.

Bu kat bir terapi odası gibi değil, bir gelişim haritası gibi düzenlenmiş. Duvarlarda dairesel bir diyagram var: İç içe geçmiş sekiz halka. Her biri bir yaşam dönemine ait. Kimi yerde çocuk figürleri, kimi yerde yaşlı bir bilge...

Masada modern, ama sade bir düzen hâkim. Erik Erikson 50'li yaşlarda; yüzünde hem bir eğitmenin ciddiyeti hem bir babanın sıcaklığı var. Gözlüklerinin arkasından Yolcu'ya nazikçe bakar ve hafif bir tebessümle şöyle der: "Hoş geldin. Kendini tanımak isteyen herkes, önce gelişimini tanımalı. Gel. Otur. Sana zamanla ilgili bir şeyler anlatayım."

Yolcu, ilk defa "zamana dair" bir rehberle karşılaştığını hisseder. Sesi meraklı ama karışık:

"Ben bazen çocuk gibi hissediyorum. Bazen, hiçbir yaşta değilmişim, sanki kimliğim oturmamış gibi. O yüzden, kendi hayatıma bile dışarıdan bakıyormuşum gibi oluyorum."

Erikson başını sallar. Konuşmaya başlar:

"Ben psikososyal gelişim kuramını oluşturdum. İnsan hayatını sekiz evreye ayırdım; her evre bir kimlik krizidir. Her dönemde çözmemiz gereken temel bir çatışma vardır. Bu çatışmalar doğru çözüldüğünde sağlıklı bir benlik gelişir."

İlk evre: Güvene karşı güvensizlik

Bebeklikte kurulan bağlar, gelecekteki güven duygusunu şekillendirir.

İkinci evre: Özerkliğe karşı utanç

İlk Kapı: Ben Kimim?

Çocuk kendi seçimlerini yapmayı öğrenir veya utançla bastırılır.

Üçüncü evre: Girişkenliğe karşı suçluluk

Dördüncü evre: Başarıya karşı aşağılık

Beşinci evre: Kimliğe karşı rol karmaşası, ergenliğin krizidir. Kimliğini inşa edemeyen biri, başkasının rollerine sığınır.

Yolcu burada tebessüm etti. Ergenlik günleri aklına geldi. Kendi kendine *"Hey gidi günler! Bayağı çalkantılı günlerdi."* dedi.

Altıncı evre: Yakınlığa karşı yalıtılmışlık

Bağ kuramayan kişi, duvar örer.

Yedinci evre: Üretkenliğe karşı durgunluk.

Bu evrede insan ya bir anlam üretir ya da tükenmişlik yaşar.

Son evre: Benlik bütünlüğüne karşı umutsuzluk

Gerçek benlik, tüm bu evrelerin uyumudur.

Kimlik, sabit bir şey değil; sürekli gelişen bir yapı. Dönemler arası geçiş sağlıklı değilse, krizler oluşur. Kimlik krizi kötü değildir, farkındalık için fırsattır. Ergenlik sadece bir yaş dönemi değil; bir ruh hâlidir. Birçok yetişkin, ergenlik krizini çözmeden büyür. Kendi kimliğini kurmayan, başkalarının beklentilerine sığınır.

Kimlik, hem bireysel hem toplumsaldır. Her birey, kendi gelişim basamaklarında yol alır. Erken evrelerdeki kırılmalar, ileride kendini tekrar eder. Ama her yaşta yeniden inşa mümkündür. Gelişim, sadece yaş almak değil; anlam kazanmaktır. İnsan, gelişiminin farkına vardığında özgürleşir.

Ey Yolcu! Kimlik arayışındasın. Ama kimliğin bir cevap değil, bir süreçtir. Şu anki karmaşan, geçmişte çözülmemiş evrelerin yankısı olabilir. Yani sen sadece bugünle mücadele etmiyorsun, dünle de konuşuyorsun. Ama iyi haber şu: her evre, her yaşta yeniden inşa edilebilir."

Erikson'un anlattıkları Yolcu'nun çok hoşuna gitmişti. Erikson konuştukça geçmişi, çocukluğu, ergenliği âdeta gözünün önüne geliyordu. Kendi kendine, *"Bu öğretide keşfedeceğim çok şey var."* dedi.

Erikson şöyle devam etti:

"Senin yaşadığın şey bir kimlik krizi. Bu kriz, sadece kafa karışıklığı değil, gelişimin bir çağrısıdır. Erken dönemde güven, özerklik ya da rol karmaşası tam çözülmemiş. Bu yüzden "Ben kimim?" sorusu sana tam cevap vermiyor. Ama bu bozulmuşluk değil; çözülmemişliktir."

Yolcu tebessüm etti. *"İşte tam da bunu yapmak için buradayım."* dedi.

Erikson başıyla onayladı ve Yolcu'nun dikkat etmesi gereken bazı önemli noktaları şöyle tarif etti:

"Gelişim çizelgesi yap. Her evreyi yaz ve kendini nerede hissettiğini not al. Ailene, çocukluğuna, okul yıllarına dair kısa bir iç gözlem defteri oluştur. Kendine şu soruları sırayla sor: 'Ben kime güvenirdim? İlk ne zaman utanmıştım? Başarılı olduğumda ne hissettim?'

Şu anki rollerini sorgula. Hangileri senin, hangileri başkasının sana yapıştırdığı? Duygusal geçmişini suçlamadan fark et. Kendini yeniden inşa edebileceğine dair günlük bir cümle yaz. Sosyal kimliklerini gözden geçir, bu sen misin, yoksa sadece uyum mu?

Seni sabote edecek duygular:

Rol karmaşası. 'Ben yeterli değilim.' hissi. Başkalarına göre yaşama alışkanlığı. Kimliği sabit sanmak. 'Geç kaldım.' duygusu."

Yolcu: *"Ben sanırım hep bir rol oynadım. Birilerinin çocuğu, öğrencisi, arkadaşı, çalışanı...*

İlk Kapı: Ben Kimim?

Ama 'Ben kimim?' dediğimde hep sessizlik... Artık o sessizliği doldurmak istiyorum."

Erikson: "Harika. Çünkü kimlik, başkasının sana biçtiği bir kimlik değil. Senin, kendi yaşanmışlıklarınla ördüğün bir dokudur. Sen şu an o dokuyu ilk kez kendin örmeye başladın."

Erikson, bir pusula uzatır. Üzerinde sekiz yön vardır. Her yönün ucunda bir evre adı yazılı.

"Bu pusula senin. Hangi yaşta olursan ol, yönünü kaybedersen bak. Çünkü gelişim bir yolculuktur, ama yönsüz kalırsan kaybolursun."

Yolcu pusulayı eline alır. Yüzü hafifçe gülümser. Bu kez geçmişine kızgın değil, meraklı.
Belki de ilk kez, kendi hikâyesini anlamak istiyor. İçinden bir cümle geçer: *"Ben geç kalmadım.
Sadece henüz tam başlamamıştım."*

Bir kat daha tamamlandı. Kendi olgunluğunun tohumlarının atıldığını hissederek yedinci kata doğru yavaş yavaş ilerledi.

7. Kat- Aaron Beck

Bu kata çıkan merdivenler diğerlerinden çok daha sade. Ne semboller var, ne duygusal çağrılar... Yolcu basamaklara her bastığında kendi düşüncelerini duyar gibi oluyor:

"Yine başaramayacaksın."
"Sen zaten hep böyleydin."
"Bu sefer de yalnız kalacaksın."

Kapı açılmadan önce bir uyarı tabelası beliriyor: "Her düşünce doğru değildir."

Kapı sessizce açılıyor.

Duygular Evreni – Yolcu

Oda sade, neredeyse klinik bir netlikte. Duvarlar açık gri, bir tablo bile yok. Ortada sadece iki sandalye ve bir masa. Masanın üzerinde kâğıtlar, kalemler ve açık bir not defteri. Bir kenarda "düşünce günlüğü" yazan küçük kitapçıklar.

Aaron Beck, altmışlarında, beyaz gömlek ve lacivert yeleğiyle karşılar Yolcu'yu. Yüzünde bilgece, ama sade bir gülümseme vardır. Gözlüğünü hafifçe indirip göz temasını kurar.

"Hoş geldin. Düşüncelerin seni buraya kadar getirdi. Ama bazıları yoluna taş koymuş olabilir.
Gel, otur bakalım. Onları birlikte görelim."

Yolcu ilk defa zihnindeki seslerle doğrudan karşılaşacağını hisseder. Sanki kaçamayacağını, ama bunun bir tehdit değil, özgürleşme olduğunu anlar. Sesi bu kez net, ama tedirgin:

"Bazen düşüncelerim, benim değil gibi. Ama onları da susturamıyorum. En kötüsü de, o düşünceler bana sürekli 'Sen zaten böyleydin.' diyor. Kendime en çok zararı belki de ben veriyorum."

Beck başını sallar. Kalemini alır, not alıyor gibi yapar, ama bakışları hâlâ Yolcu'dadır.

"Ben bilişsel terapinin kurucusuyum. Düşünceler, duyguları ve davranışları etkiler. Birçok psikolojik rahatsızlığın kökünde, hatalı düşünce kalıpları yatar.

İnsanlar olaylardan değil, olaylara yükledikleri anlamlardan etkilenir. Otomatik düşünceler zihnimizin arka planında sürekli çalışır. Bu düşünceler sorgulanmadan kabul edildiğinde gerçek sanılır."

"İnsanlar olaylardan değil, olaylara yükledikleri anlamlardan etkilenir." cümlesini duyunca, Yolcu'nun dikkat seviyesi daha da arttı. Kendi kendine *"Geçen sene aldığım eğitimde de gerçekleşen olaylara yüklenen anlamlar hakkındaki dersler beni çok etkilemişti. Bu benim, üzerinde ciddi şekilde çalışmam gereken bir konu."* dedi.

İlk Kapı: Ben Kimim?

"Bilişsel çarpıtmalar, düşünce hatalarıdır. Felaketleştirme, siyah-beyaz düşünme, kişiselleştirme bunlardan bazılarıdır.

Depresyon çoğunlukla 'negatif düşünce üçlüsü' ile ilişkilidir. Bu üçlü: 'Ben değersizim, dünya kötü ve gelecek umutsuz.'dur.

İnsan kendini eleştiren iç sesiyle değil, gerçek verilerle değerlendirmelidir. Düşünceler otomatik olabilir, ama değiştirilebilir. Davranışlarımızı değiştirerek düşünceyi dönüştürmek mümkündür. Her düşünce yazılmalı, sorgulanmalı ve test edilmelidir.

'Kanıtın ne?' sorusu en güçlü araçtır. Kendine karşı objektif olmak, en büyük iyiliktir. Bilişsel terapi kısa sürede güçlü farkındalıklar oluşturabilir. Düşüncelerimizi duygular sanırız, ama çoğu sadece zihinsel alışkanlıktır. İnançlarımız, çocukluktan taşınan ve çoğu zaman sorgulanmamış yargılardır. Kişisel şemalar, hayat boyu tekrar eden düşünce tuzaklarıdır.

Bir kişi kendi düşüncesini değiştirdiğinde tüm dünyası değişir. 'Ne düşünüyorsam o'yum.' değil, 'Ne düşündüğümü fark edersem, değişebilirim.' Duyguların kontrolü, düşüncelerin kontrolünden geçer."

Yolcu kendi kendine *"Benim hâlimi mevcut realitem değil, o realiteye yüklediğim anlam belirler."* diye mırıldandı.

"Sorun çözmek, öğrenilebilir bir beceridir. Olumsuz iç sesler, zihnin kayıtlı kasetleridir. Onları yeniden kaydetmek mümkündür. Öz-şefkat, bilişsel dönüşümün anahtarıdır.

Günlük tutmak, düşünceleri tanımanın ilk adımıdır. Gerçek, çoğu zaman zihinden daha merhametlidir. Düşüncelerin senin değil, sen onların sahibisin.

Ey Yolcu! Zihnin sana sürekli bir hikâye anlatıyor. Ama o hikâyeyi kim yazdı? Ve gerçekten sen misin o anlatılan? İşte şimdi bu soruların peşine düşme zamanı. Çünkü özgürlük, kendi düşüncelerini yeniden seçebilmekte saklıdır.

Senin zihnin otomatik düşüncelerle dolu. Bunların çoğu negatif filtrelerden geçiyor. Kendinle konuşmaların acımasız, kesin yargılı ve felaket senaryolu. Bu düşünceler, senin duygularını, davranışlarını sabote ediyor; ama onlar değiştirilebilir ve sorgulandıkça güçlerini kaybederler.

'Düşünce günlüğü' tut. Günde en az bir düşünceyi yaz, kanıtla birlikte değerlendir. Her olumsuz düşünce için 'Bunun kanıtı nedir?' diye sor. Duygu-Düşünce-Davranış üçlüsünü gözlemle. Bilişsel çarpıtmalarını listele. Kendinde en sık görüleni belirle. 'Gerçek olan ne?' sorusunu içselleştir. Kendine karşı şefkatli, mantıklı ve nesnel konuşma alışkanlığı geliştir. Haftada bir, sadece kendine pozitif geri bildirim verdiğin bir 'öz bakım günü' yap."

Yolcu duyduğu tavsiyeler karşısında mest oldu. Kendi kendine *"Bu tavsiyeleri hayatıma geçirsem gün içinde negatif hissettiğim zaman dilimlerini kontrol altına alabilirim. Hayat kalitem çok ciddi artar. Vay be!"* diye mırıldandı.

Beck devam etti:

"Kendini küçümseme. Sürekli hata yapma korkusundan uzak dur. Geçmişe dair pişmanlıkların, zihinde dönüp durmasına izin verme. 'Hiçbir şey değişmeyecek' inancını bırak."

Yolcu: *"Ben hep, düşündüğüm her şeyin doğru olduğunu zannettim. Ama aslında düşüncelerim beni kandırmış. Ve en çok kendime inandığımda kaybetmişim. Artık onları duymak değil. Onları dönüştürmek istiyorum."*

Beck: "Mükemmel bir başlangıç. Çünkü dönüşüm, farkındalıkla başlar. Ve sen artık kendinin farkındasın. Zihnini özgürleştirmek, kalbini de özgürleştirecek."

Beck, küçük bir defter uzatır. Kapakta şu yazar: "Bugün düşündüm ki…"

İlk Kapı: Ben Kimim?

"Bu deftere her gün sadece bir düşünceni yaz. Onu sorgula. Onu dönüştür. Zamanla defteri değil, zihnini yeniden yazacaksın."

Yolcu defteri eline alır. Bir anda kendi iç sesiyle barışmanın mümkün olduğunu ilk defa hisseder.
Yalnızca susmak değil, sağlıklı konuşmak da bir kurtuluş olabilir.

İçinden geçirdiği cümle: *"Ben zihnimin sahibi olabilirim."*

Bir kat daha tamamlandı. Yolcu bu katta çok şey öğrendiğini hissetti. Elinde, hemen pratiğe geçirebileceği birçok tavsiye vardı artık. Enerjisi yükselmiş, pozitif bir şekilde sekizinci kata doğru merdivenleri çıkmaya başladı.

8. Kat- Michael Brown

Yolcu bu kata çıkarken, adımları sanki kendiliğinden yükseliyordu. Duvarlar boş görünüyordu; fakat her basamak, sanki bir hatırayı fısıldıyor gibiydi: Birinden bir çocuk kahkahası yankılanıyor, diğerinden ince bir güneş ışığı süzülüyor, bir başkasından da eski bir dostun unutulmuş selamı duyuluyordu. Yolcu, her adımda geçmişle bugünün iç içe geçtiğini hissetmeye başlamıştı.

Kapının önüne geldiğinde, içeriden gelen şu cümleyi işitti: "Derin çiçeklenme, zaman alan bir süreçtir."

Bu sözün sıcaklığını içinde hissederek kapıyı araladı. Gülümsemesi, kapının ardından sızan ışığa karıştı. İçinden, "Derin çiçeklenme ne anlama geliyor ki?" diye geçirdi.

İçerisi girince bir an şaşırdı. Burası âdeta bir serayı andırıyordu: Canlı, ferah ve ışıkla dolu... Duvarlarda insanlara ait pozitif anların resimleri asılıydı; bir sarılma, bir başarı anı, bir umut teması...

Tam karşıda ise, bir pano duruyordu. Üzerinde, büyük harflerle Martin Seligman'ın PERMA Modeli yazılıydı: Positive Emotion, Engagement, Relationships, Meaning, Achievement.

Köşede; büyümeye başlamış genç bir bitki, cam kenarında açık bırakılmış bir defter ve masanın üzerinde, ağır ağır akan bir kum saati vardı.

Michael Brown, diğer köşedeki bitkiyi suluyordu. Ellili yaşlardaydı, dinç ve sağlıklı görünüyordu. Üzerinde rahat, mavi bir gömlek, siyah bir pantolon ve yeleği vardı. Yolcu'yu gördüğünde hemen ayağa kalktı:

"Hoş geldin. Duygularınla savaştığın katlardan geçtin. Şimdi, onları beslemeyi öğrenme vakti... Hadi gel, seninle insanı güçlü kılan şeyleri konuşalım." dedi.

Yolcu ilk kez kendini bu kadar hafif hissediyordu. Bir yandan da yüzünde şaşkın bir ifade vardı: *"Ben hep sorunları çözmeye çalıştım. Ama mutlu olmayı hiç öğrenmemişim. Hatta mutlu olduğumda bile, suçluluk hissetmişim. İyi olmak, bana çok uzak kalmış."* dedi.

Brown dikkatle onu dinliyordu; başını salladı, sıcak bir ses tonuyla "Çünkü sana gelişmek değil, hep 'iyileşmek' öğretildi. Oysa gelişim, insanlar için çok önemlidir. Hadi, şimdi başlayalım." dedi ve sözlerine devam etti:

Benim adım, Michael Brown. Amerika'nın kuzeydoğusunda, küçük bir üniversite kasabasında doğdum. Çocukluğum kitaplar arasında, insan doğasını anlamaya çalışan araştırmalarla iç içe geçti. Hayatım boyunca, tek bir sorunun peşinden gittim: "İnsan, ne zaman ve nasıl gerçekten yaşadığını hisseder?"

Bu sorunun peşine düştüğümde, karşıma çıkan ilk isim "William James" oldu. Onun, bilinci; yalnızca bir iç gözlem değil, aynı zamanda bir niyet ve seçim meselesi olarak görmesi, beni büyüledi. "İrade gücü" dediği şeyin, insan hayatında ne kadar belirleyici olduğunu fark ettim.

Ardından "Abraham Maslow" çıktı karşıma. İhtiyaçlarımızın basamaklarını bir merdiven gibi sıralarken, aslında en tepedeki o "kendini gerçekleştirme" arzusunun, hepimizin içinde saklı olduğunu gördüm. Bu merdivenin son basamağında, kendine sadık; ama başkalarına da katkı sunan bir insan profili vardı. Ve bu, benim hedefimdi.

Fakat hayat, her zaman yukarı doğru çıkılan bir merdiven gibi değildir. İnsan bazen yukarı çıkar, bazen olduğu yerde kalır, bazen de geri düşer.

Bu noktada "Martin Seligman" ile tanıştım. O, bize "öğrenilmiş çaresizliği" anlattı. Daha sonra "Pozitif psikoloji" adını verdiği bir alan açtı. İnsanları sadece hastalıklarından değil, aynı zamanda potansiyellerinden konuşmaya çağırdı. O, bana iyileşmenin sadece eksikleri tamamlamak değil, aynı zamanda güçlü yönleri keşfetmek olduğunu öğretti. Özellikle 'PERMA modeli' bana çok yön gösterdi.

İnsan sadece "normalleşmek" için değil, "gelişmek" için de yardım almalı. İyi oluş (well-being), bir süreçtir. PERMA modeli bu sürecin temelidir:

P (Positive Emotion): Pozitif duygular: Şükran, neşe, umut.

E (Engagement): Katılım: Bir işe tamamen dalma, akış hâli.

R (Relationships): İlişkiler: Güçlü sosyal bağlar.

M (Meaning): Anlam: Daha büyük bir amaçla yaşamak.

A (Accomplishments/Achievements): Başarı: Hedeflere ulaşma hissi.

Öğrenilmiş çaresizlik, bireyin denemeyi bırakmasıdır. Ama öğrenilmiş iyimserlik de mümkündür. İnsan zihni, olumluya da alışabilir. Minnettarlık, ruh sağlığını güçlendirir. İyiliği fark etmek, içsel bağışıklık sistemidir. Olumlu duygular, sadece haz vermez; dayanıklılığı da artırır. Anlamlı hayat, haz merkezli hayattan daha kalıcıdır.

Mihaly Csikszentmihaly ise, bana akışı (flow) öğretti. İnsan, zamanın aktığını unuttuğu anlarda kendini buluyor. Akış, sadece haz değil; insanın yetenekleriyle zorlayıcı hedefler arasında kurduğu bir dengedir.

Duygular Evreni – Yolcu

Carl Rogers'tan, koşulsuz kabulün ve empatik dinlemenin gücünü öğrendim. Onun sayesinde gördüm ki, insan en çok yargılanmadığı zaman değişir. İnsan, içindeki potansiyele ancak kendini güvende hissettiğinde ulaşır.

Ve elbette Viktor Frankl... Bana anlamın, acının bile önüne geçebileceğini öğretti. Onun "Hayat, sana sorular sorar." sözü, bu binada yürüdüğün tüm yolları özetliyor. Frankl, bana "insanın anlamla ayakta durma gücünü" kazandırdı.

İşte, ben tüm bu isimlerden ilham alıp kendi yolumu çizdim.

Pozitif psikolojiyi; sadece bireysel mutluluk için değil, anlamlı gelişim için de bir araç olarak görüyorum. Ve bu anlamlı gelişime "derin çiçeklenme" adını veriyorum.

Bazı çiçekler yüzeye yakın yerlerde açar, bazıları ise derin kökler ister. Güneşi görmek kadar, toprağı anlamak da gerekir. Ben, senin içindeki o derin köklerle konuşmak için buradayım.

Bu katta seninle birlikte; güçlü yönlerini fark edecek, değerlerini yeniden tanımlayacak ve en önemlisi de hayatına anlam katacak kararların peşine düşeceğiz.

Unutma: Mutluluk bir sonuç değil, bir yan etkidir. Anlamı kovalarsan, mutluluk peşinden gelir.

Sen, kendini keşfetmek için bir yola çıktın. Ben de sana eşlik etmeye hazırım, buradayım."

Brown'ı dinlerken, Yolcu'nun yüzünde bir tebessüm oluştu. Daha önce aldığı "Keşifler Yolculuğu Eğitimi"nden öğrenip hayatına uygulamaya gayret ettiği "şükür, kalp mutmainliği" gibi kavramları hatırladı. İçinden "Ne kadar da benzer şeyler söylüyor." diye geçirdi.

Brown sözlerine devam etti:

"Gönüllülük ve yardım etmek, iyilik hâlini artırır. Başarı, sadece bir

İlk Kapı: Ben Kimim?

dış hedef değil, aynı zamanda içsel bir büyümedir. İyimserlik öğrenilebilir bir beceridir. 'Bugün, güzel ne oldu?' sorusu hayat değiştirir.

Mutluluk bir hedef değil, bir alışkanlıktır. Yaşananlar hakkında pozitif düşünmek; geçmişi silmez, ama geleceği aydınlatır. İnsan, bu perspektif değişimi ile hayatını pozitife yönlendirebilir.

Duygular sadece geçici değil, yönlendiricidir de. Şükür, beyin yapısını pozitif anlamda değiştirir.

Geleceğe dair umut, depresyonun panzehiridir. Umut, sadece iyiye inanmak değil; onun için adım atmaktır."

Yolcunun aklından: "Yapmak ile denemek arasında fark vardır. Seçmek ile karar vermek, iki farklı şeydir." diye geçiyordu. Sonra kendi kendine; "Aksiyon almadan değişim olmaz be Yolcu!" dedi. "Öğrendiklerini, küçük adımlarla aksiyona geçireceksin." düşüncesi onu çok mutlu etmişti.

"Her birey, içindeki güçlü yönleri keşfetmelidir.

Evet Yolcu! Sen hep karanlıktan kurtulmaya çalıştın, ama ışığı kurmayı hiç öğrenmedin. İyi hissetmek, sana uzak değil, sadece bu duyguyu tanımıyorsun. İzin verirsen sana iyiliği, umutla yaşamayı, şükretmeyi, anlam üretmeyi öğreteceğim. Çünkü sadece geçmişini çözmek yetmez. Geleceğini inşa etmelisin."

Brown, Yolcu'nun gözlerinin içine baktı:

"Travmalarla mücadele etmeye o kadar odaklanmışsın ki, mutlu olmayı tehdit gibi görüyorsun. Olumlu duygulara 'gerçek değil' demişsin. İyi oluş hâlini öğrenmemişsin, çünkü sana öğretilmemiş. Ama öğrenebilirsin."

Yolcu'nun aklına bir anda kendi kültüründe sıkça kullanılan *"Bugün çok güldük, inşallah başımıza kötü bir şey gelmez."* düşüncesi geldi. Duraksadı, tebessüm etti ve: *"Ne kadar da sık duyduğum bir söylem. Oysa, en başta değiştirilmesi gereken negatif düşüncelerden biri.*

Gülmek, mutlu olmak neden suç olsun ki? İnsanın başına neden mutlu olduğu için kötü bir şey gelsin ki?" dedi.

Brown: "Sana, pratik yapman için bazı örneklerden bahsedebilirim." dedi.

"Her akşam 'Bugün güzel ne oldu?' sorusuna cevap yaz. Haftada bir 'minnettarlık mektubu' yaz. Kendi güçlü yönlerini listele: En az beş tane özellik yaz.

Bir 'anlam defteri' tut, her gün yaptığın bir şeyin, neden senin için anlamlı olduğunu yaz. Başarı listesi oluştur: Küçücük bile olsa, başardığın her şeyi yaz. Birine yardım et. Bu; küçük, görünmez bir iyilik bile olur. Umut günlüğü tut: Gelecek için umut ettiğin üç şeyi yaz ve nedenlerini de ekle."

Yolcu *"Teknik olarak yapabileceğim ne kadar çok şey var. Artık bunları biliyorum, Ohh Elhamdülillah. Küçük adımlarla da olsa, uygulamaya koyacağım."* dedi.

Brown, koltuğundan doğruldu. Yüzünde ciddi bir ifade vardı. "Aman şunlara da dikkat et!" dercesine sözlerine şöyle devam etti:

"-Umutsuzluk.

-Minnettarlık için odaklanmayı bilmemek.

-'Ben mutlu olmayı hak etmiyorum.' inancı.

-İyiliğe karşı suçluluk.

-İyi duyguların geçici olduğunu zannedip, onları küçümsemek."

Yolcu: *"İlk defa, mutlu olmak için bir izne ihtiyaç duymadığımı hissediyorum. Kendimi onarmaya çalışırken, yani çiçeklenirken; yaşamayı unuttuğumu fark ettim. Belki de acıdan kaçarken, iyiliğe de sırt çeviriyorum."* dedi.

Brown: "Çok güçlü bir farkındalık bu. Çünkü iyilik, bir seçenek değil, bir alışkanlıktır. Senin iyiliğin, sadece seni değil, etrafındakileri de iyileştirecek. O yüzden; artık sadece iyileşme, geliş, çiçeklen. Ve ışığını paylaş." diye devam etti.

Sonra, Yolcu'ya küçük bir cam şişe verdi. Şişenin içinde renkli, küçük kâğıt ruloları vardı: Her birinde bir soru, bir şükür, bir umut.

"Bunlar, senin iç dünyana atacağın tohumlar gibi. Her zorlandığında bir tanesini aç. Biri sana 'Şükret!', biri 'Umut et!', biri 'Paylaş!' diyecek.

Unutma! Sen yeni bir başlangıçla kendini keşfetmeye, çiçeklenmeye karar verdin. Zor da olsa, bu yolculuğun sonu çok güzel olacak.

Yolcu artık kendini daha farklı hissediyordu. Omzundaki yükler azalmamıştı belki, fakat artık onlarla yürümeyi bilen biri vardı içinde.

Kendi kendine: *"İyi hissetmek sana da ait olabilir. İyi hissetmekten, mutu olmaktan, pozitif olmaktan korkma! Sen bunları hak ediyorsun."* diye geçirdi.

Bir kat daha tamamlanmıştı.

9. Kat- Yusuf Kandehlevî

Yolcu bu kata çıkarken sanki zaman yavaşladı. Merdivenler taş değil, sanki toprak yollar gibiydi. Ayakkabısını çıkarma isteği duydu. Yürüdükçe, içinde bir his belirdi: *"Ben; az önceye değil, 1400 yıl öncesine yaklaşıyorum sanki."*

Kapıda, Arap harfleri ile yazılmış bir yazı belirdi: "Sahabe, Kur'an'ın yürüyen ayetidir."

Kapı açıldı. Bu kat, bir ofis değil. Sanki, "dergâh-medrese" arası bir mekândı. Yerlerde ince hasırlar, duvarlarda sade hurma dalları, raflarda kitaplar; ama nizamlı değil, sanki okundukça yer değiştirmişler

Duygular Evreni – Yolcu

gibi. Kokuda, misk ile tozun karışımı var; gerçek bir yaşanmışlık...

Atmosferin içine girince, Yolcu'nun tüyleri diken diken oldu. Sahabe hayatını hep merak etmişti. Kendi kendine; *"Şimdi, teorilerin sahada uygulanışını öğreneceğim."* dedi. İçini inanılmaz bir enerji kaplamıştı.

Yusuf Kandehlevî yaşlı, ama diri bakışlı bir zattı. Sade bir cübbesi ve başında da beyaz bir sarık vardı. Yolcu'ya eliyle işaret etti ve yere oturmasını istedi:

"Hoş geldin evladım. Yıllar boyu anlattım; şimdi seninle yaşayalım. Soruların varsa, sahabenin hayatında cevap çoktur."

Yolcu, diz çökerek oturdu. İlk defa, kelimelerden çok; hâllerin konuşacağı bir yerde olduğunu hissetti. Sesi alçak, ama net bir şekilde: *"Sizce, sahabe de benim gibi kendini aramış mıdır? Onlar bu yoldan nasıl geçmiş?"* dedi.

Kandehlevî gülümsedi; "Gel oğlum. Sana hem anlatayım hem yaşatmaya başlayalım.

Ben Hayâtü's-Sahâbe'yi yazdım; sahabenin, imanla değişen hayatını kayda geçirdim. Onlar, teorik bilginin değil; yaşayarak öğrenmenin örnekleriydi. İman, onların nezdinde bir fikir değil, bir inkılaptı. Ve bu inkılap; onların sözlerinde, mallarında, korkularında, sevgilerinde tezahür etti.

Sahabe; Kur'an öğretisini duyduğu anda kabul ederek İslam'a girdi; saf ve tavizsiz. Her biri, geçmişte farklı; ama dönüşümde ortaktı. Kimisi alkol içerdi, kimisi müşrikti; ama imanla her biri yepyeni oldu. Biz, değişimin imkânsız olmadığını onlardan öğrendik.

Onların en büyük faziletleri, hemen uygulamaktı. Duydukları bir ayeti, ertelemeksizin hayatlarına geçirdiler. 'Ben kimim?' sorusunun yerine, 'Benim Rab'bim kim?' sorusunu koydular. Onlar için değer, Allah'a nispetle oluştu. Hayatın her anı, bir şahitlikti."

İlk Kapı: Ben Kimim?

Yolcu bir anda nefesini bıraktı. Fark etmişti ki, anlatılanları nefesini tutarak dinlemişti. Kendi kendine *"Hemen uygulamak..."* diye mırıldandı, *"Öteleme hastalığını bırakman lazım. Bu, senin gelişimini engelleyen en önemli eksiklerinden biri."* dedi.

Kandehlevî devam etti:

"Rızık, makam, korku, öfke, her şey Allah'a bağlandı. Onlar kendilerini değil; taşıdıkları mesajı merkeze aldılar. Her biri, 'Bende bir eksik var.' diyerek kemâle yürüdü. Dünyadan ellerini çekmediler, ama kalplerini de ona bağlamadılar. Korkuları vardı, ama teslimiyetleri daha büyüktü.

Sahabe; imanla kendini bulan insanın arketipidir. 'Örnek alınmazlar.' diye değil, 'Örnek alınsınlar.' diye kaydedildiler.

Evet onlar da hata yaptı, ama tövbe ettiklerinde; arkalarına bakmadılar. En zor anda bile 'Ben Allah'a aitim.' diyebildiler.

İslam; hayatlarında şekil değil, cevherdi. En derin dönüşüm, içten yaşandı. Az da olsa, sadık oldular. Duygularını değil, imanlarını merkez yaptılar. Onlar da imtihan yaşadı, ama Allah'ı unutmadılar. Sahabe olmak; ulaşılmazlık değil, yön belirlemedir. Her genç, bir Mus'ab olabilir. Ve sen, onların yolundan yürümeye talip olabilirsin."

Yolcu, *"Sahabe olmak; ulaşılmazlık değil, yön belirlemedir."* sözünü duyunca, derinden sarsıldı.

"Ben hiç böyle düşünmemiştim. Sahabeler bana hep uzak ve asla onların yaşadığı gibi İslam'ı yaşayamayacakmışım gibi gelirdi. Ama bu bakış açısı her şeyi değiştirdi. Mükemmel olmak zorunda değilim; asıl önemli olan, yönümü doğru belirlemek." Bunu sürekli mırıldanıp durdu: *"Mükemmel olmak zorunda değilim. Mükemmel olmak zorunda değilim. Mükemmel olmak zorunda değilim."*

"Ey Yolcu! Senin soruların çağdaş, ama cevabın kadîm. 'Ben kimim' sorusu, insanın ilk günden beri taşıdığı bir çığlıktır. Ama sahabe bu soruyu susturmadı, yön verdi. Onlar, kimliklerini Allah'ın razı olduğu bir hayatla inşa ettiler. Sen de edebilirsin. Çünkü sahabe, tarihte kalmış bir efsane değil, senin için açılmış bir örnektir.

Gel şimdi, sana birkaç örnekle ne demek istediğimi anlatayım:

Hz. Mus'ab b. Umeyr

Mekke'nin en zengin, en yakışıklı gençlerinden biriydi. Onun hakkında, 'Mekke'nin en güzel kokan erkeği' denirdi. Annesi, onun için Yemen'den çok güzel kıyafetler ve kokular getirtirdi. İşte Hz. Mus'ab, böyle konforlu bir hayatın içindeyken Resulallah (S.A.V.) ile imanı tanıdı. Ve her şeyin anlamı değişti.

O, Allah'a aidiyet ile kimliğini tanımladı. İnandığı değerleri o kadar içselleştirmiş, öyle bir dava adamı olmuştu ve gönlü öyle mutmaindi ki; yoluna çıkan her zorluğa göğüs gerdi, her fedakarlığı genç yaşta yapabildi.

Hz. Mus'ab kimdir bilir misin?

O; hayat amacını içselleştirmiş birinin, kendini gerçekleştirme örneğidir. Bugün, 'Ben kimim?' diyen bir gencin sorusuna cevap olarak; 'Allah'ın elçisinin sancaktarıyım.' diyen bir ruhtur.

Genç yaşta böyle bir sorumluluğu Mus'ab aldı ise, sen neden yapamayasın? Senin neden Mus'ab gibi bir öz güvenin olmasın? Yapman gereken tek şey, inandığın değerleri yaşamak.

Hz. Abdullah b. Mes'ûd

O, beden olarak ince yapılı, karakter olarak sessiz biri olmasına rağmen, Kur'an'a olan derin bağlılığıyla âdeta O'nun yaşayan bir sesi olmuştu. Abdullah b. Mes'ûd'un hayatı; görünüşün değil, kalpteki imanın insana nasıl şeref kazandırdığının en güzel örneklerindendi.

İlk Kapı: Ben Kimim?

Hz. Ömer b. Hattâb

Bir zamanlar İslam'ın düşmanıyken, sonra adaletin zirvesi oldu. Onu dönüştüren en önemli şey, hakikat karşısında eğilmeden durabilmesiydi.

Hz. Ümmü Süleym

Kocasını kaybedince, sabrını sadece dua ile değil; tevekkül ve hizmetle gösterdi. Annelik, eşlik ve kulluk arasında güçlü bir bütünlük kurdu. Kadın kimliğinin güçlü ve zarif taşıyıcısı oldu.

Hz. Ebû Zer el-Gifârî

O, sosyal adalet hassasiyetiyle tanınır. Zengini eleştirirdi, ama kalbinde kibir değil merhamet vardı. Kimlik ve adalet arasında kurduğu denge hâlâ örnek alınır."

Kandehlevî sözlerine şöyle devam etti:

"Sen, kimliğini sadece modern ölçülerle inşa etmeye çalışıyorsun. Ama kimliğin, ilahî mihenkle sağlamlaşır. Sahabe gibi düşünebilirsen, sen de kendini tam manasıyla kalıcı şekilde bulabilirsin.

Senin problemin, kendine doğru rol modelleri belirleyememe. Eğer sahabenin adımlarını takip edersen, şahsiyetin inşa olur."

"Evladım!" dedi Kandehlevî: "Her gün, bir sahabe hayatı oku; özellikle yaşına yakın olanlardan.

Kendine 'Bugün bende Mus'ab'dan bir şey var mıydı?' diye sor.

Kur'an'daki bir ayeti al ve 'Sahabe bunu duysaydı ne yapardı?' diyerek uygula. Hayatını tebliğ değil, temsil üzerine kur. Sahabe gibi 'Ne biliyorsam onu yaşayayım.' ilkesiyle hareket et.

Kulluk merkezli bir günlük tut."

Yolcu, "Sahabe bunu duysaydı ne yapardı?" söylemi için; *"Bu, tam da ihtiyacım olan çözümlerden biri. Hem benim dürtüsel bazı hareketlerime çözüm olacak bir tavsiye."* diye düşündü.

Kandehlevî, "Şu düşüncelere de dikkat et!" diye ilave etti:

"Tarihî şahsiyetleri idealize edip, kendi potansiyelini küçümseme. Sahabeyi ulaşılmaz görüp, onlar gibi yaşamayı günümüz için imkânsızlaştırma. 'Ben onlardan değilim.' düşüncesinden uzak dur. Temsilsiz bilgi biriktirme."

Yolcu: *"Ben şimdi görüyorum ki, kendimi tanıyamamış değilim. Ama eksik tanımışım. Sahabeyi okuyunca, kendimdeki tohumlara inanmaya başladım. Onlar gibi olamasam da, onlar gibi olmayı istemek bile beni dönüştürüyor."*

Kandehlevî: "Evlat, niye olamayasın? Sahabe gökten inmedi. Ama kalplerini göğe bağladılar. Sen de kalbini oraya bağla. Olur."

Kandehlevî, cübbesinin içinden küçük bir kâğıt çıkardı. İçinde, el yazısı ile yazılmış bir sahabe hayatı özeti vardı: "Mus'ab b. Umeyr: Gençti. Varlıklıydı. O, İslam ile her şeyin anlamını değiştirdi ve 'Benim Rab'bim Allah'tır.' diyebildi. Şimdi sen de yaz: 'Benim Rab'bim...'"

"Bu kâğıdı her sabah oku. Çünkü yönünü kaybedersen, yüreğinde bir Mus'ab haritası olur."

Yolcu gözlerinde yaş, kalbinde bir kıvılcımla dışarı çıktı. İlk defa, geçmiş bir çağdan değil; tam kendi içinden konuşulmuş gibi hissediyordu. Kendi kendine şöyle dedi:

"Ben, kim olduğumu sahabeyi okuyarak öğreniyorum. Onlar gibi değilsem de, onlar gibi olmak için uyanıyorum. Ve fark ettim ki, benim rol modele ihtiyacım var. Evet teoriyi öğreniyorum, ama bu teoriyi hayatına geçirmiş rol modellere ihtiyacım var. Bu kattan öğreneceğim çok şey var."

İlk Kapı: Ben Kimim?

Bir kat daha tamamlanmıştı. Sonraki kata doğru yürürken Yolcu; *"Ne kadar da muhteşem bir yolculuktayım, çok değişik geleneklerden hayatıma uygulayabileceğim birçok şey öğreniyorum."* diye şükür içinde mırıldandı.

10. Kat- İbn Arabî

Bu kata çıkan merdivenler görünmüyordu. Yolcu yürüdükçe, basamaklar oluşuyordu. Sanki zaman yavaşlıyor, mekân çözülüyor gibiydi.

Duvar yok, kapı yok, sınır yok; ama bir düzen var. Sadece havada beliren bir satır: "Men arafe nefsehu, fekad arafe rabbehu. - Nefsini bilen, Rab'bini bilir."

Yazıyı okuyunca bir ışık belirdi. Ardından, Yolcu içeriye girdi.

Bu kat bir oda değil. Zaman-mekân üstü bir bilinç hâli gibi. Her şey sessiz, ama derin. Yerde ne halı ne taş var; yürüyorsun, ama sanki yüzüyorsun... Gökyüzü tavan gibi, her yere dağılmış yıldızlar işildıyor.

Ve ileride; kendi hâlinde, gözleri açık, ama derin bir içe bakışta; Muhyiddin İbn Arabî oturuyor. Üzerinde uzun bir entari, omzunda bir aba. Sakalı ak, bakışı hem çocuk hem sonsuzluk gibi. Sesi, sanki kelimeleri değil, hakikati çağırıyor:

"Ey Yolcu! Seni buraya getiren, ne iraden ne de bu binadır. Seni buraya getiren, içindeki hakikatin yankısıdır. Gel! Hakikati 'sen' zannettiklerinden soyunalım."

Yolcu bir anda konuşamayacak gibi oldu. Çünkü ilk kez biri ona "Sen değilsin." demiyor, ama "Sende O var." diyerek bakıyordu.

Gözleri nemli, kısık bir sesle cevap verdi: *"Ben hep bir öz aradım. Bir merkez... Ama, merkez olmadığım bir merkeze gidemem sandım. Kendimi bulmaya çalıştıkça, kendimden uzaklaştım. Bu arayış ne zaman biter?"*

İbn Arabî tebessüm etti: "Bittiğini sandığında, yeniden başlar. Başladığını sandığında, hep vardı. Dinle şimdi! Sana sırrı değil, sırrın kapısını göstereceğim.

Ben, Vahdet-i Vücud öğretisini dillendirdim. Her şey Allah'ın bir tecellisidir. Var olan her şey, O'nun varlığının bir aynasıdır. İnsan, bu aynaların en parlak olanıdır: İnsan-ı Kâmil.

Hakikat, çoğu zaman zahirin arkasına gizlenir. 'Sen' dediğin şey; bir perde, bir kabuktur. Gerçek benlik, Hakk'a ait olan yönündür. Her nefis, kendi Rab'bine doğru yürür. 'Ben' demekle başlarsın, ama 'O' ile var olursun.

Aşk, varlığın mayasıdır. Allah insanı, kendisini tanıması için yarattı. Varlıklar farklı değil, tecelliler farklıdır. Her şey yerli yerindedir; israf yoktur. Zıtlıklar savaşmaz, birbirini tamamlar. İyi-kötü, karanlık-ışık… Hepsi bir araya gelir ve denge doğar.

Ruh, sonsuzluğu özler. Hakikat, zihinle değil, kalple idrak edilir. Marifet, bilgiden öte; şuhûdtur, yani şahit olmaktır. İnsan, Allah'ın isimlerinin cemidir. Her kul, başka bir ismin mazharıdır.

Yani sen; bir ismin taşıyıcısısın, ama bunun hangi isim olduğunu bilmiyorsun. Kendini tanımak, O'nun hangi ismine daha çok ayna tuttuğunu anlamaktır. Her şeyde O'nu gör. Her ses, O'ndan bir yankıdır.

Varlığı inkâr değil; varlıkta fânî olmayı öğrettim. Kendini bırak, kendinden geç; fena fillah. Çünkü o zaman gerçek kimlik başlar.

Her ruh, tek bir nefesten geldi. Bu yüzden, her yolculuk içe doğrudur. Dualar bile O'ndan gelir, sen sadece yankısını dillendirirsin. En sonunda 'ben' yok olur ve sadece 'O' kalır.

Ey Yolcu! Sen hakikati hep başka yerlerde aradın. Oysa hakikat hep sendeydi. Kalbinin derinliklerinde bir 'aşk' vardı, ama sen onu 'eksiklik' sandın. Kendini tamamlamaya çalıştın, ama zaten tamam olanı görmüyordun.

İlk Kapı: Ben Kimim?

Şimdi gör: Sen, O'nun bir isminden ibaretsin. Ama hepsine ayna olabilecek bir cevherle yaratıldın. İşte bu yüzden yolculuk, senden O'na değil; O'ndan O'na bir yürüyüştür."

Yolcu duydukları karşısında âdeta büyülenmişti. Şu ana kadar duyduklarından çok farklı şeyler duyuyordu. Kendi kendine *"Acaba bende Allah'ın hangi esmasının tecellisi en fazla? Keşke bunu bilebilseydim."* diye iç çekti. *"Hem zaten esas yolculuk bu değil mi, esas keşfedeceğim şey bu değil mi?"* diye düşündü.

İbn Arabî devam etti:

"Sen benliğini merkeze koydun, ama merkezin ne olduğunu sorgulamadan. Senin 'Ben kimim?' sorunun ardında; 'Ben kime aitim?' değil, 'Ben neyim?' sorusu yatıyor. Hakikatini maddede ararken, mananı unuttun."

Yolcu bir an duraksadı *"Ben neyim?"* diyerek düşündü.

"Sessizliğe alış. İçindeki sesi değil, kaynağını duymayı dene. Her sabah 'Ben hangi ismin tecellisiyim?' sorusunu sor. Senden geçen her duyguyu izleyen bir farkındalık geliştir. Varlığa şefkatle bak, çünkü her şey O'nun izini taşır. Günlük bir zaman belirle: Benliğini unutup sadece şahit olduğun bir an yaşa.

Tasavvufî metinler oku, ama hissederek. 'Ben' değil, 'O' merkezli bir düşünce dili inşa etmeye çalış.

Varlık merkezli gurura dikkat et. Hakikati sadece bilgi sanma. Kendini başkasından ayrı, üstün veya yetersiz görme. Sakın ha "Ben O'na uzak kaldım." deme. Unutma! Allah, bize şah damarımızdan daha yakındır."

Yolcu: *"Ben kendimi eksik sanırken; meğer eksiklik değilmiş içimdeki boşluk, meğer O'nun izini arayan bir susuzlukmuş. İlk defa kendimi O'na ait hissettim."*

İbn Arabî: "Çünkü sen bir damla değil, deryanın aynasısın. Ama aynayı temizlemeden, deryayı göremezsin. Şimdi temizledin. Şimdi bak. Şimdi sus."

İbn Arabî, Yolcu'nun eline küçük bir taş verir. Dıştan sıradan bir çakıl gibi ama iç yüzünde tek bir yazı: "HU"

"Bunu taşırken hatırla: O'nun adını söylemeden hiçbir şey başlamaz. Ve O'na ulaşmak, içindeki sesi susturmakla başlar."

Yolcu; taş elinde, kelimesiz, ama dolu çıkar dışarı. Artık "Ben kimim?" sorusu yok, "Ben kiminle sessizim?" vardır.

İçinden şöyle der: *"Sustum, ama ilk kez bu kadar çok şey duydum."*

Bir kat daha tamamlandı. Yolcu artık en son kapıya yaklaşmak üzere. İçinde anlam veremediği bir heyecan ve tatlı bir ürperti var.

11. Kat- Abdülkadir Geylânî

Bu kata çıkan merdivenler yoktu. Yolcu, kendini havaya doğru yükselmiş gibi hissetmiş ve bir anda, odada bulmuştu.

Her yer karanlıktı, ama o korkmuyordu. Odanın ortasında bir ışık belirdi. Sonra Yolcu'nun gözüne, duvardaki şu ayet çarptı:

Hadîd 4- "Ve huve meakum eyne mâ kuntum. - Nerede olursanız olun, O sizinle beraberdir."

Karanlık dağılmıştı artık. Sanki bir kapı değil, bir niyet açılmıştı Yolcu'nun kalbinde.

Bu kat, bir tür zikir halkasına benziyordu. Yerde postlar vardı, duvarlarsa boştu. Ortada sade bir seccadenin üzerinde, Abdülkadir Geylânî oturuyordu.

Üzerinde beyaz bir cübbe, başında siyah bir sarık... Yüzünde ise, sanki yılların yaşanmışlığı vardı. Sesi çıkmadan bile fısıldıyor

İlk Kapı: Ben Kimim?

gibiydi. Bakışları, Yolcu'nun gözlerine değil, kalbine yönelmişti âdeta. Yavaşça elini kaldırdı ve Yolcu'ya işaret etti:

"Gel evladım. Bu yol; akılla değil, yakînle yürünür. Sen geldin, ama söyle bakalım; kaybolmaya cesaretin var mı?"

Yolcu, edeple Abdülkadir Geylânî'nin yanına gitti. Bu kez söz değil, teslimiyet konuşuyordu. Sadece şu cümleyi kurabildi: *"Ben geldim. Ama getirdiğim her şeyi bırakmak istiyorum. Beni bile."*

Geylânî gülümsedi. "Bunu dediysen, geldin demektir."

"Ben, Abdülkadir Geylânî.

Hakikatin merkezinde Allah'a tam tevekkül vardır. Nefsi terbiye ederek yola getirdim. Zühd; dünyayı terk etmek değil, kalpten çıkarmaktır. Riya, içi çürütür; ihlas içi parlatır. Allah dostu olmak, kul olduğunu asla unutmamaktır. Teslimiyet; şartlı olmaz, tam olur.

Dervişlik, gösteriş değil; gayret ister. En büyük hâl, tevazu hâlidir. Keramet arama, istikamet ara.

İnsan Allah'a yaklaşmak için önce kendinden geçmelidir. Sabır, tevekkülle direnmek demektir.

"Sabır, tevekkülle direnmek demektir." diye mırıldandı Yolcu.

"Her zorluk, Allah'a bir yakınlık fırsatıdır. Kalp temizlenmeden feyz inmez. Dua, bir eylemdir; eylemsiz dua samimiyetsizdir. Fakr, 'Hiçim.' demek değil; 'O'nunla her şeyim.' demektir.

Tevazu, aşağılık değil; hakikati bilmenin sonucudur. Kalbinde Allah'tan başka ne varsa puttur. Şöhret kalbi bozar; gizli yapılan ihlaslı bir amel, gece yıldızı gibidir.

Aşk, kulluğun en yüksek hâlidir. Allah kulunu sever, ama kul sevmeyi bilmelidir.

Duygular Evreni – Yolcu

Meşguliyetin artarsa zikrin artsın, denge budur. Nefsin terbiyesi ömür boyudur. Hayat zikirle anlam kazanır.

Marifet, kendini silmeyi öğretir. İlim seni yükseltmiyorsa, seni büyütmüyordur. Allah'a yakınlık, kalbin halis niyetiyle olur. Kendini arıyorsan, önce yok ol.

Ey Yolcu! Sen aramaktan yoruldun. Çünkü kendini merkeze koyarak yürüdün. Ama şimdi diz çöküyorsun. Bu diz çöküş, seni yükseltecek. Zira kulluğun en yüce noktası, secdedir. Kendi üstüne kapanmadan, O'na açıl. Kalbinin ortasına 'ben' değil, 'O' yaz. Bütün yolculuk O'na aitti.

Şimdi yol bittiğinde, hakikat başlar.

Senin arayışın, hâlî değil; hâlsizdi. İrade vardı, ama tevekkül yoktu. Gayret vardı, ama istikamet eksikti. Yükseklik ararken, boynunu eğmeyi unuttun. Şimdi çöktün; işte bu, ilk yükseliştir.

Her sabah secdede sadece 'Ben, Sana aitim.' de. Niyetini sadeleştir: 'Allah rızası için' diyemediğin işe girme. Az amel yap, ama ihlasla yap. Riya ihtimaline karşı, sadakayı gizlice ver.

Kalbine girenlere dikkat et, her giriş iz bırakır. Haftada bir gün, sessiz bir ibadetle meşgul ol. Geceyi uyanık geçiremiyorsan, gündüzü uykuda yaşama.

Kendini kurtarıcı sanma. Faziletin dış görüntüsüne aldanma. Dua edip, tedbir almamazlık etme.

Kalpte, Allah'tan başkasına yer verme. Tevekkülü tembellik sanma."

Yolcu: *"Ben çok konuştum, çok düşündüm; ama şimdi sadece susmak istiyorum. İlk defa Rab'bimi bana anlatmayacak, bana gösterecek bir hâl istiyorum."*

Geylânî: "O hâl, zaten sende var. Ama sen kalabalıktaydın. Şimdi yalnızsın. Ve her yalnızlıkta, bir 'yalnız olmayan' vardır: 'Allah Ma'ana. -

İlk Kapı: Ben Kimim?

Allah bizimle.'"

Abdülkadir Geylânî, elini kalbine koydu. Sonra cebinden küçük bir siyah taş çıkardı. Taşın üzerinde gümüşle işlenmiş bir kelime vardı: "Fakr"

"Bu taş cebinde değil, kalbinde olsun. 'Fakr': Kendini eksik bilmek değil, bütün eksikleri O'nda tamam görmek demektir."

Yolcu artık yürümüyordu. Sanki içindeki biri yürümeye başlamış gibiydi. Ayna, anahtar, kart, pusula, defter, kâğıt, taş ve şimdi bu kelime...O; artık yüklü değil, doluydu. İçinden, *"Ben yokum ve ilk kez bu kadar tamamım."* diye geçiriyordu.

Yolcu'nun arkasında on bir kat, cebinde on bir emanet, kalbinde on bir yankı...

Son bilgeden de öğütlerini almıştı. Kalbi hâlâ nasihatlerin yankısıyla doluydu. Ağır adımlarla basamaklardan inerken, binanın kapısında onu ilk gün karşılayan kişi ile karşılaştı. Onu bekliyordu. Yüzünde derin bir tebessüm, sesinde bir sükûnet vardı.

"Bilgelerle tanıştın. Şimdi odana git. Önümüzdeki günlerde, sana haber gönderilecek. Bugün sana söylenen sözleri iyice düşün, içselleştir. Bilgeler, kendi aralarında bir toplantı yapacak ve senin yolculuğunu değerlendirecekler. Vakti geldiğinde, seni çağıracağız."

Yolcu başını salladı. Sözleri kabul eder gibi değil, kalbine mühürler gibi hissetti. Odasına doğru yöneldi. Kalbinin çarpıntısını bastıramıyordu.

Odasının kapısını açtı. İçerideki sessizlik, ona derin bir yalnızlık gibi dokundu. Yatağa oturdu, ellerindeki hediyelere baktı. *"Acaba onlar ne konuşacak? Beni kabul edecekler mi? Yolculuğum devam edecek mi?"* diye düşündü.

O gece, uykusu bölük pörçük geçti. Zihninde bilge zatların yüzleri, sözleri, hediyeleri dönüp durdu. Rüyasında bazen bir bilgenin sesi yankılandı, bazen kendisini uzun bir yolun başında gördü. Sabah olduğunda perdenin aralığından süzülen ışıkla gözlerini açtı.

Başı iki elinin arasında, yatağına oturup, *"Aynen geçen seneki bekleyiş hâlindeki hislerdesin. Sakın negatife düşme! Endişe etme! Bu yoldan dönüş yok artık. Buraya kadar getirildiysen, bu süreç başlamıştır. Allah, eğer sana bir şeyi vermeyi dilemeseydi; onun için dua ettirmezdi. Sakın endişe etme! Gerekirse kapılarında senelerce durursun, ama bu yoldan dönmeyeceksin."* diye mırıldandı. Yatağından doğruldu, küçük odasının içinde yürürken kendi kendini motive etmeye çalışıyordu.

Gün boyu bekleyiş ağır geldi. Bazen odasında, bazen de bahçede adımlarını yere vura vura yürüdü. *"Acaba bugün haber gelir mi?"* diye düşünüp tebessüm ediyordu. Duyduğu her ses, kalbini hızla çarptırdı. Ama o gün kimse gelmedi. Akşam olduğunda, kalbi biraz daha yorgun, ama hâlâ ümit doluydu.

Yatağa uzandığında, pencereden yıldızlara baktı. Kendi kendine fısıldadı: *"Sabret... Sabret ki yolculuk yeniden başlasın."*

Yolcu, heyecan içinde gününü geçirirken öğlen vakti bütün bilgeler büyük toplantı salonunda, onun yol haritasını belirlemek için bir araya gelmişlerdi.

Gazâlî söz aldı: "Evladın ilk adımı 'merak'tır. Merak, kalbin uyanış kıvılcımıdır. İnsan neden sorusunu sorar; bu soru onu, Rab'bini ve kendini arayışa götürür. Yolculuk meraksız başlamaz."

Freud başını salladı: "Evet, merak bilinçaltının kapılarını zorlar. Bastırılanları açığa çıkarmak için itici güç budur."

Adler ekledi: "Merak, aynı zamanda topluma aidiyet duygusunu aratır. İnsan merakla dünyaya ve kendine bağlanır."

Jung ise gülümseyerek dedi ki: "Merak, gölgelerle tanışmanın ilk kapısıdır. Yolcu, kendi derinliklerine merakla bakacak."

İlk Kapı: Ben Kimim?

Hepsi ittifakla onayladılar: Bu yolculuğun ilk durağı **"merak"** olacak.

Bediüzzaman söze girdi: "Yalnızlık da bu yolculuğun zarurî bir merhalesi. İnsan kalabalıkta kaybolur, ama yalnızlıkta kendini bulur.

Yusuf Kandehlevî ekledi: "Sahabe dahi; bazen mağaralarda, seherlerde yalnız kalarak kalbini diriltmiştir."

Erikson: "Yalnızlık, kimliğin oluştuğu kritik dönemdir. Bu duygu olmazsa, birey sahici benliğini keşfedemez." dedi.

Hepsi kabul etti: İkinci durak **"yalnızlık"** oldu.

Beck söz aldı: "Kaygıyı es geçemeyiz. Kaygı, belirsizliğin duygusal titreşimidir. Fakat kaygı, doğru yönetildiğinde insanı arayışa iter."

Brown ekledi: "Kaygı, umut arayışının zeminidir. Negatif gibi görünür, ama yön verici olabilir."

Ve üçüncü durak onaylandı: **"Kaygı"**

İbn Arabî konuştu: "Ümitsizlik de bu yolculukta insanın kalbine hep düşer. Hatta bu, hakikati ararkenki en zor geçitlerden biridir. Ama ümitsizlik olmadan sabır ve tevekkül öğrenilmez."

Geylânî tasdik etti: "Doğru ders çıkarıldığında, ümitsizlik insana Allah'ın kudretini hatırlatır. Bu merhaleden geçmesi lazım."

Ve dördüncü durak kabul edildi: **"Ümitsizlik"**

Yusuf Kandehlevî söze girdi: "Ve elbette Cesaret. Cesaret, bütün bu ağır duygulardan sonra atılacak ilk adımı temsil eder. Sahabe, en zor şartlarda Allah için adım attı. Cesareti olmayan yol alamaz."

Bediüzzaman tasdik etti: "Bu yolculuk cesurca yürünmeli. İman, hem nurdur hem kuvvet; hakiki imana sahip olan, kainata meydan okuyabilir. Yolcunun imanı, onun cesaretini besleyecektir."

Duygular Evreni – Yolcu

Hepsi ittifak etti: Beşinci durak **"cesaret"** oldu.

Abdülkadir Geylânî karar verilen beş durağı onaylarcasına:

"Böylece yolculuğun ilk evresi; **'Kendini Arayış'** tamam oldu. Yolcu; önce kim olduğunu merak edecek, yalnızlıkla yüzleşecek, kaygıyı tadacak, ümitsizliğin karanlığını görecek ve sonunda da cesaretle adım atacak."

Herkes, tasdik etti.

Yolcu ise, hakkında dizayn edilen bu muhteşem yol haritasından habersiz bir biçimde heyecanla bekleyişine devam ediyordu.

Jung devam etti: "Korku olmazsa insan gölgeleriyle yüzleşemez. Bu şart."

Gazâlî ekledi: "Doğru kullanılırsa, korku; insanı Rab'bine yaklaştıracak bir anahtardır."

Freud onayladı: "Korku, bastırılanın yüzeye çıkma anıdır."

Adler ekledi: "Evet, korku insanı büyütür."

Ve altıncı durak onaylanmıştı artık: **"Korku"**

Gazâlî devam etti: "Suçluluk olmadan, kalp arınmaz. İnsan, hatalarını fark etmezse; tövbe edemez."

Beck: "Suçluluk, doğru yönetildiğinde değişimin motorudur."

İbn Arabî ilave etti: "Suçluluk insanı Allah'a götürüyorsa rahmettir; ama O'ndan koparıyorsa bir tuzaktır."

Yolcunun yedinci durağı da **"suçluluk"** oldu.

Bediüzzaman: "Öfke, insanın içindeki enerjidir. Doğru yönlendirilirse, hak uğruna bir kalkandır." dedi.

İlk Kapı: Ben Kimim?

Erikson devam etti: "Öfke, içindeki bastırılmış parçaların adalet talebidir."

Adler: "Öfke, yıkıcı bir telafi mekanizmasıdır."

Geylânî ilave etti: "Öfke, kontrol edilirse; insanı zalime karşı dik tutar."

Ve sekizinci durak onaylandı: **"Öfke"**.

Erikson: "Şüphe, kimliğin berraklaşması için şarttır. Şüphe etmeden hakikate ulaşılamaz." dedi.

Gazâlî tasdik etti: "Şüphe, hakikate giden yolun dikenli ama zaruri taşlarından biridir."

Jung: "Şüphe, yalnızca aklın bir tereddüdü değil; ruhun bilinçdışından yükselen bir işaretidir."

Brown ilave etti: "Şüphe, yeni inançların inşasına kapı aralar."
Böylece, dokuzuncu durak da onaylandı: **"Şüphe."**

İbn Arabî: "Ve kabulleniş… İnsan yaralarını reddetmez, onlarla yaşamayı öğrenirse kemale erer."

Beck ilave etti: "Kabul, bireyin kendisine karşı daha objektif bir bakış geliştirmesini sağlar."

Brown: "Kabul; değişmeye çalışmadan önce, mevcut hâlinle barış yapabilmektir." dedi.

Gazâlî tasdik etti: "Kabul, nefsi terbiye etmenin en yüksek mertebelerindendir."
Onaylandı: Onuncu durak **"kabulleniş"** oldu.

Bediüzzaman: "Şükür, insanı Allah'a bağlayan en sağlam iptir." diye söz başladı.

Duygular Evreni – Yolcu

Brown devam etti: "Şükür, değerlerin fark edilmesini sağlar."

Beck: "Şükreden birey, kendi hayat hikayesini daha olumlu yazar."

Gazâlî: "Şükür; nimetin farkına varmak, onu vereni tanımak ve o nimet Allah'ın rızasına uygun kullanmaktır." dedi.

Ve böylece, Yolcu'nun on birinci durağı da **"şükür"** oldu.

İbn Arabî başladı: "Her seven, bağlı değildir; ama her bağlı, seven olur. Sevgi gelip geçebilir; ama bağlılık, seçilmiş bir sadakattir."

Jung devam etti: "İnsan, bağlı olduğu şeyin, ona nasıl bir anlam kattığını sorgulamalı."

Beck: "Bağlılık, zihnin seçtiği bir sadakat meselesidir." dedi.

Yusuf Kandehlevî başıyla tasdik etti ve şöyle ekledi: "Bağlılık, sahabenin ruhudur. Bağlılık olmadan yol yarım kalır."

Artık on ikinci durak da belli olmuştu: **"Bağlılık"**

Geylânî söze başladı: "Merhamet, kalbin dirilişidir. Merhametsiz bir insan, kemale eremez."

Bediüzzaman devam etti: "Merhamet, imanın meyvesidir; adaletin teminatıdır.

Adler başını salladı: "Merhamet; sadece bireysel değil, kolektif bir erdemdir."

Brown: "Merhamet, toplulukları bir arada tutan görünmez bir bağdır." dedi.

Ve onaylandı: On üçüncü durak, **"merhamet"** olacaktı.

İbn Arabî: "Sevgi, varlığın özüdür. Allah'ın tecellisi sevgidir." dedi.

İlk Kapı: Ben Kimim?

Bediüzzaman ilave etti: "Sevgi, Allah'ın en büyük nimetidir, ihlasın bir parçasıdır. O, kalbi Allah'a bağlayan bir ip gibidir."

Brown: "Sevgi, anlam duygusunu güçlendirir, insanın psikolojik dayanıklılığını artırır."

Adler: "Sevgi, kendini gerçekleştirme yolculuğunun bir parçasıdır. Başkasını sevmenin en sağlıklı yolu, önce kendinle barışmaktır."

Böylece, Yolcu'nun on dördüncü durağı da; **"sevgi"** oldu.

Adler söz aldı: "Huzur, kişinin kendi eksiklikleriyle barışmasından doğar."

Jung devam etti: "Huzur; bir hediye değil, farkındalık hâlidir."

Gazâlî: "Huzur, yolculuğun son durağıdır. Bütün duygular oraya akar."

Geylânî son noktayı koydu: "Huzur, ilmin kalbe yerleşip hikmete dönüşmesidir."

Ve onaylandı: On beşinci durak **"huzur"**.

Bilgeler, yol haritasını onayladıktan sonra; Yolcu'yu iki gün sonra davet edip ona bildireceklerine karar verdiler. Kendi aralarında "Biraz beklesin bakalım. Sabır, bu yolculukta, olmazsa olmazdır." diye konuştular ve tebessüm ederek salondan ayrıldılar.

Bu arada Yolcu, heyecanla bekleyişine devam ediyordu. İkinci gün sanki daha zor geçiyordu. İçinde, sabırsızlık ile tatlı bir telaş birleşmişti.

Bahçede yürüdü, duvarların üzerindeki sarmaşıkları izledi, avludaki kuşların sesini dinledi. Bir ara kendini göletteki suya bakarken buldu. Suda kendi yüzünü gördü; ama bu yüz, artık ilk geldiği andaki yüz değildi: Daha derin bakıyordu, daha çok şey görüyordu.

Duygular Evreni – Yolcu

Gün boyu, iç muhasebe yaptı. Bilgelerin sözlerini tek tek hatırlamaya çalıştı. Her öğüt, sanki kalbinde yankılanıyordu.

Yine de kapının çalınmaması yüreğini biraz burkmuştu. Akşam olunca, yastığa başını koydu. *"Yarın mutlaka gelecekler."* diye kendini teselli etti.

Üçüncü gün, sabah erkenden uyandı. İçinde hem sabır, hem de dayanılmaz bir merak vardı. Gün boyunca odasında volta attı, elindeki kitapçığa notlar aldı, dua etti. Sanki zaman akmıyordu. Bir ara uyumaya çalıştı, ama zihni bir türlü durmadı.

Gece oldu. Yorgundu. Yatağa uzandı. Pencerenin dışındaki ay ışığı, odasına vuruyordu. O ışığı izlerken, içinden *"Allah'ım, beni bu yolculuktan mahrum bırakma."* diye dua etti.

Ve işte o an… Gece henüz tam bitmemişti. Saat; sabaha karşı dördü gösterirken, bir anda kapısı sertçe çalındı. Kalbi neredeyse göğsünden çıkacaktı. Yatağından fırladı, hızlıca kapıya yöneldi. Kapıyı açtığında, karşısında duran; o ilk günkü haberciydi.

"Yolcu! Bilgeler seni bekliyor!" dedi haberci.

Yolcu'nun gözleri parladı, yüzünde hem şaşkınlık hem de sevinç vardı. Uyku sersemliği bir anda kayboldu, kalbine heyecanla karışık bir ateş düştü. Hediyelerini hızla topladı, üstünü düzeltti. İçinden bir ses *"İşte vakit geldi!"* diye haykırıyordu.

Kapıdan çıkıp binaya doğru yürümeye başladığında, karanlık gökyüzünde şafak öncesi kızıllık belirmeye başlamıştı. Yolcu, adımlarında hafiflik hissediyordu; sanki toprağa değil de kalbine basıyor gibiydi. İçinde merak, heyecan, biraz da korku vardı.

Kapıya varınca, derin bir nefes aldı. Yolcu'yu salona davet ettiler. Heyecanla içeri girdi. Gözleri merakla parlıyor, kalbi hızlı atıyordu.

Geylânî ayağa kalktı ve söze başladı:

İlk Kapı: Ben Kimim?

"Evladım! Üç gün bekledin. Bekleyişini, sabırla ve merakla sürdürdün. Bu, yolculuğa layık olduğunu gösterir. Biz aramızda, senin yolculuğunu değerlendirdik ve kararımızı verdik.

"Evladım! Bundan sonraki yolculuğun, üç evreli bir keşif yolculuğu olacak. Her evrenin beş durağı, kendine özgü bir ruhu ve her durağın da ayrı keşifleri bulunuyor. Bunlar hem birbirinden bağımsız, hem de iç içe. Fakat en önemlisi, hepsi sana ait; yalnızca senin."

"Biz, sana yolu göstereceğiz. Ama unutma! Bu yolu, sen yürüyeceksin. Yalnızca sen...

Bu yolculuk, senin iç dünyana yolculuğun. Kimse, bu yolu senin adına yürüyemez. Bu yolculuk; senin fıtratına göre, senin kendi hızında ve yalnız senin yürüyebileceğin bir yolculuk.

Bu yolculuk; mükemmelliği aradığın bir yolculuk değil. 'Bir an önce bitirmem gerekiyor.' diye acele edeceğin bir yolculuk değil. Adım adım, sindire sindire yürüyeceğin bir yolculuk... Bu yolculuk; başkalarının yolculuğu ile kıyaslanacak bir yolculuk da değil.

Unutma! Bu senin; nefsini bilme, daha sonra da Rab'bini bilme yolculuğun.

Sen yürüyeceksin. Biz de senin hemen bir adım arkanda; sana destek için, seninle birlikte yürüyeceğiz.

Şimdi sana, yolculuğunun evrelerini ve duraklarını bildiriyoruz. İyi dinle ey Yolcu!"

Yolcu, nefesini tutmuş, gözlerini Geylânî'ye dikmişti.

Geylânî devam etti:

"Yolculuğunun ilk evresi: **'Kendini Arayış'**tır. Bu, içsel keşfin de başlangıcıdır. Bu evrede beş durağın olacak. Her durağı sırasıyla ziyaret edeceksin ve her durakta öğreneceksin."

Duygular Evreni – Yolcu

1.Durak: Merak

Bu durak; yolculuğunun kapısını aralayan, sana sorular sorduran kıvılcımın durağıdır. Ve bu ilk adımdır. Yolculuğun kapısını aralayacak, sana sorular sorduracak.

2.Durak: Yalnızlık

Bu durak; kimsenin seni anlamadığı hissi ile içine dönmeyi tetikleyen duraktır. Hissettiğin o derin sızı, seni içe döndürecek.

3.Durak: Kaygı

Bu durak; belirsizlik karşısındaki gerginlik ve huzursuzluk durağıdır. Burada, belirsizliklerin gölgesiyle yüzleşeceksin. Unutma! Kalp, Allah'a yöneldiğinde dünya susar. Kaygı da bu sükûtta erir.

4.Durak: Ümitsizlik

Burası; arayışta tıkanma ve boşluk duygusunun yaşandığı duraktır. Tıkanmış yollarda bazen nefesin daralacak. Hazır ol! Ama bil ki, karanlığın en koyu anı, sabahın habercisidir. Ve sen O'na yönelirsen, O sana rahmetle koşar.

5.Durak: Cesaret

Burası, ilk adımı atma gücünün hissedildiği duraktır. Cesur insan, kalbini Allah'a teslim etmiş insandır. Sen burada, yeniden ayağa kalkmayı öğreneceksin.

Yolcunun kalbi hızla çarpıyordu. Sanki söylenenlerin hepsi, hayatında çoktan dokunmuştu ona.

Geylânî bir yudum su içti, sonra devam etti:

"Yolculuğunun ikinci evresi, **'Kendinle Yüzleşme'** evresidir. Burada fırtınaların ortasına düşeceksin ve beş duraktan daha geçeceksin:

İlk Kapı: Ben Kimim?

6.Durak: Korku

Bu durakta nefsinle yüzleşeceksin. Dikkatli ol!

7.Durak: Suçluluk

Burada, hatalarınla barışmayı öğreneceksin. Unutma, affedilmeyecek günah yoktur. Ama affedilmeyi istemeyen kalpler vardır.

8.Durak: Öfke

Öfke, nefsin alevinden bir kıvılcımdır. Senin içinde bir ateş yanar, ama o ateşin kimin yaktığını bilmezsin. Bu durak, içindeki patlamaları terbiye etmeyi öğreneceğin yerdir.

9.Durak: Şüphe

Şüphe, iman nurunun üzerine düşen ince bir gölge gibidir. Bu durakta; inançlarını, doğrularını yeniden tartacaksın.

10.Durak: Kabulleniş

Burası; yaralarınla yaşamayı ve onlardan güç almayı öğreneceğin yer olacak. Kendini yargılayarak değil, Allah'a emanet ederek yol al.

Yolcu bir an gözlerini kapattı. Bu sözler, sanki kalbinin en derin yerine işliyordu. Kendi karanlıklarıyla yüzleşmekten korktu, ama aynı zamanda her durakta neler yaşayacağını merak ediyordu.

Geylânî üçüncü evreyi açıkladı:

"Son evre; **'Kendini İnşa ve Anlam Bulma'** evresi. Burada; ruhunun taşlarını yerine koyacak, olgunlaşmanın sırlarına ereceksin. Ve yol boyunca, beş durağa daha uğrayacaksın:

11.Durak: Şükür

Şükür, nimetin kendisinden daha kıymetlidir; çünkü nimetin

ardındaki sevgiyi ve hikmeti fark ettirir. Bu durakta, hayatındaki nimetlerin farkına varmayı öğreneceksin, şükrün nasıl bir güç olduğunu fark edeceksin.

12.Durak: Bağlılık

Ey Yolcu! Bağlılık, bir zincir değildir. O, seni esir eden değil, seni ayakta tutan bir güçtür. Bağlılık, bir yöne sabitlenmektir. Bu durakta; insanlara, değerlere, kendine ama en önemlisi de Rab'bine olan bağlılığın önemini anlayacaksın.

13.Durak: Merhamet

Merhamet, ruhun inceliğidir. Bu durak; hem kendine hem de başkalarına karşı merhametli olman gerektiğini hatırladığın yer olacak.

14.Durak: Sevgi

Sevgi, kalpteki huzurun adıdır. Sevgi, insanı kötülükten uzak tutar, ona güç verir. Bu durakta; derin ve olgun bağlar kurmayı, sevgiyle güçlenmeyi öğreneceksin.

15.Durak: Huzur

Bu durak, yolculuğunun son durağı. Unutma! Huzur, ilmin kalbe yerleşip hikmete dönüşmesidir. Öğrendiklerin her durakta kalbine yerleşecek.

Abdülkadir Geylânî yolculuğun tarifini bitirdi. Yolcu'nun gözlerine derin derin bakıp âdeta kalbine konuştu:

"Ondan geldin, O'na doğru gidiyorsun evlat! Yalnız O'na dayan! O, seni ulaşılacak menzile ulaştıracaktır. Acele etme. Kendi hızında ilerle. Bu yolda yalnız değilsin."

Yolcu, yaşadıklarına inanamıyordu. Sanki zaman, onun için durmuştu. Sessizce ve şükür içinde, ona anlatılanları dinliyordu.

İlk Kapı: Ben Kimim?

Bilgeler ayağa kalktı. Ortadaki masanın üzerine, ince işlenmiş bir parşömen konuldu. Üzerinde üç evre ve on beş durağın isimleri yazılıydı. Yolcuya doğru uzatıldı. Yolcu, titreyen elleriyle parşömeni aldı.

Yolcunun gözleri doldu, boğazı düğümlendi. Kalbinde tarifsiz bir minnettarlık ve aynı zamanda büyük bir sorumluluk hissetti. Bilgelerin hepsini saygı ile selamlayıp teşekkür etti. Onların tebessüm ve şefkatli bakışları arasında, yavaş adımlarla salondan ayrıldı.

Odasına dönerken, heyecandan titriyordu. Parşömeni göğsüne bastı, gözlerinden yaşlar süzüldü. Artık yalnız değildi. Bir yol haritası, on bir rehber ve Rab'bine doğru bir yolculuk vardı önünde.

O gece uyumadan önce fısıldadı: *"Bismillah...Artık başlıyorum. İlk durağım Merak."*

1. Durak- Merak

Göz kapaklarının arasından sızan sabah ışığı, odanın içini altın rengine boyamıştı. İnce perde rüzgârla hafifçe dalgalanıyor, pencere önündeki küçük masanın üzerindeki defterin sayfaları usulca kımıldıyordu. Yolcu yavaşça doğruldu, yastığının kenarındaki gümüş işlemeli saatin tıkırtısını duydu. Kalbi farkında olmadan daha hızlı atıyordu; çünkü zihninde onlarca soru, yüzlerce ihtimal dönüp duruyordu.

Mırıldanmaya başladı: *"Bugün sorularımın peşinden gitme günü... Acaba hangi cevap beni nerelere götürecek?"* Merak, gözlerinde parıltı olarak beliriyor; vücudunda hafif bir gerginlik hissediyordu. Sanki göğsünde küçük bir kıvılcım, durmadan yeni sorular doğuruyor, zihnini uyku mahmurluğundan çekip çıkarıyordu.

Ayağa kalktı, yüzünü soğuk suyla yıkadı. Bu bile ona farklı hissettiriyordu; çünkü suyun dokusunu, damlaların hareketini merak ediyor, onları anlamlandırmak istiyordu. Bir an aynada kendi gözlerine baktı: O gözlerde, dünyayı yeniden keşfetmeye kararlı bir Yolcu'nun ışıltısı vardı.

Mırıldanmaya devam etti: *"Çocukluğumdan beri, hep yeni şeyler öğrenme iştahı vardı içimde. Saatlerce National Geographic belgeselleri izleyip dururdum. Hayvanlar âleminden uzayın derinliklerine, okyanusun dibindeki hayattan, insan anatomisine kadar her şeye karşı anlam veremediğim bir merakım vardı. Çok enteresan... Bu merakımın, aslında kendimi keşfetmem için bir kıvılcım olacağı hiç aklıma gelmemişti."*

Odasından çıktı. On bir katlı binaya doğru, ağır adımlarla yürürken

İlk Kapı: Ben Kimim?

içinde çok tatlı bir heyecan vardı. *"Daha hızlı yürümeliyim."* düşüncesine karşı kendine; *"Yavaş ol, nefes nefese kalma; adrenalini kontrol et, acele etme."* telkininde bulundu. Binanın kapısına geldiğinde, her zamanki görevli onu karşılayıp içeriye buyur etti.

Binanın taş duvarları boyunca yankılanan adımlarında, içinde duyduğu merakın ritmi vardı. Bu his, onu ilk kata, Gazâlî'nin huzuruna doğru çekiyordu. İçinde, "Acaba Gazâlî, merakın hakikate yürüyen bir insan için ne kadar güçlü bir kılavuz olduğunu nasıl anlatacak?" sorusu çınlıyordu. Ve böylece, ağır ahşap kapının önüne geldi. Kapı, onu bekliyormuş gibi yavaşça aralandı.

1. Kat- İmam Gazâlî

Kapı aralandığında, içeriden tütsü kokusuyla karışık sıcak bir hava yayıldı. Gazâlî, elinde açık bir kitapla ahşap bir sedirin üzerinde oturuyordu. Yüzünde, Yolcu'nun gözlerine baktığında derin bir huzur ve davetkâr bir tebessüm belirdi. Ayağa kalktı, yavaş adımlarla yaklaştı ve "Hoş geldin, soruların ve arayışların misafirimdir." dedi.

"Merak," diye başladı sözlerine, "İnsanın kalbine yerleştirilmiş ilahi bir kıvılcımdır. Bu kıvılcım, seni hakikate doğru çeker; fakat aynı zamanda seni imtihan eder. Merak olmadan ilim olmaz; fakat merak, tek başına kalırsa, insanı boşluğa da sürükleyebilir."

Gazâlî ellerini birleştirerek devam etti: "Merak, seni harekete geçirir. Gördüğün her şeyde bir 'neden' sorusunu fısıldar. Bu fısıltıyı susturmak, insanı körleştirir. Fakat merakı doğru yola yönlendirmek, insanı hakikate taşır."

"Bir insan, merakını nefsi tatmin için kullanırsa, sadece zahirle oyalanır. Fakat merakını Allah'ın yarattığı hikmetleri anlamaya yönlendirirse, o zaman her sorusu onu marifete götürür. Merak, imanla birleşirse ilim olur; nefsin arzularıyla birleşirse fitneye dönüşür."

Yolcu kendi kendine *"Demek ki bendeki eksik yön buymuş."* dedi.

Duygular Evreni – Yolcu

"Ben hep meraklıydım, ama bu merakımın bir yönü yokmuş. Ah be! Keşke çocukluğumda duysaydım bunları. Bugün çok farklı bir yerde olabilirdim." İçinden bir ses yükseldi ve sanki bu düşüncesine fren yaparcasına şöyle dedi: *"Keşke deme! Her şeyin zamanı var. Kader planında hikmetsiz iş yoktur."* Yolcu, o sesleri hemen susturdu.

Gazâlî, Yolcu'ya yaklaşıp omzuna dokundu: "İmam Malik der ki, 'Fazla soru fitnedir.' Bu, merakı öldürmek değil; onu adaba uygun hâle getirmek demektir. Soru sorarken niyetin, hakikati aramak olmalıdır, başkasını zor durumda bırakmak değil."

Yolcu'nun aklına, geçen sene aldığı eğitimden öğrendikleri geldi: *"Sormak ile sorgulamak arasında fark vardır. Hakikatin peşinde olan, doğru soruların peşinde olur."*

"Bak, evladım," dedi, "Kur'an'da Hz. İbrahim, Rab'bine, 'Ölüleri nasıl dirilttiğini bana göster.' dedi. Bu, merakın imanla birleşmiş hâlidir. O sormasaydı, biz de bugün bu hikmeti öğrenemeyecektik. Merakın, seni Allah'a daha da yakınlaştıracak şekilde yönlendirmelidir."

"Merak seni adım adım ileri taşır. Fakat her adımda, doğru rehberlik gerekir. Yanlış bir rehber, merakını yanlış yollara çeker ve seni hakikatten uzaklaştırır."

Gazâlî, küçük bir masa üzerindeki mürekkep şişesini işaret etti: "İlim, bu mürekkep gibidir. Kalemin ucu merakla ıslanır, ama hakikati yazmak için akıl ve iman rehberliğine ihtiyaç vardır."

"Unutma, merak seni gurura sürüklememeli. 'Ben her şeyi bilirim.' diyen, aslında hiçbir şey bilmez. Bilge insan, daima 'Bilmiyorum, öğrenmeliyim.' der."

"Merak, kalbinin kapısını açar; ama oradan neyin gireceğini sen seçersin. Hikmet girerse huzur bulursun; fitne girerse kalbin bulanır."

"Merak, çocukların gözündeki pırıltıdır. O pırıltıyı kaybetme; ama o pırıltının yönünü tayin et. Yoksa dünyada çok şey görür, hiçbir şey

İlk Kapı: Ben Kimim?

öğrenemezsin."

Gazâlî son olarak şöyle dedi: "Senin bu yolculuğun, merakınla şekillenecek. Ama şunu bil: Merakın seni götürdüğü her kapıda, önce niyetini sorgula. Niyetin saf ise, gördüğün her şey sana bir ayet gibi konuşur."

Derin bir nefes aldı, Yolcu'ya bakarak ekledi: "Şimdi yola devam et. Merakını, ilahi hakikatin ışığında besle. Sadece gözlerinle değil, kalbinle de görmeye çalış."

Ve elini uzatarak Yolcu'yu bir sonraki kapıya yönlendirdi.

Sıradaki adım, merakı insanın iç dünyasının en karanlık koridorlarına götüren Freud'un katıdır.

Yolcu, büyük üstada teşekkür ederek odadan ayrıldı. İçinde olan merak duygusunun aslında şükredeceği çok önemli bir hediye olduğunu, ama bu duygunun yönlendirilmeye ihtiyacı olduğunu tam anlamıyla anlamış oldu. Freud'un katına doğru merdivenleri çıkarken tebessüm ederek *"Çok güzel başladı ya... Korkacak bir şey yokmuş. Sorularıma cevaplar bulacağım belli."* diye mırıldandı.

2. Kat- Sigmund Freud

Kapı ağır ağır açıldığında içeriden hafif bir tütün kokusu geldi. Freud, yuvarlak çerçeveli gözlüklerinin ardından Yolcu'yu süzdü. Koltuğuna yaslanmış, önündeki küçük not defterine bir şeyler karalıyordu. Göz ucuyla baktı ve dudaklarının kenarında hafif bir tebessüm belirdi.

"Hoş geldin," dedi, derin ve tok bir sesle. "Merak... İşte seni buraya getiren güç." Bir eliyle koltuğu işaret ederek Yolcu'ya oturmasını teklif etti. "İnsan, merak ettikçe, kendi bilinç dışının karanlık kapılarını aralamaya başlar. Ama bu kapılar her zaman hoş manzaralar sunmaz."

Freud kalemini masaya bıraktı: "Merakın en güçlü kökenlerinden

Duygular Evreni – Yolcu

biri, bastırılmış arzularımızdır. Çocuk, dünyayı tanımak için sorular sorar; yetişkin ise çoğu zaman bu soruları bastırır. Ama bastırmak, merakı öldürmez; onu bilinç dışına iter."

Derin bir nefes aldı: "Merak, cinsel gelişimin en erken safhalarından itibaren insanın benliğinde şekillenir. Çocuk, anne-baba ilişkisini, doğumu, ölümü, bedensel farkları merak eder. Bu sorulara verilen cevaplar ya da sessizlik, çocuğun ilerideki kişiliğini belirler."

Freud, Yolcu'nun gözlerine bakarak devam etti: "Merakın iki yüzü vardır. Bir yüzü öğrenmeye, anlamaya yöneliktir; diğer yüzü ise tatmin edilmeyen arzuların, dolaylı yoldan doyurulmasına çalışır. Eğer merak, bilinç dışının karanlık tarafına teslim olursa, kişi gerçekle bağını kaybedebilir."

Yolcu, Freud'u dikkatlice dinliyordu. *"Evet, Gazâlî'nin bahsettiği 'merak duygusunun yönlendirilmesi gerektiği' konusu demek ki bu."* dedi içinden. *"Meraklı olmak başkadır, her aklına gelen düşüncenin peşinden giderek keşfetmeye çalışmak başkadır. İnsanın filtresi olmalı. Çünkü bazı düşünceler şeytanın insanı aldatmasıdır."* diye çok önemli bir şeyi keşfetmiş hissiyatı ile tebessüm etti.

Masadan küçük bir figür alarak parmaklarının arasında çevirdi: "Merak, bir anahtar gibidir. Ama bu anahtar yanlış kapıyı açarsa, insan kendi zihninin labirentinde kaybolur."

Freud yavaşça doğruldu: "Sağlıklı merak, gerçeğe yaklaşma cesaretidir. Fakat çoğu insan, gerçeği gördüğünde rahatsız olur ve ondan kaçar. Bu yüzden merakı bastırır, yerine konforlu yalanlar koyar.

Bilinç dışı, merakı farklı kılıklara büründürür. Bazen bir sanat eserinde, bazen bir rüyada, bazen de bir dil sürçmesinde ortaya çıkar. İnsan, bunları fark ettiğinde kendi zihninin derinliklerine yolculuk eder."

Freud, Yolcu'ya biraz daha yaklaşarak alçak bir ses tonuyla konuştu: "Merak, psikanalizde iyileştirici bir güçtür. Danışan, neden belirli bir

İlk Kapı: Ben Kimim?

rüyayı gördüğünü, neden aynı hatayı tekrarladığını merak ettiğinde, çözüm kapısı aralanır."

"Elbette," dedi, gözlüğünü çıkarıp temizlerken, "merak, sadece zihinsel değil, duygusal bir harekettir. İnsan, merak ettiği şeyle duygusal bağ kurar. Bu bağ, kimi zaman iyileştirici, kimi zaman da bağımlılık yapıcı olabilir. Merak, yolculuğun sırasında seni geçmişin izlerine götürecek. Orada gördüklerin, belki hoşuna gitmeyecek, ama bil ki yüzleşmediğin her şey, seni perde arkasından yönetmeye devam eder."

Freud elini uzattı: "Git ve merakını saklama. Sorularından korkma. Fakat şunu unutma; cevaplar bazen beklediğin gibi olmayabilir."

Ardından hafifçe gülümsedi: "Şimdi; merakın, bireyin sosyal bağlarını nasıl etkilediğini anlatacak olan Adler'e gitme vakti."

3. Kat- Alfred Adler

Yolcu, üçüncü kata çıktığında geniş pencerelerden içeri süzülen güneş ışığı tüm odayı sıcak bir şekilde aydınlatıyordu. Adler, rahat bir sandalye üzerinde, elinde tuttuğu ince bir kitapla bekliyordu. Yolcu'yu görür görmez ayağa kalktı, samimi bir gülümsemeyle elini uzattı.

"Hoş geldin." dedi Adler, "Merak, bireysel gelişimin en güçlü yakıtlarından biridir. Ama aynı zamanda yönünü yanlış bulduğunda, insanı hem kendine hem başkalarına yabancılaştırabilir."

Yolcu oturduğunda Adler konuşmaya başladı: "Freud'un dediği gibi, merakın kökeninde çocukluk vardır. Ancak ben merakı sadece içgüdüsel bir dürtü olarak değil, sosyal bir bağ kurma çabası olarak da görürüm. İnsan merak eder, çünkü başkalarıyla ve dünyayla anlamlı bir ilişki kurmak ister."

Adler, masadaki küçük bir pusulayı eline aldı: "Merak, hayatın yönünü belirleyen pusulalardan biridir. Eğer bu pusula 'toplumsal yarar' yönünü gösteriyorsa, kişi hem kendini geliştirir hem de çevresine katkı sunar. Ama pusula sadece 'kişisel çıkar' yönüne ayarlıysa, merak bile insanı bencilliğe sürükleyebilir."

"Ben, bu duygunun bu kadar önemli olduğunu hiç bilmiyordum. Bu öğrendiklerimi, çevremdeki herkese anlatmak zorundayım. Çocukluktan itibaren, içimdeki bu duygu doğru yönlendirilmiş olsaydı; hayatım tamamen değişirdi. Hele günümüzde, sosyal medya çağında insanın merakını tahrik edecek o kadar fazla reklam içerikli bildirimler alıyoruz ki, insanların yanlış yönlendirilme potansiyeli çok yüksek. Evet, ben bu konu üzerine çok ciddi bir şekilde çalışmalıyım. Sadece kendi yolculuğuma değil, insanlara yardım etmeye de odaklanmalıyım."

Derin bir nefes aldı: "Benim için sağlıklı merak, üstünlük kompleksinin panzehiridir. Çünkü merak eden insan, bilmediğini kabul eder. Bu, tevazu gerektirir. Bilmediğini kabul eden kişi öğrenmeye, öğrenen kişi ise gelişmeye açıktır."

Adler gözlerini Yolcu'ya dikti: "Çocukken merakımız engellendiğinde, yetişkinlikte ya utangaç ya da saldırgan merak biçimleri gelişir. Ya hiçbir şey sormayız ya da sorgulamalarımız insanları yaralar. İkisi de sosyal uyumu bozar."

Pencereden dışarı bakarak ekledi: "Sağlıklı bir toplum, bireylerinin merakını besleyen, onlara doğru sorular sormayı öğreten toplumdur. Yanlış merak, dedikoduya; doğru merak, bilgeliğe çıkar."

Adler hafifçe gülümsedi: "Merakın bir başka yüzü de cesarettir. İnsan bazen soruyu sorar, ama cevabı duymaya hazır değildir. Cesaret, merakın meyvesini toplayabilme yetisidir. Yoksa soru, zihinde diken gibi kalır."

Masaya eğilerek bir deftere birkaç kelime yazdı, sonra Yolcu'ya uzattı: "Burada yazan, senin yolculuğun için önemli olacak: 'Merakını, başkalarının yararına yönlendir.' Çünkü böyle yaptığında hem kendi ufkunu açarsın, hem de başkalarının ufkunu genişletirsin."
Sonra tatlı bir tebessümle ekledi: "Şimdi seni Jung bekliyor. O, merakın bilinçdışıyla ve kolektif sembollerle olan ilişkisini anlatacak."

İlk Kapı: Ben Kimim?

4. Kat- Carl Gustav Jung

Yolcu merdivenleri çıkıp dördüncü kata vardığında, yüksek tavanlı, ahşap kirişlerle bezeli bir salon onu karşıladı. Ortada geniş bir masa, üzerinde eski el yazmaları, mitolojik figürlerin minyatürleri ve birkaç puslu cam küre vardı. Jung, pencere önünde, maviye çalan dumanın yükseldiği bir tütsü kasesiyle meşguldü. Yolcu'yu görünce; gözlerinde tanıdık, ama sanki zamanın ötesinden gelen bir bakış belirdi.

"Hoş geldin." dedi Jung, yumuşak ama derin bir ses tonuyla. "Merak, bilinç ile bilinçdışı arasındaki köprüdür. Senin merakın, seni buraya getirdi, ama bil ki her merak, sahibini kendi karanlık tarafına da götürür."

Yolcu karşısına oturunca Jung devam etti: "İnsan, sadece gördüğüne değil, hissettiğine de merak duyar. Ve çoğu zaman bilinçdışı, bu merakın yönünü belirler. Çocukken dinlediğin bir masal, gördüğün bir rüya, zihninin derinliklerinde bir soru bırakır."

Masadan, Jung'un kendi çizimlerinden birini aldı; bir mandala. "Merak, mandalanın ortasındaki merkez gibidir. Çevresinde arketipler, semboller ve mitler döner. Sen merkezdeki huzuru ararken, bu semboller sana hem ipuçları hem de bilmeceler sunar."

Bir an sustu, Yolcu'nun dikkatle dinlediğini görünce devam etti: "Fakat şunu unutma; merak her zaman aydınlığa götürmez. Bazen de gölgene yaklaşmana neden olur. Gölgene bakmaya cesaretin yoksa, merakın seni korkunun hapishanesine hapseder."

Jung, küçük bir bronz anahtar çıkardı. "Merakını, içsel bütünlüğünü sağlayacak şekilde kullan. O zaman gördüğün semboller seni aldatmaz, bilakis bütünleştirir."

Yolcu'nun bakışlarındaki ışıltıyı fark eden Jung gülümsedi: "Merak, sadece cevap bulmak değil, doğru soruyu sorabilmektir. Ve çoğu zaman, bu soruların cevabı dışarıda değil, kendi derinliklerinde gizlidir."

Bilinç dışının dili, simgelerdir. Merak, bu dili öğrenmeye çalışmaktır. Ama simgelerle oynarken dikkatli ol; onlar sadece aklın değil, ruhun da kapılarını aralar."

Yolcu teşekkür ederek saygı ile odadan ayrıldı. *"Her şey anlam kazanmaya başlıyor. Aynı konunun değişik perspektiflerini öğreniyorum. Muhteşem ya!"* diye mırıldandı.

Şimdi sırada, Bediüzzaman'ın katı var. Onun bakışıyla Yolcu, merakın hakikat arayışına nasıl hizmet ettiğini görecek.

5. Kat- Bediüzzaman Said Nursî

Yolcu, merdivenleri ağır ağır çıkarak beşinci kata ulaştığında, yüksek tavanlı, ışıkla dolu bir oda onu karşıladı. Duvarlarda Kur'an ayetleri ve hat levhaları asılıydı. Odada, derin bir huzur ve aynı zamanda zihni uyandıran bir atmosfer vardı.

Bediüzzaman, önünde açık duran Risale-i Nur ciltlerinden birine eğilmiş, ince yazıları dikkatle okuyordu. Yolcu'nun geldiğini fark edince başını kaldırdı, tebessüm etti.

"Hoş geldin aziz kardeşim." dedi yumuşak, ama vakur bir sesle. "Merak, insanın kalbine ve aklına Rab'binden konulmuş bir anahtardır. Eğer o anahtarı doğru kapılara çevirirsen, sana âlemin hazinelerini açar. Ama yanlış kapılara yöneltirsen, seni karanlık vehimlere sürükler."

Yolcu sessizce dinlerken Bediüzzaman devam etti: "Merak, ilmin ve marifetin tohumu gibidir. İnsan, varlıkların mahiyetini, kâinatın sırrını, kendi nefsinin esrarını merak eder. Bu merak, eğer Kur'an'ın nuruyla aydınlatılırsa, seni Allah'ın isimlerine ulaştırır. Fakat o ışık olmadan, merak bazen sadece dünya perdesinde oyalanır."

Önündeki kitaptan kısa bir bölüm okudu: "Eşyanın hakikati, ancak Sâni-i Zülcelâl'in isimleriyle anlaşılır. Merakın hakiki neticesi, Hakk'ı tanımaktır." Sonra başını kaldırarak ekledi: "Bak kardeşim, sahabe-i

İlk Kapı: Ben Kimim?

kiramın merakı, Allah Resulü'nden hakikati öğrenme arzusu idi. Onlar, 'Bu nasıl olur?' diye sorduklarında, maksatları sadece bilgi değil, imanlarını derinleştirmekti."

Yolcu; *"Sadece bilgi değil, imanlarını derinleştirmekti."* diye tekrarladı. *"O zaman şu mu: 'Anlamlandırılmış merak, doğru istikameti olan ve doğru anlamlar yüklenmiş merak duygusudur.' Bu mu? Hımmm... Bunun üzerine biraz düşüneceğim."* dedi.

Bir anlık sessizlik oldu. Pencereden giren ışık, Bediüzzaman'ın yüzünde sanki tefekkürün gölgesiyle birleşti. "Merak, kalbin pusulasıdır. Onu gaflete yöneltirsen, seni nefsin oyunlarına çeker. Ama marifetullaha yöneltirsen, seni ebedî saadetin kıyısına taşır."

Yolcu, onun sözlerindeki hem uyarıyı hem de daveti hissetti. Bediüzzaman gülümsedi ve: "Merakını, hakikat yolunda bir yol azığı yap. O zaman karşına çıkan her soru, seni Rab'bine biraz daha yaklaştırır. Ama seni meraklandıran her şeyin peşine de sakın düşme. Çünkü bu, şeytanın sana çok büyük bir oyunudur." dedi.

"Sözler" risalesini Yolcu'ya verip "Buradan 21. Söz'ü iyi anla, şeytanın vesveselerinin seni nasıl yanıltabileceği anlatılıyor." dedi.

Yolcunun zihni iyice netleşmeye başlamıştı. Bediüzzaman'ın vesvese uyarısı, onun için âdeta bir çözüm hâline gelmişti. İçinden; *"Merak duygusunun doğru istikamette yönlendirilebilmesi için, şeytanın vesveselerinden arındırılması gerekiyor."* diye geçirdi ve ayrılmak için edeple izin istedi...

Şimdi sırada Erikson'un katı var. Yolcu onunla, merakın insan gelişimindeki yerini konuşacak.

6. Kat- Erik Erikson

Yolcu, beşinci kattaki derin tefekkür atmosferinden ayrılıp bir üst kata çıktığında, onu modern ama sıcak bir oda karşıladı. Raflarda psikoloji kitapları, insan gelişim basamaklarını gösteren şemalar ve

Duygular Evreni – Yolcu

duvarda yaşam döngüsünü anlatan büyük bir tablo vardı. Erik Erikson, koltuğunda oturuyor, elinde tuttuğu kalemi defterin üzerinde hafifçe döndürüyordu. Yolcu'yu görünce gülümsedi ve ayağa kalktı.

"Hoş geldin." dedi dostça bir tonla. "Merak, sadece çocuklukta değil, insan yaşamının her döneminde gelişim için gerekli olan bir güçtür. Benim teorimde, özellikle ilk dönemlerde 'güven' ile birlikte merak, dünyayı keşfetmenin ana motorudur."

Oturmasını işaret edip devam etti: "Bebeklikte merak, güven duygusu ile beslenir. Güvenli bir ortamda büyüyen çocuk, çevresini keşfetmekten korkmaz. Okul çağına gelindiğinde ise merak, öğrenme isteğini ve üretkenliğini artırır. Eğer bu dönemde merak desteklenmezse, birey içine kapanabilir."

Erikson, tahtadaki yaşam basamaklarını gösterdi: "Ergenlikte merak, kimlik arayışının merkezindedir. Genç, 'Ben kimim?' ve 'Nereye aitim?' sorularını sorar. Merakını doğru yönlendiren genç, güçlü bir benlik algısı kazanır. Yetişkinlikte merak, ilişkileri derinleştirmek ve yaşam amaçlarını bulmak için gereklidir."

Biraz durdu, gözlerini Yolcu'ya dikerek şunları ekledi: "Ama unutma, merak tek başına yetmez. Ona eşlik eden sorumluluk, ahlaki çerçeve ve toplumsal bilinç olmazsa, merak seni dağıtır. Yanlış sorulara yönelmek, yanlış cevaplara ulaştırır."

Defterinden bir not okudu: "Gelişim, sadece biyolojik değil, psikososyal bir süreçtir. Merak, bu sürecin sürekli hareket hâlinde kalmasını sağlar."

Erikson, bir fincan kahveyi masaya koydu: "Merakını besle, ama yönünü iyi seç. Hayatındaki kriz anlarında soracağın doğru sorular, seni yeni bir gelişim basamağına taşıyabilir."

Yolcu'da inanılmaz bir aydınlanma gerçekleşti ve kendi kendine konuşmaya başladı: *"Bir insanın, hayatta başarılı bir yerinin olmasının en önemli başlangıç noktalarından biri; içten gelen merak duygusu*

İlk Kapı: Ben Kimim?

ve ilgilendiği konular ile paralel eğitimler almasıdır. Ben çocukluktan beri, belgesel seyrederdim, ama Afrika'daki aslanları seyrederken bile 'Acaba hisleri var mı?' diye merak ederdim. Benim merakımın spesifik bir tarafı varmış. Aslanın kendisi yerine 'Aslanın duyguları var mı?' sorusuymuş. Beni bu yolculuğa çıkaran da demek ki bu olmuş. Şimdi düşünüyorum da, annem hep uzayı merak ediyordu; yıldızları, galaksileri... Benden çok farklı şekilde merak ettiği bir konuydu bu. Evet ya! Bu, başarılı bir kariyer için çok önemli bir mesele." Tebessüm etti. *"Psikoloji mi okusam acaba?"* dedi. Sonra hemen bu düşüncelerini kesti: *"Başladın yine Yolcu! Dikkatini dağıtma! Öğreneceklerine konsantre ol! Bırak gelecek planlamalarını, anda kal! Senin bu ADHD'ni; ilgini çeken bir şey olduğunda zihninin bir anda dağılmasını ve o konunun peşinden gitme meseleni çözmen gerekiyor. Merak duygusu, bunu hep tetikliyormuş demek ki... Ok ok ok... Bunları sonra analiz edeceksin."*

Ayağa kalktı, izin isteyerek saygıyla odadan ayrıldı.

Sırada Aaron Beck'in katı var. Onunla, merakın düşünce kalıplarına etkisini konuşacak.

7. Kat- Aaron Beck

Yolcu, altıncı kattaki gelişim basamaklarının ışığında aydınlanan düşüncelerle bir üst kata çıktı. Bu kat, sade ama ferah bir şekilde düzenlenmişti. Duvarlarda zihnin karmaşık yapısını anlatan diyagramlar, masanın üzerinde ise not defterleri ve ince uçlu kalemler vardı. Aaron Beck, sakin bir gülümsemeyle kapıda karşıladı.

"Hoş geldin," dedi sıcak bir sesle. "Merak, zihnin en güçlü uyarıcılarından biridir. Benim bilişsel terapi yaklaşımımda, merak bir nevi zihinsel detektör gibidir; düşünce kalıplarındaki çarpıtmaları fark etmeni sağlar."

Oturması için yer gösterdi ve devam etti: "Çoğu insan, olumsuz otomatik düşüncelerini fark etmeden yaşar. Merak, bu düşünceleri incelemenin kapısını açar. 'Acaba bu düşünce gerçekten doğru mu?' sorusunu sormak, zihinsel zincirleri kırar."

Beck, önündeki defteri açıp bazı örnekler gösterdi: "Merak eden kişi, olumsuz bir yargıyı hemen kabul etmez. 'Başaramayacağım' yerine 'Başaramama ihtimalim nereden geliyor, hangi delillere dayanıyor?' diye sorar. İşte bu, bilişsel yeniden yapılandırmanın ilk adımıdır."

Biraz duraksadı ve gözlerini Yolcu'ya dikti: "Merak, zihinsel esnekliği artırır. Sadece doğru cevabı aramak değil, yanlış düşünceleri de sorgulamak demektir. Bu sorgulama, kaygı ve depresyonun zeminini sarsar."

Masadan küçük bir kart aldı ve üzerinde yazılı cümleyi okudu: "Merak, düşünceyi değiştiren en nazik davettir." Sonra ekledi: "Eğer merakını koruyamazsan, düşüncelerin otomatik pilota bağlanır ve zihinsel tembelliğe düşersin."

Bir örnek verdi: "Bir öğrenci sınavdan düşük not aldığında 'Ben başarısızım.' diye düşünürse, bu yargıyı mutlak kabul eder. Ama merak eden öğrenci, 'Bu sınavda neyi eksik yaptım?' diye sorar. Böylece gelişim fırsatı ortaya çıkar."

Yolcu'ya dönerek son cümlelerini söyledi: "Merakını asla bastırma. Fakat onu bilinçli bir şekilde yönlendir. Aksi hâlde seni gereksiz bilgilere boğar. Zihnini temiz tut, doğru soruları sormaktan çekinme."

Yolcu *"O zaman bir soru sorabilir miyim?"* dedi. Beck tebessüm ederek "Tabii ki sorabilirsin." dedi.

"Bir insanda merakın düşük olması, depresyon belirtilerinden biri midir sizce?" diye sordu. Beck Yolcu'ya baktı; "Çok güzel bir soru sordun, şöyle açıklayayım." dedi ve devam etti.

Bilişsel terapide depresyonu bilişsel üçlü ile açıklıyoruz: "Kendilik, dünya ve gelecek hakkında olumsuz düşünceler."

Merak, dünyaya yönelişin bir göstergesidir. Eğer merak yoksa, bu

genellikle "dünyadan haz alamama" ve "gelecekten bir şey bekle-
meme" ile ilgilidir. Ve bu da depresif şemaların bir yansımasıdır. Me-
rakın düşüklüğü, tek başına depresyonun göstergesi değildir; ama
önemli ip uçlarından biridir.

Yolcu *"Çok teşekkür ederim, merak ettiğim bir konuydu bu. Meraklı
insan araştırır, bu da belli bir içsel enerji gerektiren bir konu. Dep-
resyon, farklı bir alan demek ki. Merak duygusuna göre karar veril-
mez. Çok verimli bir görüşme oldu. Size çok teşekkür ederim. Çok şey
öğrendim."* dedi.

Beck, her zamanki sıcak tebessümü ile Yolcu'ya bakıp "Rica ederim.
Sakın merakını yitirme." dedi.

Sırada, Michael Brown var: Onunla, merakın pozitif psikolojiyle iliş-
kisi konuşulacak.

8. Kat- Michael Brown

Yolcu, Aaron Beck'in katından ayrılıp bir üst kata çıktığında, geniş ve
aydınlık bir salonla karşılaştı. Pencerelerden süzülen ışık, odanın
içindeki sıcak renkleri daha da belirgin kılıyordu. Michael Brown,
dostane bir gülümsemeyle kapıda bekliyordu. Elini uzatarak "Hoş
geldin." dedi. "Burada merakı, insanın gelişiminde nasıl bir itici güç
hâline getirebileceğimizi konuşacağız."

Yolcu'yu odanın ortasındaki yuvarlak masaya davet etti ve rahatlatıcı
bir ses tonuyla konuşmaya başladı: "Pozitif psikolojide, merak 'flow'
dediğimiz akış hâlinin kapısını aralayan en önemli duygulardan biri-
dir. İnsan bir şeye ilgi duyduğunda, dikkati odaklanır, zamanın farkı
kaybolur. Bu hâl, öğrenmenin en verimli olduğu noktadır."

Brown, bir not defteri açıp devam etti: İlgilenme ve adanmışlık me-
rakla başlar. Merakın yoksa derin bir ilgi de oluşmaz. İnsan, merak
ettiği konuya daha kolay bağlanır; o konuda daha uzun süre çaba sarf
eder.

Duygular Evreni – Yolcu

Koltukta biraz öne eğildi: "Merak, mutlulukla da doğrudan ilişkilidir. Yeni şeyler keşfetmek, beynin ödül sistemini çalıştırır. Dopamin salgılanır, bu da öğrenme motivasyonunu güçlendirir."

Bir örnek verdi: "Bir insan, yeni bir dil öğrenmeye merak saldığında, kelime ezberlemek bir yük olmaktan çıkar; keyifli bir keşfe dönüşür. Bu motivasyon, yalnızca başarıya değil, yaşam doyumuna da katkı sağlar."

Derin bir nefes alıp göz temasını sürdürdü: "Merakı canlı tutmak için kendine küçük meydan okumalar belirle. Çok kolay olan şeyler ilgini çekmez, çok zor olanlar ise seni yıldırır. Orta zorlukta hedefler belirlemek, merakını besler."

Yolcu'ya dönerek yavaşça konuştu: "Merak aynı zamanda umut duygusunu da besler. Bilinmeyene yönelmek, 'daha iyi bir gelecek' ihtimalini içinde barındırır. Bu yüzden merak eden insanlar, geleceğe daha pozitif bakar."

Brown, son olarak şu öğüdü verdi: "Merakını, değerlerinle uyumlu konulara yönlendir. Böylece yalnızca bilgin değil, karakterin de gelişir. Ve unutma, merak ettiklerin seni sen yapar."

Yolcu, Brown'un söylediklerini onaylayarak başını salladı. İçinden şöyle geçiriyordu: *"Gerçekten işin özünü söyledi. Uzun zamandır üzerinde çalıştığım bir konu bu aslında. Merak ettiğim bir konu olduğunda zihnim çok farklı yerlere dağılabiliyordu. Ama şu anda, eskisine göre daha iyiyim. Artık her aklıma gelenin, her merak ettiğimin peşine düşmüyorum; otokontrolüm var ve bana fayda sağlayacak şeylere konsantre oluyorum. Odaklanmam arttı, zihnim rahatladı, verimim arttı. Şu an, merak duygumu, sadece içe yönelişime yönlendiriyorum. Bu odaklanabilme seviyem, beni gerçekten çok mutlu ediyor."*

Yolcu kapıya yöneldi. Yusuf Kandehlevî'nin katına doğru yavaşça yürümeye başladı. Gerçekten bütün ruhunu merak sarmıştı. *"Acaba sahabe bu duyguyu nasıl yaşamıştı?"* diye içinden geçirdi. *"Merakın, ilim ve tebliğdeki yerini öğreneceğim."* diyerek tebessüm etti.

İlk Kapı: Ben Kimim?

Merdivenleri ağır adımlarla çıkarken derin bir huzur hissetti.

9. Kat- Yusuf Kandehlevî

Kapı aralandığında karşısında Yusuf Kandehlevî'nin sıcak bakışlarını gördü. Üzerinde sade bir cübbe, elinde ise birkaç sayfa not vardı. Ona doğru ilerleyerek "Hoş geldin evladım." dedi. "Bugün, merakın ilim ve davet yolundaki yerini konuşacağız."

Yolcu'yu oturtup, önündeki küçük ahşap masaya çay bıraktı. "Merak..." dedi, "İlim talebesinin yol azığıdır. Merak etmezsen soramazsın, sormazsan öğrenemezsin, öğrenmezsen yaşayamaz ve yaşatamazsın."

Yavaşça ellerini birleştirerek devam etti: "Resulallah (S.A.V.) döneminde, sahabeler merakla sorular sorar, bazen defalarca aynı meseleyi teyit ederlerdi. Çünkü hakikati tam anlamadan onu tebliğ etmekten çekinirlerdi."

Sonra sahabelerin hayatlarından örnekler vermeye başladı:

"Hz. Ömer'in hayatına bak! Onun, İslam'a girmeden önce Resulallah'ı (S.A.V.) öldürmeye giderken duyduğu merak, kız kardeşinin okuduğu ayetleri öğrenme isteğine dönüştü. Bu merak, hayatını değiştirdi. Demek ki merak, dönüşümün başlangıç noktasıdır.

Hz. Ömer, yeni inen ayetlerin hikmetini anlamak için saatlerce Resulallah'ın (S.A.V.) yanında kalır, her kelimeyi dikkatle dinlerdi. Ve sonuçta bu merakı, onu adaletin timsali bir halife yaptı."

Yusuf Kandehlevî'nin gözleri uzaklara daldı. Bir süre bekleyip konuşmasına devam etti:

Bir başka örnek de Hz. Aişe'dir. O, derin bir dikkat ve ince bir merak sahibiydi. Ayetlerde kadınlara dair bir hüküm indiğinde hemen, "Ya Resulallah, bu konuda kadınların durumu nasıldır?" diye sorar, açıklama isterdi. Onun soruları, sadece kendi merakını gidermek için değil; ümmetin kadınlarının yolunu aydınlatmak için sorulan sorulardı.

Çocuk yaşta Resulallah'ın (S.A.V.) yanında bulunan Hz. Enes bin Malik de bu konudaki güzel örneklerden biridir. O; saf ve berrak çocuk merakıyla, Resulallah'ın (S.A.V.) her hareketindeki hikmeti öğrenmeye çalışırdı. Onun soruları, her davranışın ardındaki derin manayı kavrama isteğinden doğardı.

Hz. Ebu Hureyre de, merak duygusunu en iyi şekilde kullanan ve dolayısıyla da en çok hadis rivayet eden sahabelerden biriydi. O, Resulallah'ın (S.A.V.) yanından neredeyse hiç ayrılmaz; hatta yemek yemeyi bile unutacak kadar yanında bulunmaya gayret ederdi. Onun merakı, Efendimiz'in (S.A.V.) her sözünü öğrenip hafızasına nakşetmesine ve öğrendiklerinin bizlere kadar aktarılmasına vesile oldu.

Yusuf Kandehlevî biraz duraksadı. Sonra ekledi: "Hz. Abdullah ibn Abbas, 'ümmetin tercümanı' lakabını, Kur'an ayetlerinin anlamlarını merakla sormasından ve her fırsatta öğrenmeye çalışmasından aldı. O, genç yaşta Resulallah'ın (S.A.V.) yanında bulunur, sürekli sorular sorardı. Merakı, İslam'ın en büyük âlimlerinden biri olmasına yardım etti. Şayet merakı olmasaydı, bize bugün ulaşan o derin ve zengin tefsir mirası da olmazdı.

Unutma! Soru sormak, doğru cevaba giden yolun anahtarıdır.

Resulallah (S.A.V.), hiçbir sahabeyi 'Neden soru sordun?' diye azarlamadı. Bilakis, gelen soruları ya hemen cevapladı ya da vahiy gelmesini bekledi. O'nun (S.A.V.) yanında merak, hiçbir zaman küçümsenen bir şey olmadı; bilginin ve hikmetin kapısı oldu."

Sesini biraz daha yumuşattı: "Tebliğde merak, karşındaki insanı anlamaya dairdir. Onun hâlini, ihtiyaçlarını, sorularını merak etmezsen, ona gönülden ulaşamazsın. Tebliğ sadece konuşmak değil, anlamaktır."

Yolcu başıyla onayladı ve *"İletişimde, karşında olanı dinlemek çok*

İlk Kapı: Ben Kimim?

önemli bir mesele. Birini tanımak istiyorsan, meraklı olman gerekir; ama o merakın seni, karşındakinin anlattıklarını dinlemekten alıkoymamalı.

Merakını gidermek için sürekli sorular sorup konuşmak yerine, karşındakinin konuşmasına izin verip, onu dinlemek çok önemli bir denge. Evet, benim bunun üzerine biraz daha çalışmam lazım. Heyecanlandığım zaman, enerjim yükseldiğinde, çok ilgilendiğim ve merak ettiğim bir konu konuşulduğunda, karşımda olanı efektif dinlemiyorum. Eğer dinlemezsem, nasıl anlayabilirim ki?" dedi.

Yusuf Kandehlevî gülümseyerek devam etti: "Merak, tebliği sürekli taze tutar. Her gittiğin yerde, 'Bu insanların hangi derdi var, hangi soruları var?' diye merak edersen, konuşmaların da onların yüreğine dokunur."

Sonra elini Yolcu'nun omzuna koydu: "Evladım, merakını ilimle besle, hikmetle yönlendir. Meraksız davetçi, susuz kuyuya benzer; içine bakan sadece boşluğu görür. Ama merak eden davetçi, içinde sürekli akan bir kaynak taşır."

Son sözlerini dikkatle vurguladı: "Merak, seni hem öğrenmeye hem de anlatmaya götürür. Onu kaybettiğinde, davet isteğin de azalır, söner. Kalbinde merak ateşi yandıkça, dilinde hakikat sözleri tükenmez."

Yolcu, bu sözlerin ardından hafifçe başını eğdi. Yusuf Kandehlevî gülümseyip, "Şimdi İbn Arabî seni bekliyor, merakın manevi boyutunu bir de ondan işit." dedi.

Yolcu, onuncu kata doğru yol alırken kendi kendine konuşuyordu: *"Çok acayip şeyler öğreniyorum ya... Merak ettiğim, öğrendiğim faydalandığım bir konu hakkında; bencil olmayıp, başkaları da öğrensin diye onlara anlatmanın, merak ile bağlantısını daha önce hiç böyle düşünmemiştim. Çok enteresan ya... 'İletişim tekniklerinde merakın yeri' konusunu daha derinlemesine araştırayım ben."*

10. Kat- İbn Arabî

Yolcu, dokuzuncu katın dinginliğinden ayrılırken mırıldanarak merdivenleri tırmandı. Her adımda taş duvarlardaki nakışlar daha ince, daha karmaşık bir hâl aldı. Kapı önüne geldiğinde derin bir nefes aldı. Kapı ağır ağır açıldı. Karşısında; yüzünde derin bir sükûnet, gözlerinde ise uçsuz bucaksız bir ufukla İbn Arabî duruyordu.

"Hoş geldin." dedi yumuşak bir sesle. "Bugün merakın hakikatle olan bağını konuşacağız. Fakat unutma, her merak hakikate götürmez; bazı meraklar ise seni nefsinin labirentine sürükler."

İçeri giren Yolcu, odanın ortasındaki halının üzerine oturdu. İbn Arabî onun gözlerine bakarak devam etti: "Evladım! Merak, ruhun dışa doğru yaptığı bir yolculuktur. Fakat eğer kalbin niyeti temiz değilse, bu yolculuk seni karanlığa götürür. Hakiki merak, seni Allah'ın isim ve sıfatlarının tecellilerini anlamaya sevk eder."

Derin bir nefes alarak ekledi: "Bazı insanlar meraklarını yalnızca dünyevi bilgilere yöneltir, böylece kalplerinde bir ağırlık oluşur. Oysa mârifetullah yolcusu, merakını hakikatin inceliklerini çözmeye yönlendirir."

Bir an sustu, ellerini semaya kaldırdı: "Hocam bana şöyle demişti: 'Merakın seni götürdüğü yer, niyetinin rengidir.' Eğer niyetin Allah'a (C.C.) yaklaşmaksa, sorduğun her soru seni O'na yaklaştırır."

Yolcu *"Merakın seni götürdüğü yer, niyetinin rengidir."* diye hayret ve hayranlıkla bu cümleyi tekrar edip durdu. *"Bunu bir tablo yaptırıp duvarıma asacağım."* dedi.

Yavaşça başını eğdi. "Kur'an'da; 'De ki: Göklerde ve yerde neler var, bir baksanıza.' (Yûnus, 101) buyrulur. Bu ilahi emir, bizden merakı ister; fakat sadece bakmak değil, ibretle bakmak, hikmetle anlamak..."

İbn Arabî gülümsedi: "Evladım, merakın iki kanadı vardır: Biri ilim,

İlk Kapı: Ben Kimim?

diğeri edep. İlmi olmayan merak, seni kuşkuya düşürür; edebi olmayan merak ise, haddini aşmana neden olur. İkisini birlikte taşıdığında ise göğe yükselirsin."

Yolcu *"Vay beeee!"* dedi.

İbn Arabî sesini hafifçe alçalttı: "Merak, kalbi Allah'a açılan bir kapı hâline getirebilir. Ama bu kapıdan geçerken nefsini geride bırakmalısın; aksi hâlde gördüklerini kendi heva ve hevesine göre yorumlarsın."

Yolcu, onun sözlerinde derin bir yankı hissetti. İbn Arabî son olarak şunu söyledi: "Merakını, Hakk'ın sana göstermek istediklerine yönelt. Hakiki merak, seni Allah'ın sanatına hayran bırakır, rahmetine muhtaç olduğunu hatırlatır."

Ardından hafif bir tebessümle ekledi: "Şimdi Abdülkadir Geylânî seni bekliyor. Ondan merakın Hakk'a hizmete nasıl dönüşeceğini dinle."

Yolcu hayranlıkla İbn Arabî'ye teşekkür etti. İçindeki merak duygusunun onun anlattığı şekilde ilimle, edeple, temiz niyetle yönlendirilmiş bir duygu olması için dua istedi. Yavaş adımlarla huzurdan ayrıldı. On birinci kata doğru yürürken *"İşte şimdi en zirveye gidiyorsun Yolcu! Aşkla git, edeple git, saygıyla git."* dedi.

11. Kat- Abdülkadir Geylânî

Yolcu, İbn Arabî'nin odasından ayrılıp merdivenlerden ağır ağır yukarı çıktı. On birinci katın kapısına ulaştığında, kapının ardında derin bir manevî huzurun dalgalandığını hissetti. Kapı açıldığında, Abdülkadir Geylânî Hazretleri kendine has vakur duruşu ve sevgi dolu bakışlarıyla onu karşıladı.

"Hoş geldin evladım." dedi. "Bugün seninle merakın, nasıl hakikate hizmete dönüşeceğini konuşacağız. Çünkü merak, sadece bilmek için değil; bilinenle amel etmek içindir."

Duygular Evreni – Yolcu

Odaya adım atan Yolcu, yerde serili sade kilimin üzerine oturdu. Geylânî sözlerine başladı: "Merak, Allah'ın sana verdiği zihinsel bir kıvılcımdır. Ama eğer bu kıvılcımı sadece zihninde tutarsan, zamanla söner. Onu insanlara yardım etme ocağına taşırsan, hem kendini hem başkalarını ısıtır."

Evladım, hakiki merak sahibinin kalbinde tevazu vardır. Bilmek onu büyütmez, aksine Allah'a karşı daha da muhtaç hissettirir. Bu yüzden, öğrendiğin her şeyin seni secdeye götürüp götürmediğini sor kendine."

Bir süre sustu, sonra elini dizine koydu: "Peygamber Efendimiz (S.A.V.) ashabına daima sorular sorardı. Onların merakını uyandırır, sonra da merakı amel ile pekiştirirdi. Bu bize gösterir ki, merak bir başlangıçtır; önemli olan, onu hayra dönüştürmektir."

Gözleri, tatlı bir ciddiyetle parladı: "Merak, seni Allah'ın yarattığı kulların hâlini anlamaya sevk etmeli. Onların derdini öğrenmek için merak et, sonra elini uzat. İşte bu merak, seni Hakk'a yaklaştıran meraktır."

Yolcu bu duyduğu karşısında tebessüm etti… *"İçimden geçenler mi okunuyor ya?"* dedi.

Geylânî sözlerini ağır ağır tamamladı: "Evladım, Allah'tan gelen ilhamlarla merakını besle; ama asla nefsinin arzusuyla yönlendirme. Hakikat merakı seni ilme, ilim ise seni Hakk'a hizmete götürsün. Çünkü ilim, amel ile meyve verir."

Son cümlesinde sesi yumuşadı: "Merakın Hakk'a hizmete dönüşmezse, bir gün seni yorar. Ama hizmete dönüştüğünde hem seni diri tutar hem de ardında iz bırakır."

Tebessüm ederek elini Yolcu'nun omzuna koydu: "Yolculuğunda sana rehberlik edenler seni bekliyor. Şimdi onlardan duyacaklarını da kalbine yaz ve merakını onların sözleriyle besle."

İlk Kapı: Ben Kimim?

Yolcu, on bir katı da dolaşıp her bilgeden merakın farklı bir yönünü dinledikten sonra, binanın giriş katına geldi. Binanın girişinde görevli olan kişi, "Bilgeler topluca değerlendirme yapmak için bir araya gelecekler. Sen biraz bekle şimdi." dedi. Yolcu başıyla onayladı.

Girişte bulunan sade koltuğa oturup beklemeye başladı. Daha bir saat geçmemişti ki görevli yanına gelip "Beni takip et, seni bekliyorlar." dedi.

Alt kattaki geniş ve ışıklı salona geldi. Ortada yuvarlak bir masa, etrafında ise her katta karşılaştığı bilge zatlar oturuyordu. Hepsinin yüzünde huzurlu bir tebessüm, gözlerinde ise derin bir ciddiyet vardı.

Gazâlî söz aldı: "Evladım, merak zihninin ibadeti, kalbinin uyanıklığıdır. Ama onu Kur'an ve Sünnet'in sınırları içinde tut. Aksi hâlde seni hakikatten uzaklaştırır."

Freud devam etti: "Merak, ruhunun karanlık odalarına açılan kapıdır. O kapıdan girerken dürüst ol; kendi gölgenden korkma."

Adler ekledi: "Merak, topluma faydalı olma yolculuğunun motorudur. Kendi derdinden sıyrılıp başkalarının derdini anlamaya yönel."

Jung derin bir nefes alarak: "Merak, bilinç ile bilinçdışının köprüsüdür. Onu geçerken hem içindeki arketipleri hem de insanlığın ortak hikâyesini tanı."

Bediüzzaman: "Merak, Hakk'ın sanatını keşfetmenin anahtarıdır. Kâinat kitabını oku, gördüğün her güzelliği Allah'a bağla."

Erikson: "Merak, kimliğini inşa ederken sana yol gösterir. Fakat onu sabırla besle; aceleyle tüketme."

Aaron Beck: "Merak, olumsuz düşüncelerini sorgulamanın en güçlü aracıdır. Zihnindeki her yargıya 'Bu gerçekten doğru mu?' diye sor."

Michael Brown: "Merak, umutla birleştiğinde hayat enerjini artırır. Onu pozitif deneyimlere yönlendir."

Yusuf Kandehlevî: "Merak, kalbi diri tutar. Ama onu dünyalık heveslere değil, Allah'ın rızasına bağla. Sahabe, her yeni bilgiyi hemen hayata geçirirdi."

İbn Arabî: "Merak, seni hakikatin perdesine kadar getirir. Ama perdeyi açan sadece aşk ve teslimiyettir."

Abdülkadir Geylânî: "Merakını Hakk'a hizmete dönüştür. Öğrendiğin seni secdeye götürmüyorsa, yeniden düşün."

Hep beraber ayağa kalktılar. Ardından Geylânî, kadife kaplı küçük bir kutu uzattı. Kutunun içinde ince işçilikle yapılmış, üzerinde bir göz ve kalp motifi bulunan gümüş bir yüzük vardı. "Bu yüzük, merakın kalpten göze, gözden de Hakk'a hizmete akmasını hatırlatsın." dedi.

Yolcu, her bilgenin tek tek gözlerinin içine bakarak sessizce tebessüm etti. Her birine teşekkür etti, onaylarını aldı. Ağır adımlarla salondan ayrıldı.

Binanın çıkışına doğru yürürken, sanki zaman ağırlaşmış, genişlemişti. Çocukluğundan bu yana geçen hayatı, bir film şeridi gibi gözlerinin önünden akıp geçti. Kendini bildi bileli, yeni şeyler öğrenmeye karşı derin bir merak duymuştu. "Bu neden böyle acaba?" sorusu hep zihnini meşgul ederdi. Ancak bugüne kadar, bu özelliğinin gerçek anlamını tam olarak kavrayamamıştı. İçindeki bitmeyen merak, onu adım adım kendini tanımaya yönlendirmişti. Ve işte tam da bu yüzden, bugün bu yolculuktaydı.

Kapıyı açtı, binadan ayrıldı. Odasına doğru yürümeye başladı. Kendine, *"Yolcu, bugün birçok şey öğrendin. Çok değişik gelenekten çok faydalı bilgiler öğrendin. Peki, aklında ne kaldı?"* diye sordu.

Sessizleşti. Derin derin düşündü ve şöyle dedi: *"Merak duygum, çok pozitif ve önemli bir özelliğim. Ama aynı zamanda, doğru yönlendirilmeye ihtiyacı olan bir duygum. Peki ne yapmalıyım? Öncelikle; doğru bir niyetle, merak duygumu yönlendirmeliyim. Merak ettiğim ve araştıracağım konunun, bana ve insanlığa faydası olmalı.*

İlk Kapı: Ben Kimim?

Bununla birlikte, merak ettiğim her şeyin peşine düşmemeliyim. Çünkü bu, beni yanlış yerlere yönlendirebilir ve konsantrasyonum dağılabilir. Merak duygum disipline edilmeli. O zaman, kendimi tanıma yolculuğumda en büyük yardımcılarımdan biri olur."

Ağır adımlarla odasına doğru yürümeye devam ederken *"Acaba atladığım bir şey var mı?"* diye düşündü ve yaptığı özetten memnun bir biçimde başını salladı.

Bir anda aklına, merak duygusunun insanları nasıl yanlış şeylere yönlendirebileceği düşüncesi geldi. *"Bu, çok tehlikeli bir konu."* dedi.

"Sosyal medya; biz istemesek de hiç durmadan karşımıza bildirimler ile merak duygumuzu tahrik edecek şeyler çıkartıyor. Sanki bir el, biz farkında olmadan bizi bir yere yönlendiriyor; konsantrasyonumuz dağılıyor. Normal şartlarda hiç ilgilenmediğimiz konular, karşımıza çıkıyor. İnsanın zihni, bazen âdeta gereksiz bir bilgi çöplüğüne dönüşüyor. Bu, dikkatli olmamız gereken, çok önemli bir konu."

Duraksadı. Başını göğe kaldırdı: *"Evet, bu mesele çok önemli. Merak duygunu filtrele, disipline et; doğru istikamette kullan."* diye tekrarladı.

Artık kendi odasının kapısına gelmişti. Yavaşça kapıyı açıp içeri girdi. Pencereden gelen loş ay ışığı, odanın ortasında gümüş gibi parlıyordu. Yatağına uzandı, yüzüğünü parmağına taktı. Ellerini başının arkasında birleştirdi, gözleri tavana kilitlendi.

Sessizlik içinde, tavandaki çatlak çizgiler ona tıpkı bir yol gibi görünüyordu. Zihnindeki düşünceler, sanki o çizgilerde akıp giderken, fısıldadı: *"Bu yolculuk, tahmin ettiğimden daha sırlı, daha öğretici. En önemlisi de anlam veremediğim şekilde, anlayışımın değiştiğini hissediyorum. Sanki içim, bakış açım genişliyor gibi hissediyorum. Heyecanlıyım. Yarın ilginç bir gün olacak. Bakalım, bilgelerin anlattığı yalnızlık; benim hissettiğim yalnızlık ile aynı şey mi? 'Kendimi yalnız hissetme' senelerdir beni hüzünlendiren bir duygu. Ama eminim ki, bu hissin çok pozitif tarafları vardır. Böyle negatif görünen duyguların*

Duygular Evreni – Yolcu

anlamlarını değiştirmek ve onlara doğru şekilde bakabilmek, hep hayalini kurduğum şeydi. Çok heyecanlıyım. Yalnızlık hissinin, beni nasıl geliştireceğini öğrenmek istiyorum. Bunun için de doğru yerdeyim. Haydi Yolcu! Şimdi yat, dinlen. Yarın güzel bir gün olacak."

Sabah oldu, odasının kapısı hâlâ çalınmamıştı. Ne bir ses, ne bir işaret; yalnızca sessizlik vardı. Yolcu önce şaşırdı, sonra, *"Belki bana dinlenmem için zaman tanıyorlar."* diye mırıldandı.

Birinci gün bol bol yürüyüş yaptı. Kendini göstermek için binanın çevresinde dolanıp durdu. Bazen odasına geri dönüp yatağına uzandı; düşündü, bazen ağaçların arasında yürüdü. Sırtını bir ağaca dayayarak derin düşüncelere daldı. Hava kararmaya başlayınca anladı ki, bugün bilgelerden bir ses çıkmayacak. Odasına döndü. Öğrendiklerini tek tek düşünüyor, hayal ediyordu. Çok geç olmadan uyudu.

İkinci gün yine erkenden uyandı, heyecanla kapıya baktı; ama sessizlik devam ediyordu. İçinde küçük bir sabırsızlık kıpırdamaya başladı. *"Geçen sefer üç gün sonra çağırmışlardı. belki de üçüncü günü bekliyorlar, sabırlı ol!"* dedi.

Bahçeye indi. Dışarıda çok sevimli bir hava vardı. Derin bir iç çekti, *"Her şey yolunda Yolcu!"* diye mırıldandı. Kuşların cıvıltısı ve ağaçların gölgeleri arasında uzun uzun yürüdü. İçinden gelen, negatif merakının temsilcisi o ses; *"Acaba merak dersini tam anlayamadım mı?"* diye onu rahatsız etti. Biraz yüzü düştü. Ama artık sesleri ayrıştırabiliyordu. İçinden gelen o sese karşı çıkıp: *"Hayır! Gayet iyi öğrendin! Birçok yeni şey keşfettin, her şey yolunda. Unutma! Hayatta her istediğin, senin istediğin zamanda olmaz. Sabretmeyi öğreneceksin."* dedi. Ve yavaş adımlarla odasına döndü.

Üçüncü güne uyandığında, iç dünyasının biraz daha negatif olduğunu fark etti. Sanki o eski benliğinin fısıltıları daha gürültülüydü. Eskiden olsa, Yolcu hemen ümitsizliğe kapılır, *"Demek ki başarısız bir gündü, demek ki beni başarısız buldular."* derdi. Ama bu sefer, Yolcu bu düşünceye karşılık verdi: *"Hayır! Bu, bir eğitim ve beklemek de öğretir. Belki bana, yalnızlığın eşiğini hazırlıyorlar. Sana pozitif ol dedim!"*

İlk Kapı: Ben Kimim?

İlk üç günde, kendi içindeki sesleri biraz daha iyi ayrıştırmaya başladığını fark etti. Sanki içinde sürekli negatif şeyler söyleyen mekanizmalar vardı ve bu, onun modunu çok etkiliyordu. Negatif bir düşünce gelince, meraklı tarafı hemen o düşünceyi analiz etmeye başlıyordu. Ve sonra bir bakıyordu ki, zihni bambaşka hikayelere gitmiş, günün yarısı bu negatiflikle geçmiş. Ama şimdi farklıydı. Negatif bir duygu geldiğinde; hemen onun peşinden gitmediğini, ona müdahale ettiğini ve pozitif bir şekilde bakmaya başladığını gördü. Tebessüm etti: *"Galiba, meraklı tarafımı dizginlemeye başladım. Bu çok güzel!"*

Dördüncü gün yürürken, sanki ayakları onu çocukluğuna götürdü. Hatırladı: Küçükken tarlaların arasından tek başına yürürdü, bulutların arasında şekiller arardı. O zaman, yalnızlık onun için bir oyun gibiydi. Şimdi ise ağır bir sessizlik... Gülümsedi: *"Demek yalnızlık bana eskiden de eşlik etmiş. Belki şimdi daha derin bir ders verecek."* dedi.

Beşinci gündeydi artık. Defterini eline aldı, açıp bir şeyler yazmaya başladı. Merakla ilgili öğrendiği şeyleri düşündü: *"Merakın seni götürdüğü yer, niyetinin rengidir. Merak, kalbinin kapısını açar; ama oradan neyin gireceğini sen seçersin. Hikmet girerse huzur bulursun; fitne girerse kalbin bulanır. Merak insanı dışa açar, ona sorular sordurur. Ama cevapların gecikmesi, içe dönmeyi zorlar. Belki şimdi bana öğretilen şey, merakın yalnızlıkla kardeş olduğudur."*

Altıncı gün, içindeki sabırsızlık büyümeye başlamıştı. *"Niçin çağırmıyorlar?"* seslerini tekrar duyuyordu. İçinden, negatif bir his yükseldi. Sanki, göğsüne bir ağırlık gibi çökmüştü bu his. Derin bir nefes aldı ve kendi kendine konuşmaya başladı: *"Pozitif kal! Sakın unutma! Bu da bir ders. Hayatın boyunca defalarca cevapsız kaldın, ama sonunda hep bir yol açıldı. Gayet iyi gidiyorsun."* Devam etti: *"Ey içimdeki negatif sesler! Bana bakın! Beni beş sene de bekletseler, bu yoldan dönmeyeceğim. Artık bana rahatsızlık vermeyi kesin!"* Bu karşı çıkış hoşuna gitmişti, tebessüm etti.

"Bol bol self talk yapmaya başladım." diye düşündü. Hz. İbrahim ile ilgili, geçen sene okuduğu, bir dersi hatırladı: İnsanın, negatif

duygular karşısında kendi kendini motive edici müdahaleler yapmasının ne kadar önemli olduğu anlatılıyordu. Öğrendiklerini pratiğe dökebilmiş olmaktan dolayı çok mutlu oldu.

Yedinci gün geldiğinde, artık daha da hafiflediğini hissediyordu. Bekleyişine alışmıştı. Mevcut durumunu, bir eğitim olarak görüyor; *"Acaba bu süreçte ne öğrenebilirim?"* diye bol bol kendini analiz ediyordu. İç seslerini dinliyor, çocukluğuna gidiyor, nişanlısı ile tartışmalarını hatırlayıp; *"Onunla nasıl daha pozitif iletişim kurabilirdim?"* diye düşünüyordu. İş yerinde onu manipüle eden yöneticisini, üzerinde uyguladığı baskının onda oluşturduğu hisleri düşündükçe, sanki zihni geriliyor gibi oluyordu.

Tüm bu hislerin arasında, bir an duraksadı ve: *"Farkında mısın Yolcu? Telaşından, 'Acaba dış dünyada ne oluyor?' düşüncelerinden uzaktasın. Sanki ruhun dinçleşmeye başladı. Baksana! Merakın, kendi hislerine döndü. Meğer sosyal hayatın içindeyken ne kadar da gereksiz girdi oluyormuş zihnine."* dedi. Biraz üzüldü. Ama çok geçmeden toparlandı: *"Mevcut realite bu Yolcu."* dedi. *"Sosyal hayattan kopamayacağına göre, bunu idare etmeyi öğrenmen gerekir."* Sonra devam etti: *"Şu anda tek başınasın; yalnızsın, hatta yapayalnızsın ve bu senin çok korktuğun bir hâl, ama sanki bu bekleyiş, bu yalnızlık formunun çok negatif olmadığını gösterdi bana. Çok enteresan işler ya!"*

Ve tam yedinci günün gecesinde, sabaha karşı kapısı çaldı. Gözleri birden açıldı, yüreği hızla çarpıyordu. Kapıya doğru gitti, heyecanla açtı. Karşısında duran, her zamanki haberciydi. Yüzünde dingin bir gülümseme ve güçlü bir sesle ona şöyle dedi: "Yolcu! Merakın dersini aldın. Şimdi sıra yalnızlıkta. Haydi! Bilgeler seni bekliyor."

Yolcu, günlerdir süren sessizliğin ardından bu sözleri işitince, içi bir sevinçle doldu. *"Bak, bu bekleyiş boşuna değilmiş. Merakla yola çıktım, yalnızlıkla derinleşeceğim. Bu yalnızlık hissinden öğreneceğim çok şey var gibi geliyor bana."* dedi.

Hazırlıklarını yaptı. Gayet dinç ve pozitif bir ruh hâli ile binanın

İlk Kapı: Ben Kimim?

kapısına doğru yürümeye başladı. Yavaş adımlarla ilerlerken, kendine *"Yalnızlığımın anlamını değiştirmeye gidiyorum."* diye fısıldıyordu.

2. Durak- Yalnızlık

Binanın kapısına vardığında, kapıyı yine aynı davetçi açtı. Huzur veren bir ciddiyetle, "Hoş geldin ey Yolcu! Seni bekliyorlar." dedi.

Yolcu başını kaldırıp etrafına baktığında, binanın dizaynının değişmiş olduğunu fark etti. Bu değişim onu çok şaşırttı: *"Ne oluyor böyle?" dedi. Eşyalar azalmış, bina daha sade bir hâle bürünmüştü. Sanki o da yalnızlaşmıştı. "Her duygumda binanın şekli de mi değişecek acaba? Allah Allah..."* diye mırıldandı.

1. Kat- İmam Gazâlî

Yolcu, ilk kata çıktığında, Gazâlî onu her zamanki huzurlu bakışıyla karşıladı. Odada ince bir tütsü kokusu yayılıyor, duvarlarda asılı eski yazmaların arasında hafif bir rüzgâr dolaşıyordu. Gazâlî, ona oturmasını işaret ederek, "Yalnızlık, evladım, hem imtihan hem de imkândır." diye söze başladı. "İnsan, yaratılışında cemiyetle var olur, fakat hakikat yolculuğunda zaman zaman yalnızlığı tadarsa, bu onun iç dünyasını derinleştirir. Lakin yalnızlığın iki türü vardır: Biri gönlü Allah'a açan ve kalbi berraklaştıran yalnızlık; diğeri ise kalbi karartan, insanı ümitsizliğe iten yalnızlık. Asıl mesele, hangisinin içinde olduğunu bilmektir."

Yolcu, duyduklarından çok etkilenmişti. *İçinden "Ben acaba hangi form yalnızlıktayım?"* diye geçirdi.

Gazâlî, avuçlarını birbirine kavuşturdu. "İnsanın ruhu, sürekli bir muhatap arar. Bu muhatap bazen bir dost, bazen bir kitap, bazen de Rab'binin zikridir. Eğer yalnızlık anlarında bu üçünden biriyle bağını

İlk Kapı: Ben Kimim?

kurarsan, yalnızlığın seni kemale taşır. Ama eğer kalbin boş ve zihnin dağınıksa, şeytan o boşluğu vesvese ile doldurur."

Yolcu dikkatle dinliyordu. Gazâlî devam etti: "Yalnızlık seni Allah'a yaklaştırıyorsa, bu bir nimettir. Efendimiz (S.A.V.), Hira'da inzivaya çekildiğinde, yalnızlığın en feyizli hâlini yaşadı. Ama bu yalnızlık, içinde ümit, teslimiyet ve sevgi barındırıyordu. İnsanlardan uzaklaşıp da Allah'tan da uzaklaşmak, en tehlikeli yalnızlıktır."

"Ben... Allah'a yaklaştığımı hissediyorum. Ohhh be Elhamdülillah...! Demek ki bir haftalık bekleyiş esnasında, negatiflik girdabına girmememin sebebi, doğru bir yalnızlık konseptinin içinde olmammış." diye düşündü Yolcu.

Gazâlî, kendi tecrübelerinden bahsetti: "Ben ilimle meşgulken, kalabalıklar içindeydim. Fakat kalbim çoğu zaman kendini yalnız hissederdi. O vakit anladım ki, hakiki dost arayışı, dışarıdan içeriye değil, içeriden dışarıya olmalı. Önce insan kendi iç âleminde Allah'ı dost edinmeli, sonra insanların dostluğuna talip olmalı." Yolcu hafifçe başını salladı, bu sözlerde kendi hâlini gördü.

"Unutma," dedi Gazâlî, "Yalnızlık, seni kendinle yüzleştiren bir aynadır. O aynaya bakmaktan korkma. Orada gördüğün eksikler, seni Allah'a götüren yol işaretleridir. Lakin o aynada sadece kendini görürsen, bu gurur doğurur. Kendini görüp de aczini fark edersen, bu tevazu doğurur. İşte bu, yalnızlığın bereketidir."

"Vayyy bee!" dedi Yolcu. *"Senelerce düşünsem yalnızlık hissimi böyle tarif edemezdim. Beni bu yolculuğa sevk eden duygulardan birinin, neden yalnızlık olduğunu şimdi anlıyorum."*

Gazâlî, sözlerini derin bir nefesle tamamladı: "Yalnız kaldığında kalbine şu soruyu sor: Bu yalnızlık beni Rab'bime mi götürüyor, yoksa ondan mı uzaklaştırıyor? Cevap seni ya huzura ya da çare arayışına yönlendirecek. Doğru cevabı bulmak için ise kalbini zikre, aklını ilme, ruhunu duaya yönelt."

Duygular Evreni – Yolcu

Yolcu, bu sözlerin ardından derin bir sükûnet hissetti. Gazâlî ona küçük bir tespih uzattı. "Bunu her yalnız hissettiğinde çek. Her tanede, bir dost kapısı açılır." dedi. Yolcu, tespihi avucuna alıp sıktı, merdivenlere doğru ilerledi.

Yolcu ikinci kata doğru çıkarken, kendi kendine *"İç dünyasına dönen, kendini tanıma yolculuğuna çıkan birinin; yalnızlığa, kendi ile baş başa kalmaya, bir aynada kendi nefsine dürüstçe bakmaya ihtiyacı olur. Bu yalnızlık, kutsal bir yalnızlık. Bu yalnızlık, işin konseptinde olan bir yalnızlık. Bu; yalnız bırakılma değil, yalnızlığı tercih etme yalnızlığı..."* Bir an duraksadı, *"Kamil insanların hayatında yalnızlık hep olmuş ey Yolcu! Sakın yalnızlıktan korkma."* dedi ve merdivenleri çıkmaya devam etti.

2. Kat- Sigmund Freud

Yolcu ikinci kata adım attığında, Freud onu eski tarz bir çalışma odasında karşıladı. Masasında dağınık notlar, bir kenarda yarısı içilmiş kahve ve deri kaplı defterler vardı. Freud gözlüğünü hafifçe düzelterek, "Hoş geldiniz." dedi. "Yalnızlık, insanın ruhsal yapısında çok derin izler bırakan bir durumdur. Fakat o, sadece bir çevresel eksiklik değil, aynı zamanda içsel bir boşluğun da göstergesidir."

Freud, koltuğuna yaslanarak devam etti. "Çocuklukta yaşanan ilk yalnızlık, genellikle anneyle kurulan bağın zayıflamasıyla başlar. Bebek, annesinin yokluğunda terk edilmiş hisseder. Bu duygu, yetişkinlikteki yalnızlık hislerinin kökenidir. Kimi insanlar bu boşluğu dostluklar, aşk ya da sosyal bağlarla doldurmaya çalışır. Kimileri ise içine kapanır ve bilinçdışında eski terk edilme duygusunu tekrar tekrar yaşar."

Yolcu duyduklarını dikkatle dinliyordu. Annesi ile olan ilişkisini düşündü.

Freud, elindeki kalemi yavaşça çevirdi. "Yalnızlık, çoğu zaman bilinçli bir tercih gibi görünse de, çoğunlukla bilinçdışındaki çatışmaların sonucudur. İnsan bazen başkalarıyla ilişki kurmak ister, fakat

İlk Kapı: Ben Kimim?

reddedilme korkusu nedeniyle uzak durur. Bu, hem arzunun hem korkunun aynı anda var olmasıdır. İşte bu ikilem, ruhsal gerilimin kaynağıdır."

Yolcu'nun dikkatle dinlediğini gören Freud devam etti: "Yalnızlık, egonun dayanıklılığını test eder. Eğer ego güçlü ise, kişi yalnızlık anlarını kendini geliştirmek için kullanabilir. Ama ego zayıfsa, yalnızlık kişiyi kaygıya, depresyona ve benlik değeri düşüklüğüne sürükler. Bu yüzden yalnızlık, hem terapi için fırsattır hem de tedavi gerektiren bir semptom olabilir."

"Gazâlî'nin söylediklerinin değişik konseptlerle anlatımı bu." diye düşündü Yolcu.

Freud, örnekler vererek konuyu açtı: "Bazı insanlar, yalnızlığı bilinçdışı bir ceza olarak yaşar; geçmişte yaptıkları ya da hissettikleri yüzünden, kendilerini sosyal bağlardan mahrum bırakırlar. Bazıları ise bilinçdışı olarak yalnızlığı, başkalarına karşı üstünlük duygusunu korumak için kullanır; çünkü kimseyle bağ kurmazsa, kimse onu incitemez." Elindeki deftere birkaç şey karaladıktan sonra başını kaldırdı. "Ruhsal iyileşme, yalnızlığın anlamını değiştirmekle başlar. Bunu başarmak için kişi, yalnızlıkla ilgili bilinç dışı inançlarını fark etmeli ve onları yeniden yapılandırmalıdır. Terapi, bu farkındalık sürecinin anahtarıdır."

Yolcu tebessüm etti. "Sabah, sen de 'Yalnızlığımın anlamını değiştirmeye gidiyorum.' demiştin. Hayırdır oğlum! Doğru bakmaya başladın galiba." diye kendini takdir etti. Sonra gülümsedi. "Yalnızlık, eğer doğru şekilde ele alınırsa, insanı kendisiyle barıştırabilir. Ama eğer görmezden gelinirse, kişiyi kendi zihninin karanlık koridorlarında kaybolmaya mahkûm eder."

Yolcu, Freud'un sözlerinden etkilenmişti. Freud, masasının çekmecesinden küçük, deri kaplı bir not defteri çıkarıp ona uzattı. "Bu deftere, kendini yalnız hissettiğinde aklına gelenleri yaz. Çünkü yazmak, bilinçdışının kapılarını aralar." dedi.

Duygular Evreni – Yolcu

Yolcu, defteri alıp teşekkür etti ve bir sonraki kata yöneldi.

3. Kat- Alfred Adler

Yolcu üçüncü kata çıktığında, Adler onu sıcak bir gülümsemeyle karşıladı. Odanın içinde kitap rafları, pencereden süzülen güneş ışığı ve iki rahat koltuk vardı. Adler, elini uzatarak "Hoş geldin," dedi. "Yalnızlık üzerine konuşacağız, ama onu sadece bir eksiklik olarak değil, insanın toplumsal bağ kurma ihtiyacının eksik kalmış bir hâli olarak değerlendireceğiz."

Adler sözlerine yavaşça devam etti. "İnsanın ruhsal gelişiminde en temel unsur, 'aidiyet' duygusudur. İnsan toplumsal bir varlıktır ve kendi değerini, başkalarıyla olan bağları üzerinden hisseder. Yalnızlık, bu bağların kopması ya da hiç oluşmamasıyla ortaya çıkar. Fakat asıl tehlike, yalnızlığın insanda yetersizlik inancını beslemesidir."

Yolcu geçen seneki eğitimde okuduğu bir yeri anımsadı. *"'İnsan' kelimesi 'üns' kökünden geliyor; bu da 'sevmek ve sevilmeye ihtiyacı olan bir varlık' demek. Adler tam da bunu tarif etti ya..."* dedi.

Adler, Yolcu'ya dikkatle baktı. "Çocukluk döneminde yeterli ilgi, sevgi ve onay görmeyen biri, ileride insanlarla yakın bağlar kurmakta zorlanabilir. Çünkü bilinçaltında 'Ben yeterli değilim, beni kimse istemez' gibi yanlış inançlar oluşur. Bu inançlar, kişinin sosyal girişimlerini engeller ve yalnızlığı derinleştirir."

Sonra masanın kenarına oturdu. "Yalnızlık bazen sadece bir duygu değildir; aynı zamanda bir bakış açısıdır. Kimi insanlar, kalabalık içinde bile kendisini yalnız hisseder. Çünkü onlar, başkalarıyla bağ kurmayı, kendi değerlerini korumak için bir risk olarak görürler. Bu bakış açısını değiştirmek, duygusal iyileşmenin temel adımıdır."

Parmağını hafifçe kaldırarak konuşmaya devam etti: "Yalnızlığı aşmak için en etkili yol, 'toplumsal ilgi' dediğimiz değeri geliştirmektir. Yani, başkalarının iyiliğini kendi iyiliğinin bir parçası olarak görmek.

İlk Kapı: Ben Kimim?

Birine yardım etmek, bir toplulukta yer almak, anlamlı ilişkiler kurmak... bunlar yalnızlığın en güçlü panzehirleridir."

Yolcu, başıyla onayladı *"İnsanın bir hayat amacı olmalı. Bu hayat amacını gerçekleştirmek için de, aynı hayat amacına sahip kişilerle bir araya gelmeli ve hiçbir beklenti olmadan, insanlık için faydalı şeyler yapmalı. Negatif, 'yıkıcı' yalnızlığın panzehiri bu gerçekten."* dedi.

Adler, söylediklerini birkaç örnekle somutlaştırdı: "Bir öğrenci, okulda kendini yalnız hissediyorsa, bir kulübe katılmak ona aidiyet kazandırabilir. İş yerinde kendisini izole hisseden biri, bir meslektaşına yardım ederek sosyal bağ kurabilir. Yaşlı bir insan, gönüllü bir çalışmaya katıldığında, hem başkalarına fayda sağlar hem de yalnızlık duygusunu hafifletebilir."

Yolcu tebessüm etti. *"Adler içimi okudu sanırım."* dedi.

Adler, ses tonunu derinleştirerek devam etti: "Unutma, yalnızlık senin kim olduğunu tanımlayan bir şey değildir. O sadece, şu anda hayatında eksik olan bağlantıların işaretidir. Ve bağlantılar kurulabilir, geliştirilebilir. İnsan, yalnızlık içinde bile topluma hizmet ederek kendini yeniden inşa edebilir. Senin yapman gereken, kendi değerini başkalarının onayına bağlamadan, yine de insanlarla bağ kurmayı seçmektir. Böylece hem bireysel gücün hem de toplumsal aidiyetin dengede olur."

"Tam bu işte be!" dedi Yolcu.

Sonra küçük bir tahta kuş figürü uzattı. "Bu kuş, göç eden kuşların sembolüdür. Onlar tek başına yaşayamaz, sürüyle hareket ederler. Sen de hayatında anlamlı bağların peşinde ol."

Yolcu, kuş figürünü aldı, teşekkür etti ve bir sonraki kata yöneldi. *"Adler'in anlattıklarından inanılmaz istifade ediyorum. Bunları derinlemesine araştıracağım."* dedi.

4. Kat- Carl Gustav Jung

Yolcu merdivenleri ağır adımlarla çıkıp dördüncü kata ulaştığında, geniş ve loş bir oda onu karşıladı. Duvarlarda mitolojik figürlerin, arketiplerin ve derin gölgelerin resmedildiği tablolar vardı. Odanın ortasında, üzerinde eski yazılar bulunan büyük bir masa ve yanında oturan Carl Jung dikkat çekiyordu. Jung, derin bakışlarını Yolcu'nun gözlerine dikerek konuşmaya başladı: "Hoş geldin. Yalnızlık, modern insanın en büyük yaralarından biridir. Ama çoğu kişi, bu yarayı yanlış yerde tedavi etmeye çalışır. Yalnızlığı ortadan kaldırmak için sürekli kalabalıklara karışmak yerine, önce kendi iç dünyanda yolculuk yapmalısın."

Jung, sandalyesinde hafifçe geriye yaslanarak devam etti: "Benim gözümde yalnızlık, çoğu zaman kişinin kendi içsel hakikatini bulamamasından kaynaklanır. İnsan, içindeki gölgeyle tanışmamışsa, başkalarıyla ne kadar zaman geçirirse geçirsin yine yalnız hisseder. Çünkü en temel bağ, kendi ruhunla kurduğun bağdır."

"Evet evet evet... Bu işte. Benim yolculuğum da bu işte..." dedi Yolcu.

Jung, masadaki küçük bir defteri açarak, çizimlerini gösterdi. "Bak, burada 'persona' dediğimiz, toplum içinde taktığımız maskeler var. Birçok insan yalnız hissetmesinin sebebini, yanlış çevrede olmaya bağlar. Oysa bazen asıl sebep, sürekli maskeler takıp gerçek benliğini saklamaktır. Gerçek benliğini gizlemek, seni görünmez kılar. Görünmez olduğunda da, yanında insanlar olsa bile yalnızlığın derinleşir."

Yolcu kendi kendine mırıldandı; *"Ya olduğun gibi görün, ya göründüğün gibi ol."*

Jung, gözlerini tabloya çevirdi. "Yalnızlık, sana kendi içindeki sembolleri, rüyaları, bilinç dışındaki mesajları dinleme fırsatı verir. Onu hemen kovmaya çalışma. Onunla otur, konuş, anlamaya çalış. Çünkü yalnızlığın içinde seni sen yapan öz saklıdır."

İlk Kapı: Ben Kimim?

Yolcunun yüzündeki merakı fark ederek ekledi: "Arketiplerden biri olan 'Bilge Yaşlı Adam', insanın hayatındaki yalnız dönemlerde ortaya çıkar. Bu arketip, seni hayatın yüzeyinden alıp derin anlamlara çeker. Yalnızlığı, böyle bir rehberin sana geldiği özel bir zaman olarak görebilirsin."

Yolcu tebessüm etti.

Jung, bir süre sessiz kaldı, sonra daha ciddi bir tonla konuştu: "Yalnızlık aynı zamanda bireyleşme sürecinin kapısını açar. Bireyleşme, kendi özgün kimliğini inşa etme sürecidir. Bu yolda yürüyen kişi, kalabalıkların onayına değil, kendi içsel bütünlüğüne odaklanır. Ve işte o zaman yalnızlık, bir hapis değil, okul gibi olur, ruhunu besler."

Jung devam etti: "Sana üç tavsiyem olacak: Birincisi, yalnızlığı düşman olarak görme; onu öğretmen olarak kabul et. İkincisi, kendi gölgene bakmaktan korkma; gölgeyle yüzleşen, gerçek özgürlüğe yaklaşır. Ve üçüncüsü, yalnız anlarını gelişimin için fırsata dönüştürdüğün ve üretken zaman dilimine dönüştür; yaz, çiz, düşün, hayal et."

Yolcu tebessüm etti *"Çok teşekkür ederim."* dedi. *"Ne kadar da muhteşem üç tavsiye.. Bunları hep aklımda tutacağım."*

Jung konuşmasının sonunda, masanın çekmecesinden küçük bir ayna çıkardı ve Yolcu'ya uzattı. "Bu ayna, sadece yüzünü değil, ruhunu da yansıtsın. Kendini yalnız hissettiğinde ona bak ve kendine şu soruyu sor: 'Gerçekten kimim?' Bu soruya her cevabın, seni yalnızlığından biraz daha özgür kılacak."

Yolcu aynayı aldı, minnetle başını eğdi ve bir sonraki kata doğru yola çıktı.

5. Kat- Bediüzzaman Said Nursî

Yolcu beşinci kata vardığında, pencerelerden içeri giren loş ışık hüzmeleri, odadaki dingin havayı tamamlıyordu. Duvarlarda Kur'an ayetlerinin hat sanatıyla yazıldığı levhalar, köşede ise eski bir rahle ve

Duygular Evreni – Yolcu

üzerinde duran mushaf dikkat çekiyordu. Bediüzzaman Said Nursî, dizlerinin üzerine oturmuş, sessizce tesbihat yapıyordu. Yolcuyu fark edince, tebessüm ederek elini kalbine götürdü: "Hoş geldin aziz kardeşim. Yalnızlık, zahirde bir eksiklik gibi görünse de, hakikatte Allah'a yakınlığın en berrak aynası olabilir."

Bediüzzaman derin bir nefes aldı ve devam etti: "İnsanın kalabalıklar içinde bile ruhen yalnız hissetmesinin sebebi, hakiki muhatabını bulamamasıdır. Hakiki muhatap, seni en iyi bilen, seni yaratandır. İnsan, O'nunla bağını kuvvetlendirdiğinde, fânîlerin geçici ilgisine mecbur hissetmez. İşte bu noktada yalnızlık, seni Rab'bine götüren bir köprüye dönüşür."

Yolcu; *"Sanki şu ana kadar öğrendiklerimin bir özeti gibiydi bu duyduğum. Ne kadar da güzel tarif etti."* dedi.

Bediüzzaman elini Kur'an'ın üzerine koyarak konuştu: "Kur'an bize, peygamberlerin yalnızlık dönemlerini anlatır. Hz. Musa'nın Tur Dağı'ndaki yalnızlığı, Hz. İbrahim'in putperest kavmi karşısındaki yalnız direnişi, Efendimiz'in (S.A.V.) Hira Mağarası'ndaki inzivası… Hatta senin gibi gençlerden oluşan; inandıkları değerleri korumak için mağaraya sığınan ve yalnızlığı seçen Ashab-ı Kehf'i anlatır.

Hepsinin, ilahî vazifeleri başlamadan önce, ruhlarının terbiye edildiği anları olmuştur. Bu, bize gösteriyor ki, yalnızlık bir ceza değil, bir hazırlık dönemidir."

Bediüzzaman, gözlerini hafifçe kapatarak sanki o dönemleri yaşıyormuş gibi konuştu: "Bazen insanların ilgisizliği, seni Rab'bine daha çok yöneltmek içindir. Bazen de sana verilen yalnızlık, kalbini dünyevi meşgalelerden temizleyip tefekküre hazırlamak içindir. Bu hâli, rahmetin ince bir cilvesi olarak görmek gerekir."

Yolcunun yüzündeki heyecanı fark eden Bediüzzaman, hafifçe gülümsedi: "Eğer insan, yalnız kaldığında Rab'bini zikrederse, melekler ona yoldaş olur. Zikirle geçen bir yalnızlık, aslında kalabalıkların en güzeli olur. Çünkü o anda sen, göklerin ve yerin Rab'bine misafir

İlk Kapı: Ben Kimim?

olmuşsundur."

Sözlerine daha vurgulu devam etti: "Kardeşim, yalnızlıkta sakın nefsin ve şeytanın vesveselerine kulak verme. Onlar seni karamsarlığa sürüklemek isteyecek. Bunun yerine, tefekkürle kainat kitabını oku, her varlıkta Rab'bini gör. O zaman yalnızlığın, sana âlemin en büyük meclisi gibi gelir."

Rahleden küçük bir risale alıp Yolcu'ya uzattı: "Bu risaleyi yanında tut. İçinde şu cümle var: 'İnsan, yalnız kaldığında hakiki dostunu hatırlamalı, O'nun huzurunda olduğunu unutmamalıdır.' Bu söz, sana her an kimle birlikte olduğunu hatırlatsın."

Yolcu saygıyla lafa girerek: *"Dost istersen Allah yeter. Yâran istersen Kur'an yeter. Evet, ondaki enbiya ve melâike ile hayalen görüşür ve vukuatlarını seyredip ünsiyet eder."* dedi.

Bediüzzaman tebessüm ederek başını salladı. "Evet, dost istersen Allah yeter, aziz kardeşim." dedi.

Son söz olarak şunu ekledi: "Yalnızlık, seni insanlardan koparmak için değil, seni Allah'a daha çok bağlamak için vardır. Eğer onu bu şekilde görürsen, yalnızlık artık yük değil, bir nimet olur."

Yolcu, huzur içinde başını eğdi, izin isteyerek huzurdan ayrıldı. Merdivenleri yavaş yavaş çıkarken, dilinde durmadan tekrarladığı şu söz vardı: *"Dost istersen Allah yeter. Dost istersen Allah yeter. Dost istersen Allah yeter."*

6. Kat- Erik Erikson

Yolcu, altıncı kata adım attığında, duvarlarda hayatın farklı dönemlerini temsil eden tablolar gördü. Çocukluktan yaşlılığa kadar uzanan sahneler, insana ait bütün evreleri yansıtıyordu. Ortada, geniş bir masa üzerinde not defterleri, yaşam çizelgeleri ve psikolojik kuramlarla ilgili kitaplar vardı. Erik Erikson, masanın yanında oturuyordu. Gözlerinde hem bilgelik hem de merhametli bir bakış vardı. Yolcuya elini uzatarak: "Hoş geldin. Yalnızlık, insan gelişiminin kaçınılmaz duraklarından biridir." dedi.

Erikson, masadaki bir şemayı işaret etti: "İnsanın hayatı, sekiz büyük psikososyal evreden geçer. Her evrede bir kriz, bir mücadele vardır. Genç yetişkinlik döneminde karşılaşılan en önemli krizlerden biri 'yakınlık' ile 'yalnızlık' arasındaki dengedir. Yakınlık kurma yeteneği gelişmezse, kişi yalnızlığa hapsolur. Fakat bu yalnızlık, tamamen olumsuz değildir; doğru değerlendirildiğinde, kişinin kendini tanımasına vesile olur."

"Yakınlık ve yalnızlık arasındaki denge..." diye zihninden tekrarladı. *"Bu meseleyi daha derinlemesine araştırmam gerekiyor."* dedi.

Erikson derin bir nefes aldı ve sözlerine devam etti: "Yalnızlık, bazen başkalarıyla bağ kurma cesaretimizi sınar. İnsan, kendine dönme cesaretini gösterdiğinde, kim olduğunu daha iyi anlar. Ancak burada ince bir çizgi var: Sağlıklı yalnızlık ile yıkıcı yalnızlık farklıdır. Sağlıklı yalnızlık, seni dinlendirir ve derinleştirir. Yıkıcı yalnızlık ise seni hayattan koparır."

Yolcu tebessüm etti: *"'Sağlıklı yalnızlık ve yıkıcı yalnızlık' çok güzel bir tarif. Ben de böyle tanımlayayım, ben negatif yalnızlık diyordum; ama 'yıkıcı yalnızlık' tarifi daha güzelmiş."* dedi.

Yolcu, başını sallayarak dinliyordu. Erikson, elini defterin sayfaları arasında gezdirdi: "Yalnızlığı aşmak için önce kendinle barışmalısın. Kendini olduğun gibi kabul etmeyen biri, başkalarıyla da sahici bağ kuramaz. Bu yüzden yalnızlık, aslında bir iç hazırlık sürecidir. Kendinle anlaşmayı başardığında, insanlarla ilişkilerin de derinleşir."

Sözlerini daha güçlü bir tonla sürdürdü: "İnsan bazen kalabalıkların ortasında da yalnız hisseder. Bu, ilişkilerin yüzeysel kalmasından kaynaklanır. Sahici bir bağ, ancak duygusal samimiyet ve karşılıklı güven ile oluşur. Eğer bu yoksa, fiziksel yakınlık bile yalnızlığı gideremez."

İlk Kapı: Ben Kimim?

Yolcu kendi kendine mırıldandı: *"Dost istersen, Allah yeter."*

Erikson bir süre sustu, sonra gülümsedi: "Yalnızlıkta öğrendiğin şeylerden biri de kendi sınırlarını tanımaktır. İnsan, kendini tanıdıkça, kiminle derin bağ kurabileceğini de anlar. Böylece yalnızlık, seçici bir filtreye dönüşür; seni hakiki dostlara yönlendirir."

"Muhteşem şifreler ya..." diye düşündü Yolcu.

Erikson Yolcu'ya küçük bir not kâğıdı uzattı. Üzerinde şu cümle yazılıydı: "Kendi içine dönmekten korkma; orada bulacağın huzur, başkalarıyla paylaşacağın sevginin kaynağıdır."

Yolcu, kâğıdı katlayıp cebine koydu. Erikson son söz olarak ekledi: "Unutma, yalnızlık bir boşluk değil; doldurulmayı bekleyen bir alan. Oraya ne koyarsan, hayatın ona göre şekillenir."

Yolcu, teşekkür ederek bir sonraki kata doğru ilerledi. Merdivenleri çıkarken mırıldanıyordu: *"Yalnızlık; bir boşluk değil, doldurulmayı bekleyen bir alan. Oraya ne koyarsan, hayatın ona göre şekillenir. Senelerdir gönlümde hissettiğim yalnızlığım, anlam yüklediğim bir yolculuk oluyor. Beni ben yapan, bu yolculuğa sevk eden bir dostmuş aslında yalnızlık hissim. Ne kadar sırlı işler ya... Gerçekten de hayat yolculuğu, büyük bir puzzle gibi. Parçalar birleştikçe hayatımı görüyorum ve bu puzzle'ı tamamlamaya kararlıyım."*

7. Kat- Aaron Beck

Yolcu yedinci kata çıktığında, odanın içinde duvarları kaplayan büyük bir kitaplık gördü. Kitaplıkların arasında, ahşap bir masa üzerinde notlar, diyagramlar ve insan zihninin işleyişini anlatan şemalar duruyordu. Aaron Beck, masasının arkasında oturuyor, kalemiyle bazı notların altını çiziyordu. Yolcuyu görünce başını kaldırdı, gülümseyerek ayağa kalktı: "Hoş geldin. Yalnızlık konusunu, zihnin inşa ettiği düşünce kalıplarıyla birlikte ele alalım." dedi.

Beck, elindeki kalemi masaya bırakarak devam etti: "Bilişsel terapi bize gösterir ki, yalnızlık çoğu zaman dış dünyanın değil, zihnimizdeki yorumların ürünüdür. Bir insan kendine 'Kimse beni istemiyor.' diye düşündüğünde, beyninde olumsuz bir inanç yerleşir. Bu inanç, her davranışını ve algısını filtreler. İnsanlar aslında ona karşı nötr veya olumlu olsa bile, o kişi her bakışı reddedilme olarak algılar."

Yolcu; *"Çok tehlikeli bir düşünce tarzı bu. Hayata negatif gözlükler takarak bakmak gibi. Gerçekleşen olaylara negatif anlamlar yükle- mek, hayatı gerçekten zindan eder. Oysa, bizim tercih etme hakkımız var, pozitif bakmayı seç ey Yolcu!"* diye düşündü.

Beck masadan kalkıp duvarda asılı bir diyagramı işaret etti: "Bu döngü şöyle işler:

Olumsuz düşünce → Olumsuz duygu → Kaçınma davranışı.

Kişi kendisini yalnız hisseder, bu hisle baş edemez, sosyal ortamlardan uzaklaşır. Uzaklaştıkça da yalnızlığı derinleşir. Bu kısır döngüyü kırmak için önce düşünceyi sorgulamak gerekir."

"Evet muhteşem bir formül oldu bu. Benim düşüncelerime tam müdahale ettiğim yer, duyguya dönmeden önceki evre. Merak duygumu kontrol altında tuttuğum yer de bu evre. Pozitif anlamlar yükleme evresi de burası. Her düşünce bizden değil, 'şeytanın vesveseleri' diye bir realite var. Kendimde çok çalıştığım bir konu bu. Düşüncelerimi ayrıştırıp, doğru düşünceleri duyguya dönüştürme evresi, işin sırrı bence."

Beck, Yolcu'nun gözlerine bakarak, daha yavaş bir tonla konuştu: "Yalnızlığın en güçlü panzehiri, kendi zihnine karşı merhametli olmaktır. Kendine şu soruyu sor: 'Bu düşünce gerçek mi, yoksa benim yorumum mu?' Eğer bir düşünce seni sürekli yalnız hissettiriyorsa, onu çürütecek kanıtlar aramalısın."

Sonra masadan bir defter aldı ve açtı: "İşte bir alıştırma. Kendini yalnız hissettiğinde, üç sütun çiz: Düşünce – Kanıtlar – Alternatif Düşünce. Mesela, 'Kimse beni aramıyor.' düşüncesinin kanıtlarını ve

İlk Kapı: Ben Kimim?

çürüten verileri yaz. Belki de arkadaşın seni geçen hafta davet etti, belki ailen seni önemsiyor. Bu alternatif bakış açısı, duygunu dönüştürür."

Bir süre durdu, sonra gülümseyerek ekledi: "Yalnızlık, bazen zihnimizin bize oynadığı bir oyundur. Gerçekliğe daha yakından bakmak, bu oyunu bozar. Çünkü çoğu zaman yalnız değiliz; sadece zihnimiz duvarlar örüyor."

Yolcu başını sallayarak derin bir nefes aldı. Heyecanlanmıştı: *"Süper ya... Burada öğrendiklerimi herkese anlatmam lazım. Acil anlatmam lazım. Acayip heyecanlıyım ya!"*

Yolcu'nun bu heyecanını gören Beck tebessüm etti, ona küçük bir kart verdi. Kartta şunlar yazılıydı: "Düşüncelerini sorgula, çünkü her yalnızlık duygusu gerçeğin kendisi değildir."

Yolcu teşekkür ederek kartı aldı ve bir sonraki kata doğru ilerledi.

8. Kat- Michael Brown

Yolcu sekizinci kata çıktığında, geniş ve aydınlık bir salonla karşılaştı. Salonun ortasında büyük bir masa, masanın üzerinde ise renkli grafikler, istatistikler ve yaşam memnuniyeti anketleri vardı. Michael Brown, pencere kenarında duruyor, bahçeyi izliyordu. Yolcuyu görünce gülümseyerek yaklaştı: "Hoş geldin. Bugün yalnızlığı, pozitif psikoloji perspektifinden konuşacağız." dedi.

Brown, masanın üzerine yerleştirdiği bir diyagramı işaret etti: "Yalnızlık, çoğu zaman ilişkilerdeki eksiklikten değil, anlam ve amaç yoksunluğundan beslenir. İnsan, kendini başkalarına bağlayan bağları kaybettiğinde yalnız hisseder. Ama bu bağlar sadece fiziksel değil; zihinsel ve duygusal bağlardır."

Yavaş adımlarla yürürken devam etti: "Pozitif psikoloji bize üç temel kaynak gösterir: Zevk, bağlanma ve anlam. Yalnızlık hissi, bu üçünden biri veya daha fazlası eksik olduğunda büyür. Zevk, anlık mutluluğu sağlar; bağlanma, insanın sosyal dokusunu güçlendirir; anlam ise bütün varoluşunu derinleştirir."

Duydukları, Yolcu'nun çok hoşuna gitmişti. *"Bu konuya daha önce hiç böyle bakmamıştım. Daha derinlemesine araştırayım."* dedi ve tekrarladı *"zevk, bağlanma ve anlam..."*

Brown, Yolcu'nun gözlerinin içine bakarak konuştu: "Yalnızlığını hafifletmek için sadece insan sayısını artırmaya değil, ilişkilerinin kalitesini artırmaya odaklan. Bir kişiyle derin ve samimi bir bağ kurmak, on yüzeysel tanıdıktan daha değerlidir."

"Çok doğru ya!" dedi Yolcu. *"Sana kıymet vermeyen on insanla iletişimde olmaktansa, sana kıymet veren bir samimi dost daha iyidir."*

Brown, masadan küçük bir not defteri aldı: "Yalnızlıktan çıkışın yollarından biri, başkaları için iyi şeyler yapmaktır. Şefkat ve yardım, hem senin hem de karşındakinin beyninde pozitif duygular oluşturur. Bu da yalnızlık duygusunu kırar."

Sonra pencereye döndü: "Bir diğer adım, şükür pratiğidir. Her gün, hayatında seni yalnız hissettirmeyen, küçük de olsa üç şey yaz. Bu, zihnini yalnızlık odaklı algıdan çıkarıp, bağ odaklı bir algıya taşır."

Yolcu'ya dönüp gülümsedi: "Unutma, yalnızlık kalıcı bir hâl değil, dönüştürülebilir bir deneyimdir. Sen bağ kurmaya niyet ettiğinde, seni bağlayacak fırsatlar önüne çıkar."

Masadan küçük bir pusula aldı ve Yolcu'ya verdi: "Bu pusula sana yönünü hatırlatsın. Kendini yalnız hissettiğinde, onun ibresini başkalarına doğru çevir."

Yolcu teşekkür etti, pusulayı cebine koydu ve derin bir nefes alarak bir sonraki kata doğru yürüdü.

Dokuzuncu kata doğru çıkarken, kendi kendine *"Eksikliklerini gidermek için başkalarına yardım et. Mutlu olmak için başkalarını mutlu et. Yalnızlığını gidermek için, yalnız olanların dostu ol. Ne kadar*

İlk Kapı: Ben Kimim?

muhteşem çözümler... Hep pozitif olmak lazım ya her şeyde! Minnettar olmak için, bir done bulmak lazım. Sadece bu şifre bile, her şeye uygulanabilir. Ey Yolcu! Ne yaşarsan yaşa, olaylar ne kadar negatif görünürse görünsün; minnettar olman için muhakkak bir neden vardır. Hayata böyle bakman lazım." dedi.

9. Kat- Yusuf Kandehlevî

Yolcu dokuzuncu kata adım attığında, kapıdan içerisi görünen odanın huzur dolu bir mescit gibi düzenlendiğini fark etti. Ortada ince bir halı, duvarlarda Kur'an ayetleri ve hadisler yazılı levhalar vardı. Yusuf Kandehlevî, elinde bir tespihle sessizce oturuyordu.

Kandehlevî, Yolcu'yu sıcak bir tebessümle karşıladı: "Hoş geldin evladım. Bugün yalnızlığı, sahabelerin hayatlarından ve tebliğ yolculuklarından örneklerle konuşacağız." dedi.

Sonra konuşmasına devam etti:

"Yalnızlık bazen, insanın kendi nefsini terbiye etmesi için Allah'ın verdiği bir fırsattır.

Ashab-ı Kiram, zaman zaman çöllerde, dağlarda veya uzun yolculuklarda yalnız kalırlardı; ama bu yalnızlık, onların gönüllerinde, Allah ile en güçlü bağın kurulduğu anlar olurdu.

Mesela Hz. Mus'ab bin Umeyr... O; tüm yakınlarını, servetini geride bırakıp İslam'ı anlatmak için Mekke'den Medine'ye gittiğinde, tek başına idi. Fakat yalnız değildi. Çünkü kalbinde, Allah'ın davası ve kalbinde Resulallah'ın (S.A.V.) sevgisi vardı."

Yolcu, anlatılanları dikkatle dinliyordu. İçinden; *"Üstelik Mus'ab bin Umeyr çok gençmiş. Genç yaşında, ona böyle bir sorumluluğun verilmesi, bence inanılmaz bir liderlik özelliğinden kaynaklanıyor. Peygamberimiz (S.A.V.) gençlerin önünü çok açıyordu demek ki. Bu konuyu çok merak ettim, biraz daha araştırayım."* diye geçirdi.

O sırada, Yusuf Kandehlevî başka bir örnek daha verdi:

"Hz. Bilal-i Habeşi... O, inancından dolayı kendisine işkence edilirken insanlardan yardım alamadı; ama 'Ahad, Ahad' diyerek Rab'bine sığındı. Yaşadığı yalnızlık onu tüketmedi, aksine ruhunu özgürleştirdi."

Ya da Hz. Ali'yi gözünün önüne getir! O; gündüz cesur bir komutan, geceleri ise yalnız başına Rab'bine yönelen bir abiddi. Gece namazına kalkar, herkesin uyuduğu saatlerde, ellerini semaya açıp dua ederdi. "Ey dünya! Senin ömrün kısa. Biliyorum ki, senin değerinden daha üstün şeyler var." derdi. Onun yalnızlığı; âdeta dünya sevgisinden kopup Allah'a yönelişin bir sembolüydü.

Bazen, yalnızlık bir emanettir evlat.

Bunun en güzel örneklerinden biri de Hz. Huzeyfe bin Yeman'dır. Resulallah (S.A.V.) ona o dönemdeki münafıkların isimlerini sır olarak vermişti. O, kendisine verilen bu sırrı kimseyle paylaşmayıp tek başına taşıdı. Herkes, hatta Hz. Ömer dahi, bu konuda bildiklerinden ötürü ondan çekinirdi. Hz. Huzeyfe'nin yalnızlığı, kendisine emanet edilmiş bir sırrı tek başına taşımaktan kaynaklanıyordu.

Ya da Hz. Selman-ı Farisi'yi düşün! O, İran'da mecusî bir ailede doğdu. Hıristiyan rahiplerle birlikte yaşadı. Ve yıllar süren arayışın sonunda Resulallah'a (S.A.V.) ulaştı. Onun yalnızlığı; hakikati aramanın bereketli ve sabırla yoğrulmuş bir hâliydi.

Kandehlevî elindeki tespihi çevirirken konuşmaya devam etti:

"Gerçek yalnızlık, insanın Allah ile bağını koparmasıdır. İnsanlar seni terk edebilir, arkadaşların yanından uzaklaşabilir, hatta ailenden bile ayrı kalabilirsin. Fakat Allah ile irtibatın varsa, o yalnızlık; halvet, yani ruhun arınma fırsatı olur."

Yolcu içinden mırıldandı: *"Dost istersen Allah yeter."*

Kandehlevî Yolcu'nun gözlerine baktı:

İlk Kapı: Ben Kimim?

"Sahabe, İslam'ı tanıtmak için farklı ülkelere gittiğinde, aylarca yalnız kalırdı. Hz. Ammar bin Yasir, tek başına gittiği yerlerde, sadece bir kişiyi İslam'a davet edebilmek için günlerce beklerdi. Onlar, yalnızlıklarını Allah'a hizmetle doldururlardı."

Sesini alçalttı ve konuşmaya devam etti: "Sen de kendini yalnız hissettiğinde, gönlünü dua ile, Kur'an ile, tefekkür ile doldur. O zaman yalnızlık sana yük değil, güç olur. İnsanlardan kopma, ama insanlara da bağlanma. Rab'bine yönel, O'na sığın, O'na bağlan."

Kandehlevî Yolcu'ya yaklaştı. Elinde tuttuğu küçük bir hurma tanesini Yolcu'ya verdi:

"Bu hurma sana; sahabenin zühdünü, kanaatini ve yalnızken bile şükürle yaşamalarını hatırlatsın. Onlar tek başlarına bile olsalar; Allah'ı unutmadılar, O'nun hiçbir nimetini küçümsemediler."

Yolcu hurmayı aldı. Gözleri dolmuştu. *"Teşekkür ederim."* diyerek saygıyla eğildi ve bir sonraki kata çıkmak için kapıya doğru ilerledi.

10. Kat- İbn Arabî

Yolcu onuncu kata adım attığında, geniş kubbeli bir odanın ortasında derin bir sessizlik hâkimdi. Duvarlarda yıldız haritaları ve ince hatlarla işlenmiş daireler vardı. Ortada duran İbn Arabî, elinde kalem ve önünde açık bir defterle, derin tefekküre dalmıştı. Başını kaldırıp Yolcu'ya baktı ve hafifçe gülümsedi: "Hoş geldin. Bugün yalnızlık üzerine konuşacağız ama yalnızlığı, halkın değil Hakk'ın penceresinden göreceğiz."

İbn Arabî, ağır adımlarla odanın ortasında yürürken konuşmaya başladı: "Evladım, insanlar yalnızlığı çoğu zaman eksiklik, terk edilmişlik olarak görür. Oysa hakikatte yalnızlık, Hakk'ın seni insanların gürültüsünden, kalabalığın karmaşasından alıp Kendi huzuruna davet etmesidir."

Yolcu tebessüm etti ve kendi kendine *"İşte, yalnızlığın anlamını pozitif olarak değiştirmek tam da bu herhâlde."* dedi.

İbn Arabî derin bir nefes alıp devam etti: "Gerçek yalnızlık, kalabalıklar içinde de yaşanabilir. Yüzlerce kişiyle oturur ama içinden kimseyle bağ kuramazsın. Çünkü ruhun, Rab'binden kopuktur. Ve asıl yalnızlık budur. İnsanlardan uzakta ama Hakk'a yakın olan bir kimse ise asla yalnız değildir."

Elini göğsüne koydu: "Yalnızlığı bir zindan değil, bir bahçe gibi gör. Çünkü orada kalbin Allah'ın zikriyle çiçek açar. Orada, nefsin fısıldayan arzularını duymazsın; sadece Hakk'ın sesini işitirsin. Yalnızlık, seni varlığın özüne götüren yoldur."

"Gürültü, zindan, bahçe... Çok acayip kelimeler kullanıyor Hazret bugün, bu özellikle dikkatimi çekti." dedi Yolcu.

İbn Arabî, Yolcu'nun gözlerine bakarak devam etti: "Evladım, Hakk yolunda yürüyen derviş bazen herkesin gittiği yoldan ayrılır. Bu ayrılık, onun yalnız kalmasına sebep olur ama hakikatte bu yalnızlık, kalabalığın gafletinden bir kurtuluştur. Hakk'a gidenler, önce yalnızlığı dost edinir."

Yolcu, *"yalnızlığın dostluğu..."* dedi ve tebessüm etti.

İbn Arabî elindeki defteri kapattı: "Yalnızlığı kucakla. Orada kendini değil, seni yaratıp yaşatanı bulacaksın. İnsanların onayına muhtaç olmadığında, yalnızlık seni korkutmaz. Bil ki Hak ile olan bir, halk ile olan binlerceden üstündür."

"Carl Jung'un söylediğine çok benzer bir şey söyledi. Demek ki insanların onayını beklemek, kişinin kendi benliğini tanıma yolculuğunda çok ciddi bir engel. Kendini tanımak isteyen, bazen pozitif bir yalnızlığı seçmeli; yalnızlığı sevmeli, yalnızlığı dost edinmeli. İnsanların onayı ile kendini kıymetli hisseden, kendini nasıl bulsun ki..."

İbn Arabî, yavaşça Yolcu'ya doğru yürüdü, cebinden küçük bir aynalı pusula çıkardı: "Bu pusula seni dış dünyada yönlendirmez; bu senin

İlk Kapı: Ben Kimim?

iç dünyana yön verir. Ne zaman yolunu kaybeder gibi olursan, onu çıkar, kalbine sor. O sana, Hakk'ın kıblesini gösterir."

Yolcu, pusulayı alırken derin bir huzur hissetti. İbn Arabî, sessizce elini kaldırarak onu selamladı. Yolcu, bir sonraki kata doğru yürürken kendi kendine *"Bu, çok derin bir öğretiydi. İbn Arabî, yalnızlığı adeta en yakın dostunu anlatır gibi dile getirdi. Bana sadece teori değil, hayatının tam merkezinde yer alan bir olguyu anlattı."* dedi.

11. Kat- Abdülkadir Geylânî

Yolcu on birinci kata çıktığında, loş ışıkla aydınlatılmış geniş bir dergâh salonu gördü. Ortada yanan büyük bir kandil, odanın her köşesine sıcak ve titrek bir ışık yayıyordu. Kandilin yanında, elinde tespihiyle oturan Abdülkadir Geylânî, derin ve vakur bakışlarla Yolcu'yu karşıladı. "Hoş geldin evladım" dedi, sesi hem yumuşak hem de otoriterdi. "Bugün yalnızlık denen o büyük hakikati konuşacağız."

Geylânî, tespih tanelerini ağır ağır çekerek başladı: "Yalnızlık, kul ile Rab'bi arasındaki en sessiz ama en kuvvetli köprüdür. İnsan, kalabalıkların içinde kaybolabilir ama yalnızlığında Hakk'ı bulabilir. Yalnızlığın iki türü vardır: Nefsin yalnızlığı ve ruhun yalnızlığı. Nefsin yalnızlığı, kimsesizlikten doğan acıdır; ruhun yalnızlığı ise, halktan kopup Hakk'a yönelmenin huzurudur."

Yolcu sessizce mırıldandı: *"İşte tam aradığım tarif buydu: 'Nefsin yalnızlığı, ruhun yalnızlığı. Benim korktuğum nefsin yalnızlığı imiş. Ben, ruhun yalnızlığını seviyorum; o negatif değil ki. Şimdi daha iyi anladım. Erik Erikson da, sağlıklı ve yıkıcı yalnızlık diyerek benzer bir tarif yapmıştı."*

Başını hafifçe kaldırdı: "Evladım, nefis yalnızlığı boşa geçirir. O, kendini acındırır, şikâyet eder, isyan eder. Ama ruh yalnızlığı fırsata çevirir; o zaman insan tefekküre dalar, zikre sarılır, kalbini temizler. İyi bil ki yalnızlık, sana Hakk'ın sesini daha net duyurma fırsatı verir."

Elini göğsüne koyarak devam etti: "Ben yıllarca çöllerde, dağlarda tek başıma kaldım. İnsan yüzü görmeden geçirdiğim günler oldu. Ama bil ki o anlarda, hiçbir zaman yalnız değildim. Çünkü kalbimde Allah vardı. O, kuluna 'Ben sana şah damarından daha yakınım.' buyuruyor. İşte bu yakınlığı idrak eden kişi, yalnızlıktan korkmaz."

"Muhteşem ya!" diye düşündü Yolcu.

Abdülkadir Geylânî, Yolcu'nun gözlerine bakarak şöyle dedi: "Yalnızlık, nefsin terbiyesi için büyük bir nimettir. İnsan halk içinde nefsini unutturacak bin meşgale bulur, ama yalnızlıkta nefis bütün çıplaklığıyla ortaya çıkar. O zaman kul ya onu terbiye eder ya da ona teslim olur. Terbiye eden, özgürleşir; teslim olan, zincirlenir."

Ayağa kalkarak ağır adımlarla dolaştı: "Evladım, yalnız kaldığında sakın boş durma. Zikrini artır, kalbine dua yerleştir, tefekkür et. Yalnızlığına Kur'an sesi eşlik etsin. O zaman yalnızlığın, sana en yakın dost olur. Bil ki Allah'ın dostları, yalnız kaldıklarında O'na en yakın oldukları anı yaşarlar."

Cebinden küçük bir hurma çekirdeği çıkardı, Yolcu'ya uzattı: "Bu çekirdek sana bir işaret olsun. Toprağa gömüldüğünde yalnız kalır, ama bu yalnızlık içinde yeşerir, kök salar, dallar verir. Sen de yalnızlığını böyle değerlendir; sabret, köklen, büyü."

Yolcu çok duygulanmıştı *"Sabret, köklen, büyü!"* diye mırıldandı.

Yolcu, çekirdeği avucunda sımsıkı tuttu, derin bir huzur hissediyordu. Abdülkadir Geylânî, elini Yolcu'nun başına koyup, "Hakk seni yalnız bırakmasın, yalnızlığını da bereketli kılsın." diye dua etti. Abdülkadir Geylânî Hazretlerinin kendisine şefkatle dua edişi karşısında Yolcu çok duygulanmıştı. Teşekkür ederek edeple huzurdan ayrıldı.

Ağır adımlarla binanın girişine doğru yürüdü. Onu karşılayan görevli "Sen şimdi git. Bilgeler toplu görüşme için seni çağıracaklar." dedi. Yolcu binadan ayrıldı. Odasına gidip elini yüzünü yıkadı. Daha sonra, bahçeye çıkıp ağır adımlarla, derin derin düşünerek yürümeye

İlk Kapı: Ben Kimim?

başladı. Üç saat geçmemişti ki görevlinin ona doğru yaklaştığını gördü. Görevli başıyla Yolcu'yu selamlayıp "Seni bekliyorlar." dedi.

Ana salona girdi. Salonun ortasında yuvarlak bir masa ve üzerinde parlayan kandiller vardı. Saygıyla, göz teması kurarak tüm bilgeleri selamladı.

Gazâlî söz aldı: "Evladım, yalnızlık seni korkutmasın. Çünkü o, düşünceleri berraklaştırır, kalbi Hakk'a açar."

Freud hafifçe gülümsedi: "Yalnızlık, insanın kendi iç dünyasını tanıması için fırsattır. Ondan kaçarsan, kendinden kaçmış olursun."

Adler başını salladı: "Topluma katkı sunmak için önce kendi benliğini tanımalısın. Yalnızlık bu tanımanın kapısıdır."

Jung ekledi: "Kolektif bilinçten uzaklaşıp bireysel bilinçle baş başa kaldığında, içindeki arketiplerin sesini duyarsın."

Bediüzzaman, ciddi ama şefkatli bir tonla: "Kardeşim, yalnızlıkta imanını tazele, tefekkürünü kuvvetlendir. Yalnız kalmak, kalbi Rab'bine daha yakın eder."

Erikson: "Yalnızlık, kimlik gelişiminin kritik dönemlerinde bir laboratuvardır. Orada kendini yeniden inşa edebilirsin."

Aaron Beck: "Yalnızken zihnindeki olumsuz otomatik düşünceleri fark et ve onlarla yüzleş."

Michael Brown: "Onu pozitif psikoloji ile dönüştür; yalnızlık, minnettarlık ve umutla birleştiğinde güç kaynağına dönüşür."

Yusuf Kandehlevî, sahabelerden örnek verdi: "Ashab-ı kiram, seferlerde yalnız gecelerde zikirle, teheccüdle huzur buldu. Onlar yalnızlığı ganimet bildi."

İbn Arabî: "Yalnızlık, vahdetin provasıdır. Halkı bırakıp Hakk'a yönelen, en gerçek sohbeti bulur."

Duygular Evreni – Yolcu

Abdülkadir Geylânî son sözü aldı: "Evladım, yalnız kaldığında bil ki Hakk seninledir. O sana yeter." dedi.

Yolcu, hayranlıkla tek tek her bilgenin yüzüne bakıp teşekkür etti. *"Hayatımı şekillendiren çok önemli duygulardan biri olan yalnızlık konusunda bakış açımı değiştirdiniz, hepinize minnettarım."* dedi. İzin isteyerek salondan ayrıldı.

Binanın giriş kapısını açıp çıkmadan önce, görevliyi başı ile selamladı. Ağır adımlarla odasına doğru yürümeye başladı. Bu sırada kendi kendine mırıldanıyordu: *"Ne öğrendin Yolcu? Yalnızlık hissine yüklediğim anlamı değiştirmem gerektiğin öğrendim. Ben yalnızlığı doğru anlamamışım. Nefsin yalnızlığını, yalnızlığın tamamı sanmışım. Korktuğum yalnızlık formu aslında buymuş. Oysa, 'ruhun yalnızlığı' denilen muhteşem bir hazine varmış. İnsanın kendi kendine kaldığı; kendini tanığı, geliştiği ve kendi ile barıştığı bir yalnızlık türü de varmış. Bu Erikson'un tarif ettiği sağlıklı yalnızlık türüymüş ve ben bu hâli oldum olası sevdim."*

"Başka ne öğrendim: Yalnızlığın, kamil insanların olmazsa olmaz dostlarından biri olduğu öğrendim. Kalabalıkların gürültüsünden, ruhumun sessizliğine dönmeyi öğrendim. Nefsimin zaaflarını keşfetmek istiyorsam, Allah ile baş başa kalmam gerektiğini öğrendim. Kendimi, içimdeki sesleri dinlemeyi öğrendim. Dinledikçe de, ruhun yalnızlığında vicdanın sesini duymayı öğrendim. Ayrıca modern dünyanın ne kadar gürültülü olduğunu; bir cep telefonu ile milyarlarca insanla iletişimde olup, aslında yapayalnız olunabileceğini öğrendim."

Yolcu duraksadı. Tebessüm edip *"Oğlum baya bir şey öğrenmişsin."* dedi. *"Peki ne yapacaksın? Başkalarının yalnızlığına dost olarak, ruhumun yalnızlığını kuvvetlendireceğim. Topluma katkı sağlayarak, nefsimin yalnızlığını susturacağım. Çok güzel."* dedi kendi kendine.

Ve devam etti: *"Kendini ne zaman; yapayalnız garip ve kıymetsiz hissetsen, şunu unutma ey Yolcu: 'Dost istersen, Allah sana yeter. Herkes seni terk etse de, senin her hâlini bilen ve sana şah damarından daha yakın olan Allah'tır. O, seni asla bırakmaz. Bugün bunu hissettim. Ne*

İlk Kapı: Ben Kimim?

kadar şükretsem az! Bu konu hakkında düşünüp, tefekkür edecek çok şey var."

Odasına doğru yürümeye devam ederken *"Bakalım, bir sonraki eğitim için çağrı ne zaman gelecek? Ne zaman gelirse gelsin... Ben yalnızlığımla baş başa, kendimi dinleyeceğim. İster yarın çağırsınlar, isterse bir sene sonra..."* dedi.

Kapıyı açtı, odasına girdi.

3. Durak- Kaygı

Yoğun bir günün ardından, çok geçe kalmadan Yolcu uyudu. Dün öğrendiği şeyler ufkunu açmıştı. Kafasında bir yol haritası vardı, ama karmaşık rüyalar görmüştü.

Gözlerini bu sabah hızla değil, ürkekçe açtı. Sanki biri onu izliyormuş gibiydi. Göğsünde tuhaf bir baskı hissediyordu. Uyanmadan hemen önce rüyasında sonsuz bir merdivenden düşüyor gibi olmuştu, ama düşüş hiçbir zaman bitmemişti. Gözleri uyanmıştı, ama zihni hâlâ düşüşteydi.

Elini kalbine koydu. Kalp atışları hızla, ritimsizce çarpıyordu. Boğazı kuruydu. Tavan, ona olduğundan daha büyük görünüyordu sanki. Derin bir nefes aldı ama ciğerlerinin tam dolmadığını hissetti. Yavaşça oturdu. Ayakları yere değdiğinde, bir an sendeledi. Sonra aynanın karşısına yürüdü. Göz altları şişmişti. Gecenin ağırlığı hâlâ üzerindeydi.

Kendi kendine fısıldadı: *"Bugün içimde sebebini bilmediğim bir telaş var. Ne için endişeleniyorum bilmiyorum, ama her şey sanki ters gidecekmiş gibi. Sanki gelecek geldi, oturdu karşımda ve bana bakıyor. Bugün kaygı ile yüzleşeceğim. Acaba beni bu mu kaygılandırıyor? Bu duygu; tıpkı yalnızlık gibi, çocukluktan beri, bende hep var olan ve yüzleşmekten çok korktuğum bir duygu. Kaygılandığım zaman vücudumun reaksiyonları, zihnime hücum eden düşünceler, dikkatimin dağılması, moralimin bozulması..."*

Yolcu, göğsünün daraldığını hissetti. *'Ahhhh!'* yaparak derin bir nefes alıp verdi. Şu an bile bütün modu değişmişti. Kendine *"Evet, bu duygu ile yüzleşmem gerekiyor."* dedi.

İlk Kapı: Ben Kimim?

İçinden bir ses *"Seni çağırmaları ya çok uzun sürerse?"* diye fısıldadı. Yolcu o an, göğsünden boynuna doğru bir sıcaklığın yükselmeye başladığını ve avuçlarının terlediğini hissetti. Nefes alıp vermesi değişmeye başlayacaktı ki, kendi kendine müdahale etti. *"Sakin ol Yolcu! Kaygın yine yükseldi. Ne zaman çağırırlarsa çağırsınlar. Sen bir yolculukta ilerliyorsun ve endişelerinle yüzleşmek zorundasın. Tevekkül et, rıza göster. Hep kendi kendine tekrarladığın cümleyi unuttun galiba: 'Yolcu, oğlum! Bu hayatta her istediğin; senin istediğin zamanda ve senin istediğin şekilde olmayacaktır. Her şeyi yönetmeye çalışmayı bırak. Çünkü yönetemeyeceksin.' Sen, hayat gemisinde gidiyorsun; tevekkül et, yükünü gemiye bırak. Bu hislerinin anlamını değiştirmek zorundasın. Bu hislerini kontrol altında tutmayı öğrenmek zorundasın. Kaygını kontrol etmek zorundasın. Bu eğitim öncesi bekleyiş de, bu eğitimin bir parçası."*

Kendi kendine yaptığı bu konuşma sonrası, duyguları daha stabil hâle gelmişti. Vücudu sakinleşti, nefes alması değişti. Bunu fark ettikten sonra, kendi kendine *"Aferin oğlum! Haydi çık şimdi, yürü biraz."* dedi.

Birinci gün, bol bol yürüyüş yaptı. Duyguları stabildi, daha kontroldeydi, ara sıra kaygısını artıran *"Ne kadar bekleyeceğim acaba?"* seslerini duysa da, modu çok etkilenmedi. Öğle yemeği yemedi. Sabah, her zamanki gibi hafif bir kahvaltı yaptı. Kahvaltıda yediği domatesin tadı, dünden biraz daha lezzetsiz gelmişti ona. Bu bile onu tebessüm ettirdi. *"Baksana, bu kaygılı hâlin, aldığın lezzeti bile etkiliyor Yolcu."* dedi.

Akşam, aynı saatte bir kâse çorba içti. Biraz da sebzeli bir yemek yedi. Bugün çok iştahı yoktu. Odasına döndü. Bir iki saat kendini dinledi. Pozitif kalma ile ilgili bol bol kendi ile konuştu, nasihatte bulundu. Kendi kendine konuşmanın ona iyi geldiğini fark etti.

"Yolcu stop! Şu an ne hissediyorsun? Ne bu düşünceler? Hangi mekanizma konuşuyor şu anda?" diyerek kendine müdahale edip, hislerini anlamlandırmaya, onların; içindeki hangi mekanizmadan kaynaklandığını çözmeye çalışmanın, duygu kontrolü açısından ona çok iyi

geldiğini fark etti. *"Bu yöntemi çok sevdim. Bunu pratik yaparak; daha hızlı ve vücut dilim değişmeden yapmayı öğrenmem lazım."* dedi. Geçen sene aldığı eğitimin, kaygı konusunda onu geliştirdiğini fark etmişti. Zaten eğitimin başında ve sonunda yapılan duygu durum testlerinde, kaygı seviyesinde ciddi bir değişim olduğunu da görmüştü.

O gece erkenden yattı. Hatırladığı bir rüya olmadı. İkinci gün, birinci günün çok benzeri bir gündü. *"Kaygımı kontrol altında tutmalıyım."* düşüncesinin, onu biraz yorduğunu fark etti. Ama duygularını stabil tutabildiğini gördü. Bu da onu sevindirdi.

Üçüncü gün sabahında, haberci kapısını çaldı ve tebessüm ederek; "Seni çağırıyorlar." dedi. Yolcu *"Bu sefer çabuk çağırdılar."* dedi. Haberci "Vardır bir hikmeti." diye cevap verdi.

Dolabını açtı. Kıyafetini giydi. Kapıya doğru yürüdü, elini tokmağa uzattı. *"Korkmuyorum demeyeceğim. Ama artık kaçmıyorum. Çünkü bu binada, her şeyle yüzleşmek serbest. Ben; kaygı seviyesi yüksek biriyim, ama bununla başa çıkmayı öğreniyorum. Şimdi, daha da derinlemesine öğrenmek için çok heyecanlıyım. Kaygılanmak, hayat kalitemi düşürüyor ve ben bu konuyu çözmek istiyorum."* dedi.

Kapıyı açtı, yürümeye başladı. Girişe geldiğinde, haberci kapıyı açtı, onu içeriye buyur etti. Binanın dizaynının tekrar değişmiş olduğunu gördü. Kendi kendine *"Her duyguda demek ki değişecek. Bu, merakımı daha da artırıyor benim."* dedi. Her zaman beklemek için oturduğu koltuğa oturup, Gazâlî tarafından çağrılmayı beklemeye başladı. On beş dakika geçmemişti ki, birinci kattan çağrıldı.

1. Kat- İmam Gazâlî

Kapı yavaşça açıldı. İçeride tanıdık bir sükûnet... Duvarlarda eski yazmalar, raflarda İhya, El-Munkız ve Tehafüt ve köşedeki geniş sedirde, İmam Gazâlî... Yüzünde derin bir vakar, gözlerinde sanki çağlar öncesinden bugüne taşınan bir bilgelik...

İlk Kapı: Ben Kimim?

Yolcu içeri girdiğinde Gazâlî başını yavaşça kaldırdı. Gülümsedi. Elini, davet edercesine uzattı ve: "Tekrar hoş geldin Yolcu. Bugün hangi duygu ile geldin yanıma?" dedi.

Yolcu, gözlerini yere indirdi ve sesi titreyerek cevapladı: *"Kaygı. Geleceğin belirsizliğine tahammül edemeyen zihnim. Kalbim, henüz yaşanmamış olaylara bile korku yüklüyor. Sanki zihnim bir mahkeme ve gelecek sürekli yargılanıyor içinde."*

Gazâlî başını salladı. "Kaygı, evet. Kalbi örten perdelerden biridir. Ama bilin ki, perdenin arkasında daima hakikat vardır." Ardından sandalyesine biraz daha yaslandı. Sesi yavaş ama netti: "Ey Yolcu! Kaygı, insanın iç dünyasında zuhur eden karmaşık bir histir. Kalp, Allah'ın nazargâhıdır; ama kalp, dünya ile dolduğunda bu nazargâh kirlenir. Kaygı, kalbin huzursuzluğudur, çünkü kalp ya geçmişe ya geleceğe gider, 'şimdi'de kalamaz."

Yolcu kendi kendine mırıldanarak *"Kalp 'şimdi'de kalmaz. Demek ki 'anda kalma', 'mindfulness' konusu, kaygının çözümü için önemli bir şifre."* dedi.

"Kaygının kökü, tevekkül eksikliğidir. Tevekkül ise Allah'a güvenmektir, sebepleri yerine getirip sonucu Allah'a teslim etmektir. İnsan, kaderi kontrol etmek isterse kaygıya düşer. Çünkü insan kontrolü elinde zannettikçe, Allah'ı unutmaya başlar. Oysa Hakîm olan Allah, her işin vaktini, ölçüsünü bilir. Sen vakti gelmeden korkarsan, o vakit geldiğinde tükenmiş olursun. Senin işin, geleceği kontrol etmek değil; şimdi'yi güzel yaşamaktır."

Duydukları karşısında Yolcu'nun âdeta gözleri büyümüştü. Gazâlî'nin söylediği her cümle, her çözüm Yolcu'nun kelimelere dökemediği çözümlerdi.

"Kaygı, kalbe düşen vesvesedir; şeytanın en sevdiği silahlardan biridir. Çünkü seni ibadetten alıkoyar, kalbini meşgul eder. Kendini korumaya çalışırken kendini zehirlemeye başlarsın. Zikir ise, kalbi yatıştırır; çünkü kalbi Rab'bine bağlar. Fakat kaygı, kalbi dünyaya bağlar.

Duygular Evreni – Yolcu

Bu yüzden zikirle kalbini temizle.

Kalbin bir hanedir, oraya her gelen misafiri alma. Kaygı, seni felce uğratmasın; aksine seni teslimiyete yöneltsin. Kaygıyı yok etmeye çalışma, onunla beraber yürü. Çünkü kaygının altında çoğu zaman bir dua gizlidir."

"Kaygıyı pozitife transform et." dedi Yolcu. *"Vay bee! İnsan; kaygı gibi negatif bir duyguyu bile pozitife çevirip, kendini kuvvetlendirebilir demek ki. Her kaygılandığımda, o kaygımı giderecek dua ve zikrimi yaparsam, bu beni Allah'a yaklaştırır. O zaman kaygı, benim için pozitif bir hâle gelir."* dedi. Bunları düşünürken, kalbini bir heyecan kaplamıştı.

İnsan neye çok kaygılanıyorsa, oraya en çok bağlanmıştır. En sağlam bağ, Allah ile olan bağdır. Onun dışında her bağ, geçicidir. Gelecekte seni neyin beklediğini bilmiyorsun, ama seni bekleyen Rab'bini biliyorsun. O hâlde kendini, kaygını O'na teslim et. Kendine değil, Rab'bine güven. Ve unutma; ne kadar teslim olursan, o kadar huzur bulursun. Tevekkülün azsa, kaygın çok olur. Tevekkül arttıkça, kalbin hafifler. Kalbini ihmal eden, zihnini kaygıyla doldurur. Sen kalbine bak, orada kim var?"

Yolcu, gözleri dolmuş hâlde başını salladı. *"Kalbimde hep bir eksik vardı. Belki de o eksik, Allah'a güven eksikliğiydi."*

Gazâlî hafifçe tebessüm etti. Avucunun içinden küçük bir nesne çıkardı. Bir tespih, ama sıradan değil. Her taşında, Allah'ın bir ismi yazılıydı. Elinde tuttu, sonra Yolcu'ya verdi: "Kaygılandığında bunu al. Allah'ın zikri ile içini temizle. Çünkü O'nu anmak, kalpleri teskin eder."

Yolcu tespihi aldı. Sımsıkı kavradı. Yavaşça başını eğerek odadan çıktı ve ikinci kata, Sigmund Freud'un katına yöneldi ve kendi kendine *"Tahmin ettiğimden çok daha muhteşem başladı. Hayatımı en fazla etkileyen anksiyete meselesi ile barışıp; onu kabul edip, güçlenmem için bir vesile yapma öğretisi ile tanıştım. Nasıl ya? Hayatımı en*

İlk Kapı: Ben Kimim?

fazla negatif etkileyen bir duygu bile, güçlenmemi sağlayabilir mi? Evet Yolcu! Perspektifini değiştirirsen, o olaya bakışını değiştirirsen ve doğru adımlar atarsan, bu mümkün."

2. Kat- Sigmund Freud

Yolcu ikinci katın kapısını açtığında, yüzüne serin ve yoğun bir hava vurdu. Duvarlarda pastoral tablolar, raflarda klasik psikanalitik kitaplar, yerlerde kalın, koyu renkli halılar... Odanın tam ortasında, büyükçe bir deri koltuk vardı. Freud, masasının arkasında oturuyor, gözlüğünün ardından bakarak, dikkatlice notlar alıyordu. Kapı aralandığında başını kaldırdı ve kısık ama davetkâr bir sesle konuşmaya başladı: "Hoş geldin yeniden. Yüz ifaden, kaygının sende, sadece bir semptom olmadığını söylüyor. Gel, bugün zihninin derinliklerinde biraz daha yol alalım."

Yolcu yaklaştı, bir an duraksadı ve *"Kaygı, bazen anlamını bile bilmediğim bir his. Sebepsizce oluyor gibi. Ama içimde hep bir şey olacakmış gibi."* dedi.

Freud, başını hafifçe salladı. Elindeki kalemi masaya bıraktı, ellerini birleştirdi. Derin bir nefes aldı ve anlatmaya başladı:

"Kaygı, içsel çatışmanın bir sonucudur. İnsanın psişesi, yani ruh yapısı üç ana bölümden oluşur: İd, ego ve süperego. İd, içgüdülerimizdir; kontrolsüz, hazza yöneliktir. Süperego, toplumun ve ebeveynlerin sesiyle içselleşmiş değerlerdir. Ego ise arabulucudur; gerçeklik ile dürtüler arasında bir denge kurmaya çalışır. Kaygı, ego bu dengeyi sağlayamadığında ortaya çıkar."

Yolcu kendi kendine; *"Hımmm, enterasan bir bakış açısı. Yani burada tarif edilen id, nefis mekanizması."* dedi.

"Bilinçaltında bastırdığın arzular, korkular, suçluluklar seni içten içe kemirir. Ve bu bastırmaların enerjisi, kaygı olarak yüzeye çıkar. Kaygının sebebi çoğu zaman bilinçli değildir. Sebebini bilmediğin

Duygular Evreni – Yolcu

endişeler, aslında tanımadığın arzuların yansımasıdır. Çocukluk dönemindeki güvensizlikler, ayrılıklar, ihmal ve travmalar kaygı tohumu eker."

Freud'un bu söylediği, Yolcu'yu onu daha da dikkatli dinlemeye sevk etmişti.

"Büyüdüğünde, o tohumlar çiçek açar; ama çiçek sandığın şey dikenlidir. Rüyaların, dil sürçmelerin, tekrarlayan davranışların sana bilinçaltını anlatır. Kaygını çözmek istiyorsan, önce bastırdığın duygulara kulak vermelisin. Bastırdığın her şey geri döner.

İyileşmek, acıyla yüzleşmekten geçer. Kaygıyı bastırmak değil, dinlemek gerekir. Çünkü bastırmak onu güçlendirir, duymak onu dönüştürür. Kaygı seni yönetmesin diye, onu anlamalısın. Bir olay değil, bir yapı olarak ele almalısın onu. Bu yapı, geçmiş deneyimlerinle şekillenir. Çocukken yaşadığın güvensizlik duygusu, yetişkinliğinde işlevsiz kaygılara dönüşebilir. Kendini korumaya çalışırken, kendi hapishaneni inşa edebilirsin. Bu yüzden kaygıdan kaçmak değil, onunla diyaloğa girmek gerekir."

"Yani kaygımı transform etmeliyim. Freud, Gazâlî ile ne kadar da benzer şeyler söyledi. Gazâlî sonuca odaklıydı, Freud da kaygının oluşma sebeplerini tarif etti sanki."

Freud devam etti: "Bastırdıkların, seni içeriden yönetir. Bilinçaltınla tanış. Yaz, çiz, konuş, dinle. İçindeki çocuk hâlâ orada mı, ona sor. Kaygı, çoğu zaman ihmal edilmiş bir sesin yankısıdır. Kendine dön ve o sesi duy. Çünkü dışarıda aradığın güveni önce içeride kurmalısın. Bilinçaltını temizlemeden bilinçli bir huzura kavuşamazsın. Kaygı geçmez, ama dönüşebilir."

Yolcu sessiz kaldı. Freud ona doğru eğildi ve konuştu: "Kaygı seni hasta etmeye değil, sana bir şey söylemeye çalışır. Onu düşman değil, haberci olarak gör."

Ardından küçük bir sandığın kapağını açtı. İçinden eski bir cep saati çıkardı. Zinciri yıpranmış, ama saat hâlâ çalışıyordu. Yolcu'ya uzattı: "Bu saat, farkındalık zamanı başlasın diye. Zihninin saatini geçmişte bırakma. 'Şimdi'ye ayarla. Saate her baktığında kendine sor: 'Bu kaygı neyin sesi?'"

Yolcu, saati eline alıp derin bir iç çekti. Freud'a bakıp, başını eğerek teşekkür etti ve odadan çıktı. Üçüncü kata doğru yönelirken; *"İç dünyamda oluşan spesifik bazı kaygıların çözümü için, sanırım çocukluğumda yaşadığım bazı şeylerle yüzleşmem gerekiyor. Bu konunun üzerine daha derinlemesine çalışacağım."* diyordu.

3. Kat- Alfred Adler

Yolcu üçüncü kata geldiğinde, kapıyı tıklayıp içeri girdi. Odanın içi; önceki katlardan daha sade, ama güçlü bir enerjiyle çevrelenmişti. Adler, küçük ama düzenli bir çalışma masasının arkasında oturuyordu. Duvarlarda birey psikolojisini anlatan diyagramlar, insan siluetlerinin yer aldığı karakalem çizimler, cesaretle ilgili alıntılar vardı. Adler ayağa kalktı, gülümsedi ve nazikçe elini uzattı: "Tekrar hoş geldin dostum. Kaygıyı bugün birlikte çözümleyelim. Seninle yeniden konuşmak güzel."

"Hoş bulduk." dedi Yolcu ve devam etti: *"Burada olmak ne güzel. Beni kabul edip zaman ayırdığınız için çok teşekkür ederim. Sizden çok şey öğreniyorum."*

Sonra koltuğa oturdu. Gözlerinde biraz dalgınlık, ama aynı zamanda derin bir arayış vardı: *"Bazen, hayata dair kontrolüm yokmuş gibi hissediyorum. O kontrolsüzlük hissi, beni tedirgin ediyor. Sanki, bir şey eksikmiş gibi. Sanki, ben eksikmişim gibi."*

Adler başını eğerek onayladı: "Kaygı, insanın kendi gücünü unuttuğu anlarda çıkar ortaya. Gel, sana kendi iç gücünü hatırlatacak birkaç şey anlatayım."

"İnsan davranışlarının temelinde, bir aşağılık duygusu vardır. Bu

Duygular Evreni – Yolcu

duygu, en fazla çocuklukta yaşanan yetersizlik ve bağımlılık hissinden kaynaklanır. İnsan bu eksiklik duygusunu telafi etmek için üstünlük çabasına yönelir. Ama bu çaba her zaman sağlıklı olmaz. Bazıları kendini gerçekleştirmek için çalışırken, bazıları sadece güçlü görünmeye uğraşır. İşte kaygı burada başlar: Sahici olmayan bir üstünlük çabasında.

Yolcu, çok konsantre bir biçimde Adler'i dinliyordu. *"Sahici olmayan bir üstünlük çabası"* diye kendi kendine tekrarladı ve devam etti: *"Kendini olmadığın yerde mi görüyorsun sen ya? Acaba belli konulardaki kaygının sebebi, olmadığın biri olmaya çalışmandan mı kaynaklanıyor? Valla çok acayip bir bakış açısı oldu bu. Bunun üzerine ciddi şekilde düşünmeliyim."*

"İnsan, kendi değerini başkalarının onayına bağladığında, kendini sürekli tehdit altında hisseder. Toplumla sağlıksız karşılaştırmalar, kaygıyı besler. Başkası gibi olamadığında, eksik hisseder. Hayat, bir rekabet alanı değildir. Her bireyin anlamı, kendine özgüdür.

Kaygı, bu anlamı kaybettiğinde ortaya çıkar. 'Ben kimim?', 'Ne için varım?' sorularına cevap bulamayan birey, boşlukta kalır. İşlevsiz hedefler belirleyen kişi, bunlara ulaşamayınca kaygılanır. Kaygı, gerçekçi olmayan hedeflerin acı faturasıdır. Çocuklukta eleştirilmiş, küçümsenmiş biri, yetişkinliğinde başarısızlıktan korkar. Oysa hata gelişimin doğal parçasıdır. Topluma katkı sunamayan insan, kendi varlığını anlamsız hisseder.

"Çıktığım bu yolculukta; kendimi tanıma, kendim ile barışma, artı ve eksilerimi görüp geliştirme prosesi, benim kaygımı azaltacak." diye kendi kendine fısıldadı Yolcu.

"Sosyal ilgi eksikliği, izolasyona ve ardından kaygıya neden olur. Kişi ancak başkalarına fayda sağladığında, kendini değerli hisseder. Anlam üretmeyen hayat, kaygıya davetiyedir.

Kaygı, bireyin anlam boşluğuna verdiği içsel tepkidir. Kendini keşfetmemiş kişi, belirsizlik içinde yüzer. Kendini geliştiren kişi, geleceğin

İlk Kapı: Ben Kimim?

belirsizliğini tehdit değil, fırsat olarak görür. Kaygının panzehiri: topluma katkı, anlamlı hedef ve kendine şefkattir."

"Muhteşem be!" dedi Yolcu. Ve devam etti:

1- Topluma katkı

2- Anlamlı hedef

3- Kendine şefkat

Bunları yap. Kaygılandığın konunun anlamını değiştir ve onu, seni güçlendiren bir şey hâline getir. Tam bir formül.

"Birey kendi hikayesini yazmalıdır, başkalarının senaryosunu değil. Cesaret, kaygının panzehiridir. Ve cesaret, küçük adımlarla başlar. Kaygı, bilinmezlikten korkmaktır. Bilinmezliğe anlam katarsan, korku çekilir."

"Offf" dedi Yolcu. *"Efsane şifreler..."*

"Hayat senin sorumluluğunda. Ve bu sorumluluk seni özgürleştirir."

Yolcu biraz duygulandı. Derin bir nefes aldı. Adler, çekmecesinden küçük, kırmızı bir kum saati çıkardı. İçindeki kumlar ağır ağır akıyordu. Yolcu'ya uzattı: "Bu kum saati, zamanı senin yönettiğini hatırlatsın. Kaygıdan kaçmak yerine, her bir anı anlamlı kıl. Zaman senin düşmanın değil. Onu nasıl doldurduğun önemli."

Yolcu minnetle başını eğdi. Kum saatini aldı, göğsüne bastırdı. Adım adım bir üst kata doğru ilerlemeye başladı. *"Kişisel gelişimin temelinde ve kendini gerçekleştirme yolculuğunda; başkalarına katkı sağlamak, olmazsa olmaz gibi görünüyor. Başkalarına yardım ederek kendine yardım etme, başkalarını kaygısını çözerek kendi kaygılarına çözüm bulma şifresi. Sanki insan geliştikçe; alan değil, veren biri olmaya başlıyor. Kendinden sıyrılıp, başkalarına yardım eden biri hâline geliyor."* diye mırıldandı.

4. Kat- Carl Gustav Jung

Yolcu dördüncü kata geldi. Kapı açıldığında, burnuna hafif bir tütsü kokusu geldi. İçerisi loştu; kitaplarla, sembollerle ve eski zamanlara ait görünen maskelerle doluydu. Duvarlarda, hem Batı hem Doğu mitolojisinden figürler asılıydı. Deri kırmızı koltuklarda oturuluyordu. Odada bir bilgelik, bir sır, bir çağrı vardı. Jung pencere kenarında durmuş, gökyüzüne bakıyordu. Arkasını döndü ve Yolcu'ya gülümsedi: "Hoş geldin. Gecikmedin. Kaygı, zamanında gelen bir mektuptur. İçindeki çocuk sana sesleniyor olabilir. Dinlemeye hazır mısın?"

Yolcu *"Hoş bulduk. Çok teşekkür ederim. Bu, benim için çok önemli bir konu. Sizin öğreteceklerinizi sabırsızlıkla bekliyorum." d*iye heyecanla cevap verdi.

Jung, ona içe doğru bakan koltuğu gösterdi. Yolcu oturdu. Omuzları düşük, elleri avuç içinde kenetliydi. Kaygı yorgunluğu yansıyordu beden dilinden: *"Bazı geceler uyuyamıyorum. Geleceği düşünüyorum ve içimde karanlık bir boşluk hissediyorum. Sanki biri var içimde ama kim olduğunu tanımıyorum."* dedi.

Jung başını salladı: "Onun adı 'gölge' olabilir. Anlatayım sana."

"Her insanın içinde, geçmiş nesillerin izlerini taşıyan evrensel arketipler vardır. 'Gölge, anima-animus, persona, self' gibi kavramlarla insan ruhunun katmanları tarif edilir. Gölge, bastırılmış tarafındır; görmezden geldiğin yanındır. Kaygı, çoğu zaman gölgenin kapıyı tıklatmasıdır. Bilinçdışı, sana ulaşmak için semboller üretir. Rüyalar bu yüzden önemlidir. Anlamını çözemediğin kaygılar, rüyalarında sana metaforlarla gelir.

Kaygı, uyandırıcı bir iç sestir. Kendi iç dünyana karşı dürüst olmadığında, kaygı yükselir. Kaygının nedeni bazen sadece belirsizlik değil, içsel çelişkilerdir.

Hayatın boyunca sana öğretilmiş 'olman gereken' ile 'gerçek benliğin' çatışabilir. Persona, toplum için taktığın maskedir. Ama masken ne

İlk Kapı: Ben Kimim?

kadar sağlam olursa olsun, gerçek benliğin tanınmak ister. Kaygı, bu içsel çağrının reddedilmesinden doğar."

Yolcu kendi kendine konuşmaya başladı: *"Evet, bu da çok enteresan bir bakış açısı oldu. Yani insanın içinde; gerçek benliği, olması beklenen ve olmak istediği gibi birçok kişi var. Mutsuzluk, kaygı, iç çatışmalar; gerçek benliğin buradaki savaşı ile ilgili sanki. Benim bu yolculuğum gerçekten çok önemli yaaa! Ben, gerçek ben ile; yani orijinal fıtratımla tanışmak zorundayım. Bu yoldan dönmem. Ey Yolcu! Bak, bu kendini tanıma yolculuğun çok önemli."*

"Ruh bütünlük arar, parçalanmışlığı değil. Anlam arayışı, insanın temel yönelimi olmalıdır. Anlam yitimi, kaygının köküdür.

Kaygı, seni içsel dönüşüm yoluna çağırır. Bunu reddetme, içine bak. Karanlığa girmeden, aydınlığa ulaşamazsın. Gölgenle yüzleşmeden bütünleşemezsin. Rüya analizi, mitoloji, sanat, yazmak, bunlar iç sesle temasa geçmenin yollarıdır."

"Yüzleşeceğim; kararlıyım, korkmuyorum. Yüzleşmem lazım! Gerçek benliğim ile barışmam lazım." dedi kendi kendine Yolcu.
Jung devam etti: "Kendini tanıyan kişi kaygıyı düşmana değil, rehbere dönüştürür. Bireyleşme süreci, yani gerçek benliğe ulaşma süreci ruhsal olgunluğun anahtarıdır. Kaygı, seni o yola iter. Ruhunu ihmal etme. O, bir bedende yaşadığını hatırlatır. Ama o bedenin içinde bir sonsuzluk vardır. Ve o sonsuzluk seni bekliyor."

Yolcu sessizdi. Yüzü biraz gevşemişti, ama gözlerinde nem vardı. Jung, masasından siyah deri bir defter çıkardı. Sayfaları boştu: "Yaz. Her gece. İçinden gelenleri yaz. Bu defter seni iç yolculuğuna çıkaracak. Her kaygı, içinde bir rehber taşır. Yeter ki iç sesini susturma."

Yolcu defteri aldı, saygıyla eğildi. Bir sonraki kata doğru ağır adımlarla ilerlemeye başladı.

5. Kat- Bediüzzaman Said Nursî

Yolcu, beşinci kata çıkarken bastığı her basamakta daha fazla iç muhasebeye dalmıştı. İçeriye girdiğinde, sade ve huzur veren bir ortamla karşılaştı. Duvarlarda Risale-i Nur'dan el yazmaları vardı. Masada açık bir kitap duruyordu: "Sözler."

Bediüzzaman Said Nursî, beyaz sarığı, derin bakışları ve vakur hâliyle oturuyordu: "Hoş geldin aziz kardeşim! Kaygı denizinde boğulmamak için, kalbin pusulasına bakmalı." dedi.

Yolcu *"Hoş bulduk Üstadım. Beni kabul ettiğiniz için çok teşekkür ederim. Allah sizden razı olsun. Bana öğreteceğiniz her kelimeye muhtacım."* diye cevap verdi ve devam etti: *"Üstadım! Geleceğe dair, yapamadıklarıma, belirsizliklere karşı bir korku ve çaresizlik hissediyorum. Kalbim sıkışıyor. Ne olacak bilmiyorum."*

Bediüzzaman, başını hafifçe eğdi ve kelimelerini yavaşça dizdi: "İnsan, fıtrat itibariyle zaiftir, fakirdir, acizdir. Bu zaaf, eğer imanla yoğrulursa sığınak olur, ama iman yoksa kaygı olur. Kaygının kaynağı geleceği kontrol edememektir. Hâlbuki gelecek Allah'ın ilmindedir; senin değil.

İnsanın endişesi, kendini İlahlık makamına koymasındandır. Her şeyi kendi aklına, kudretine bağladığında kalp daralır. Kaygı bu daralmanın yankısıdır. Risalelerde dedim: 'Tevekkül eden, kurtulur.' Sen işini sağlam yap, neticeyi Allah'a bırak. Kaygı, neticeyi sahiplenme çabasından doğar. İnsan, netice değil, niyet ve gayret sahibidir."

Duydukları karşısında, Yolcu'nun âdeta göğsü genişlemişti. "İnsan; netice değil, niyet ve gayret sahibidir." şifresi Yolcu'nun tam ihtiyacı olan şifrelerdendi. Kendi kendine *"Niyetin düzgün olsun, gayretin bol olsun ey Yolcu! Netice güzel olacaktır."* dedi.

Üstad devam etti: "İnsanlar helak olurken niçin biz kurtulalım?" diye sorulara cevabım şu: Biz vazifemizi yaparız; netice Allah'a aittir. İnsan, Allah'a güvenmeden yaşarsa, dünyası kabir gibi olur. Oysa

İlk Kapı: Ben Kimim?

imanla kalp genişler, ruh ferahlar. Kaygı bir zulmettir; iman bir ışıktır. O ışığı kalbine taşı. Dua bir iksirdir. En çok dua ettiğim vakitler, en fazla kaygı duyduğum anlardı. Çünkü dua, aczini kabul edip sonsuz kudrete dayanma sanatıdır. Gelecekte kaygı duyuyorsan, orada Allah'ı unutmuşsundur. Allah'ı an, kalbin genişlesin. Anlam boşluğu kaygıyı çoğaltır; imanla anlam doğar."

"İman ile anlam doğar." diye kendi kendine mırıldandı Yolcu.

"'Bismillah' ile başlayan iş, kalpte ümit bırakır. Kaygıya karşı zırh: sabır, şükür ve tevekküldür."

"İşte, üç şifre daha!" dedi Yolcu.

1- Sabır

2- Şükür

3- Tevekkül

"Geçen sene aldığım eğitimde de 'Sabredebilmek için, şükretmek gerekir.' deniyordu. Sabır ve şükür, iç içe. Bunu anladım. Şimdi bu denkleme, tevekkülü de ilave etmem lazım. Bu üçünü birleştirdiğimde; hangi konu ile ilgili olursa olsun, kaygıya çözüm bulacağım gibi duruyor. Yani hayatında sabretmem gereken bir zorluk gerçekleştiğinde, bir imtihan olduğunda; o anda negatife düşmeyip, şükredecek doneler bulmam gerekiyor. Ve Allah'ın beni çok sevdiğini hatırlayıp; bu imtihanın beni helak etmek için değil, geliştirmek için, kapasitemi artırmak için geldiğine inanmam, sonunun güzel olacağına ikna olmam gerekiyor. Evet, tevekkül alanı da burası demek ki..." dedi Yolcu iç dünyasında keşfetmiş olduğu bu şifre karşısında, odanın içinde heyecanla yürümek istedi, ama Üstad'ın huzurunda olduğundan, kendini kontrol etti.

"Kalbin var, aklın var; ama en önemlisi, Rab'bin var. O, sana senden daha yakındır. Unutma: Kaygı, senin ilacın olabilir, eğer Allah'a dönmeni sağlarsa." dedi Üstad.

Yolcu, derin bir nefes aldı. İçine bir dinginlik çöktü. Karanlık biraz daha dağılmıştı.

Bediüzzaman, eline küçük bir dua kitabı verdi ve: "Bu, kalbin sıkıştığında okuyacağın dualar için. Ayetler siperindir." dedi. Yolcu teşekkür etti, yavaşça kapıya yöneldi. Bir an duraksadı. Sonra geriye dönüp Üstadın gözlerine bakarak, titrek bir sesle; *"Allah razı olsun Üstadım."* dedi ve edeple odadan ayrıldı.

Bir üst kata, merdivenlere doğru ilerlerken, kafasında birçok şeyi çözümlemeye başlamıştı.

6. Kat- Erik Erikson

Altıncı katın duvarları sade, ama sıcak bir ışıkla aydınlanıyordu. Kitap raflarında, çocukluktan yaşlılığa kadar uzanan gelişim basamaklarının çizimleri vardı. Ortada duran bir masa ve yanında oturan bir adam; ciddi, ama samimi... Erik Erikson; gözlüklerinin ardından dikkatle Yolcu'ya baktı. Kısa bir selamla başını eğdi ve "Kaygıyla geldin. Bu, iyiye işaret olabilir. Çünkü dönüşüm, iç karışıklıktan doğar." dedi.

Yolcu başını öne eğdi, kısa bir iç geçirdi: *"Geleceği bilemiyorum. Ne yapmalıyım, kim olmalıyım, nasıl davranmalıyım? Hepsi içimde bir boşluk, bir karmaşa. Kaygı beni tüketiyor."*

Erikson gülümsedi. Masanın üstündeki dosyayı kapattı, ellerini birleştirdi ve konuşmaya başladı.

"İnsan hayatı sekiz evreye ayrılır. Her dönemin bir krizi, bir kazanımı ve bir çöküş ihtimali vardır. Kaygı bu kriz anlarında ortaya çıkar. Çocukken güvenle başlar her şey. Eğer temel güven duygusu gelişmezse, gelecek tüm evrelerde kaygı büyür. Kimlik bunalımı ergenlikte zirve yapar. Ama çözülmeyen bu bunalım yetişkinlikte kaygıya dönüşür. İnsan 'Ben kimim?' sorusuna sağlıklı cevap veremediğinde, bilinç bulanır. Bu bulanıklık kaygıyı tetikler. Çünkü kişi hangi rolü

İlk Kapı: Ben Kimim?

oynayacağını, nasıl davranacağını bilemez. Gelecek belirsizliğe dönüşür. Belirsizlik, insan zihninin alarm durumudur. Sürekli 'tehlike' beklersin, ama ne olduğunu bilmezsin. Bu, sinir sistemini ve insanın ruhunu yorar. Oysa her kriz, doğru ele alınırsa büyümenin fırsatıdır.

Kaygı seni durdurmak için değil, yönlendirmek için gelir. İçindeki huzursuzluk, içsel kimliğini çağırıyor olabilir. 'Beni tanı, beni bul!' diyen bir sestir kaygı. Başkalarının kimliklerini giymek kolaydır, ama onlar sana dar gelir. O yüzden cesaretli olmalısın, kendine ait olanı aramak için."

Yolcu, Erikson'un söylediklerini büyük bir dikkatle dinliyordu.

"Bazen kaygı, insanı kendine getirir. Yalnız kalırsın ama bu yalnızlık, öz'le buluşmak içindir. Sana önerim şu: Geçmiş evrelerine dön, eksik kalanları tanı. Kendi içindeki 'çocuk', 'ergen', 'savaşan yetişkin' ve 'sorgulayan yaşlı'yla tanış. Onların hangi duyguları bastırdığını fark et. Kaygının altında bastırılmış yaşlar yatıyor olabilir. İçindeki bölünmüş kimliği birleştir. Bu, zaman alır. Ama her adım, biraz daha seni sen yapar. Ve unutma: Sağlıklı kimlik, geleceğe güvenle bakma cesareti getirir. Cesaret, kaygıyı dönüştürür. Kaygı yok olmaz, ama yön değiştirir. O artık seni yutan değil, büyüten bir dalga olur."

Yolcu derin bir iç çekti. *"Sanırım ilk kez bu duyguyu ezmek değil, anlamak istedim."* dedi.

Erikson ayağa kalktı, Yolcu'ya küçük bir defter uzattı: "Kendine sorular sor. Bu defter, senin iç diyaloğun olsun. Her cevapsız sorunun, bir kimlik fırsatı olabilir."

Yolcu teşekkür ederek kapıya yöneldi. Bir üst kata doğru çıkarken mırıldanıyordu: *"Erikson'un anlattığı 'çocuk', 'ergen', 'savaşan yetişkin' ve 'sorgulayan yaşlı' evrelerini, sanırım tek başıma keşfetmem zor olacak. Profesyonel yardımla ilerlemem gereken bir yol haritası sundu."*

7. Kat- Aaron Beck

Yolcu yedinci kata vardığında; önceki katlardan daha sade, ama fonksiyonel bir kat ile karşılaştı. Beyaz duvarlarda sadece birkaç çerçeve asılıydı; biri "Düşünceler duyguları doğurur." yazan bir aforizmaydı. Bir masa, bir sandalye, bir danışma tahtası... Karşıda Aaron Beck; duru bir zihin, nazik bir yüz... Yavaşça gülümsedi ve elini davetkâr biçimde Yolcu'ya doğru uzattı: "Kaygı diyorsun. Bu, zihnin en büyük tuzaklarından biri. Ama senin en büyük özgürlüğün de orada gizli olabilir."

Yolcu başını salladı: *"Kötü bir şey olacakmış gibi hissediyorum. Hep bir şey eksik, bir şey ters gidecek, her an bir tehlike var gibi. Oysa gerçek bir sebep yok ortada. Ama içimde bir ses: 'Ya şöyle olursa, ya bu gerçekleşirse.' diye beni susturuyor."*

Beck, tahtaya doğru yürüdü. Eline kalemi aldı ve yazmaya başladı: "Kaygı, gerçekte olmayan bir tehdidin, zihinsel simülasyonudur."

Yolcu, Beck'in yazdığını yavaş yavaş, düşüne düşüne dikkatlice okudu. Beck devam etti:

"Kişi bir olay yaşar, ama asıl mesele o olayı nasıl yorumladığıdır. 'Durum' nötrdür, ama 'düşünce' onu anlamlandırır. Ve bu düşünce, duygunu doğurur.

Örneğin bir sınav öncesi: 'Kesin başarısız olacağım.' dersen, kaygı başlar. Çünkü zihnin, o düşünceye duygusal bir karşılık üretir. Bu otomatik düşünceler, genellikle çarpıktır. 'Felaketleştirme, zihin okuma, geleceği bilme' gibi hatalara düşeriz. 'Ya kaybedersem? Ya kimse anlamazsa?' gibi varsayımlar seni ele geçirir. Bu düşünceler, gerçekmiş gibi davranır. Oysa sadece senin hayal dünyandadırlar.

Kaygıyı yenmenin yolu: Bu düşünceleri sorgulamakla başlar. 'Bu düşünce neye dayanıyor? Alternatif düşünce ne olabilir? Bu duyguyu artıran düşünceye mahkûm muyum?'

İlk Kapı: Ben Kimim?

Düşünceyi değiştirince, duygu da dönüşür. Bu kolay değil ama mümkündür."

Yolcu, Aaron Beck'in anlattıkları karşısında çok heyecanlanmıştı. *"'Şu ana kadar öğrendiğim teorileri pratiğe nasıl geçirebilirim?' öğretisi bu."* dedi kendi kendine.

"Kaygıya, düşünce evresinde müdahale evresi ve yüklediğim anlamları, doğru belirleme evresi bu. Yani kaygı; hayali bir düşman ve eğer önemsersem büyüyor. Ama kaygıyı oluşturan düşüncenin; hangi mekanizmadan geldiğini sorgulayıp, onu ayrıştırırsam, kontrol bende olur." dedi. Ve tebessüm ederek devam etti: *"Taşlar yavaş yavaş yerine oturuyor. Bayağı efsane çözümler öğreniyorsun Yolcu!"*

Beck devam etti: "Zihnin sana 'tehlike' diyorsa, önce dur ve incele: Gerçek mi bu? Belki çocukken yaşadığın bir olay, şimdi tüm geleceği tehdit olarak gösteriyor. Ama sen artık çocuk değilsin. Yetişkin benliğinle, o düşünceyi değiştirebilirsin. Kaygının seni korkutmasına değil, seni bilgilendirmesine izin ver. Her kaygı, çözülmemiş bir inancın yankısı olabilir. Onu ortaya çıkar, yaz, gözlemle, değiştir."

Yolcu tekrarladı *"Yaz, gözlemle, değiştir."*

"Otomatik düşüncelerine müdahale etmezsen, hayatı otomatik yaşarsın. Ama düşünceni gözlemlemeye başlarsan, zihnin sakinleşir. Kaygı geçmez, ama tanıdık olur. Tanıdık olan artık tehdit değildir."

Yolcu yavaşça başını salladı. *"Yani düşman sandığım şey, belki sadece eğitilmemiş düşüncelerim."*

Beck gülümsedi, bir küçük not defteri çıkarıp ona uzattı:

"Kaygılandığında bunu kullan:

-Bugün zihnim bana ne söylüyor?

-Ben buna neden inanıyorum?

-Alternatif ne olabilir?"

Yolcu teşekkür etti. Yavaşça ayağa kalktı ve kapıya yöneldi. Bir üst kata doğru ilerlerken, kendi kendine mırıldanıyordu: *"Öğrendiğim teorileri pratiğe nasıl dökeceğimi öğrendiğim bir kat oldu burası. Düşüncelerimin duyguya dönüşme evresinde, çok dikkat etmem gerekiyor. Her düşünce gerçek değil. Sadece burayı değiştirmek, hayatımda çok büyük bir değişikliğe vesile olur.*

'Bugün zihnim bana ne söylüyor? Ben buna neden inanıyorum? Alternatif ne olabilir?' sorularını her kaygılandığımda kendime soracağım."

8. Kat- Michael Brown

Yolcu sekizinci kata çıkarken, kalbindeki çarpıntının azaldığını fark etti. Ama bu, bir rahatlamadan çok bir boşluk hissiydi. Kapı açıldığında karşısında, ışığın bol olduğu geniş bir oda belirdi. Duvarlarda çocukların, gençlerin ve yaşlıların yüzleri... Mutlu, umutlu, hayata dönük... Bunlar, "öğrenilmiş çaresizlik"i aşarak, yeniden "öğrenilmiş umut"a ulaşanların simgesiydi.

Michael Brown; pencere kenarında, büyük bir koltukta oturuyordu. Yüzünde dostça bir ifade, elinde bir kalem vardı. Yolcu'ya doğru döndü: "Kaygılı görünüyorsun. Sana önce umut inşa etmeyi göstereceğim. Çünkü umut öğrenilir." dedi.

Yolcu *"Bana vakit ayırdığınız için çok teşekkür ederim. Kaygı, hayatımı çok uzun zamandır etkileyen bir duygu. Sizin öğretiniz ile, onu pozitife transform edebilmeyi umuyorum."* dedi. Brown tebessüm edip konuşmaya başladı.

"Kaygı, bazen öğrenilmiş çaresizliğin sonucudur. Öğrenilmişlik çaresizlik, tekrar tekrar başarısızlığa uğrayan bireyin, artık denemeyi bırakmasıyla ilgilidir. Kişi, bir noktadan sonra, her girişimin zaten başarısız olacağını sanır. Geleceğe dair inancı zayıflar, motivasyonu

İlk Kapı: Ben Kimim?

düşer. Ama sana şunu söyleyeyim: Umut da öğrenilir. Bir şeyin mümkün olabileceğine dair inanç da geliştirilebilir. Bunun için önce, kontrol alanını belirlemelisin.

Kaygı genellikle, kontrol edemeyeceğin alanlara odaklandığında artar. Ama sorumluluk alanına odaklanırsan, güç kazanırsın. Kendine küçük hedefler koy. Her gün, tek bir olumlu davranış geliştir. Ve bu davranışı başarıyla gerçekleştirdiğini kendine hatırlat. Bu "Başardım!" hafızası, umut inşa eder.

Yolcu kendi kedine *"'Başardım hafızası' ne kadar da muhteşem bir yaklaşım. Benim de, başardım hafızamı geliştirmem lazım."* dedi.

Brown devam etti: "Umut, kaygıyı geriletir. Çünkü umut, geleceği mümkün görür. Kaygı ise geleceği felaketle sınırlar. Bugünü güzel yaşarsan, yarına daha az korkuyla bakarsın. Geleceği kontrol edemezsin, ama bugünü iyileştirebilirsin. Olumsuz olayları kişisel, sürekli ve yaygın olarak yorumlamak kaygıyı büyütür. Oysa olayları geçici, sınırlı ve çözülür olarak görmeyi öğrenebilirsin. Ben buna 'iyimserlik tarzı' diyorum.

İyimserlik, gerçekleri reddetmek değil; onlara direnme gücünü geliştirmektir. Kaygı seni durdurmasın; sadece yavaşlatıp yönünü gösteren bir sinyal olsun. Kendine sor: 'Bugün neyi iyi yaptım?' Çünkü iyi olanı fark etmek de bir beceridir. Ve bu beceri, zihnini dönüştürür. Sen dönüştükçe, korkuların yerini umut alır. Ve umut varsa, kaygı yönetilebilir bir dost olur."

Yolcu, bu duyduğunu istem dışı mırıldadı: *"Umut varsa, kaygı yönetilebilir bir dost olur."* Sonra hafifçe gülümsedi: *"Ben kötü bir gelecekten kaçmaya çalışıyorum, oysa sen bana iyi bir gelecek inşa etmeyi öğretiyorsun."*

Brown başını salladı. Masasından küçük bir kum saati alıp uzattı: Her şeyin bir vakti var. Bu kum saati sana bugünün değerini hatırlatsın."

Yolcu, kum saatini alıp teşekkür etti. *"Hayatta, her şey için bir ölçü ve vade var. Sanki, yaşananlara pozitif bakıp, aksiyon alan; kaygının negatifliğinden de kurtulur gibi geliyor bana."* dedi. Brown tebessüm etti ve başıyla onayladı.

Yolcu hediyeyi aldı, teşekkür etti. Sonra derin bir nefes alıp, kapıya doğru yürüdü.

9. Kat- Yusuf Kandehlevî

Yolcu, dokuzuncu kata çıktığında, sade ve manevî bir hava ile karşılaştı.

Yusuf Kandehlevî yerdeki halının üzerinde diz üstü oturmuş, Kur'an okuyordu. Yavaşça başını kaldırdı, Yolcu'ya bakıp tebessüm ederek: "Hoş geldin evladım!" dedi.

"Hazır mısın? Senin ruhuna dokunacak birkaç kıssa anlatacağım. Çünkü bazen söz yetmez, yaşanmışlıklar konuşur."

Yolcu *"Hoş bulduk efendim!" dedi ve devam etti: "Sahabenin; duyguları ile nasıl başa çıkıp, pozitif aksiyonlar aldığını öğrenmek, benim yolculuğum için çok önemli. Sizden çok şey öğreniyorum. Bana vakit ayırdığınız için çok teşekkür ederim. 'Hayatü's-Sahâbe' eserinizi çok severek okuyorum."*

Yusuf Kandehlevî "Hayatü's-Sahâbe eseri, sadece bir tarih kitabı değil; yaşayan bir kalp atlasıdır. Bu kitapta, İslam'ı ilk yaşayanların hayatındaki derin teslimiyeti görürsün. Ve sakın unutma: Teslimiyet, kaygının panzehridir.

Evlat, bil ki sahabenin kaygısı, dünyevi değildi. Onlar imanları, dinleri ve ahiretleri için endişeleniliyorlardı.

Mesela Hz. Ebu Bekir... O, Peygamber Efendimiz ile (S.A.V.), Mekke'den Medine'ye hicret yolculuğuna çıkmış; müşrikler, korunmak için sığındıkları Sevr Mağarası'nın hemen girişine kadar geldiklerinde, Resulallah'a (S.A.V.) zarar verecekler diye kaygılanmıştı.

İlk Kapı: Ben Kimim?

Peygamber Efendimiz (S.A.V.) ise ona ne "Lâ tahzen innallâhe meânâ. - Endişe etme, Allah bizimle beraberdir." demişti.

Bu cümle, her türlü kaygıyı eriten bir duadır. Sen de en kaygılı anlarında, bunu hatırla!

Unutma evladım! En zorlu şartlarda bile, Allah'a olan güveni kaybetmemek gerekir.

Tevekkül, çalışmayı bırakmak değil; sonucu Allah'a bırakmaktır. Sahabe sonuçla değil, görevle ilgilenirdi. Sen de öyle yap.

Sonuç, senin elinde değil. Ama niyetin ve gayretin, senin kontrolünde.

Hz. Ömer bin Hattab'ı düşün! O, devlet işleri ve sorumluluklarının ağırlığı altında kaygı hissettiğinde, Allah'a sığınarak kalbini ferahlattı: 'Ey Rab'bim, Sen bana yetersin, bana yardım edersin.' diyerek kalbini ferahlatırdı. Bu, kaygının dua ve tevekkülle nasıl hafifleyebileceğinin çok güzel bir örneğidir.

Kaygı, kalbini dünyaya aşırı bağladığında artar. Sahabe; kalbini dünyaya değil, Allah'a bağladı. Bu yüzden de, dünyadaki fırtınalarda savrulmadılar.

Evladım! Düşün bakalım, senin kalbin neye bağlı? Bu soruya cevap verdiğinde, kaygının kökünü bulursun. Sabret. Zikrini artır. Gece ibadetine yönel. Kalbini arındır ve duanı çoğalt.

Dua, kaygıyı Rab'be havale etmektir. Ve Allah'a havale edilen şey, insana ağırlık yapmaz."

Yolcu'nun gözleri doldu. Yusuf Kandehlevî'nin sözleri kalbine dokunmuştu. *"Bugün, sahabe bana; sadece geçmişte yaşamış insanlar gibi değil, geleceğe yön veren rehberler olarak göründü."* dedi.

Yusuf Kandehlevî gülümsedi. "Sana bir sahabe duası hediye edeceğim." dedi ve şu duayı okudu: "Allah'ım! Beni nefsimin zayıflığından ve şeytanın vesveselerinden koru. Kalbimi, Sen'in huzurunda sükûna erdir."

Yolcu bu duayı hemen ezberledi. Kalbi hafiflemişti sanki. İçini kaplayan bu huzurla kapıya doğru yöneldi.

10. Kat- İbn Arabî

Yolcu, onuncu kata çıktığında, zaman bükülmüş gibiydi. Duvarda herhangi bir saat yoktu. Mekan, sanki dünya ile âlem-i misâl arasında bir geçit gibiydi. Zeminden tavanına kadar; taşın üzerine kazınmış harfler, geometriyle dans eder gibiydi. Bir köşede, beyazlar içinde nurani bir sima oturuyordu: İbn Arabî...

"Selam sana, arayan gönül." dedi yumuşak ama derin bir sesle. "Kaygını yanıma bırak. Sırtındaki zamansız yükleri kapının önünde çıkar. Çünkü burada yalnızca hakikat kalır."

Yolcu, İbn Arabî'nin söyledikleri karşısında âdeta irkilmişti: *"Efendim, beni kabul ettiğiniz için çok teşekkür ederim. İlminizden istifade edebilmek, en büyük lütuflardan. Himmetinize muhtacım."* dedi.

"Ey Yolcu! Varlığın hakikati, Hakk ile kaimdir. Sana da bunu anlatmak isterim: Sen, ayrı bir varlık değilsin. Sen, O'nun ilminde bir sır, varlığında bir gölgesin. Kaygı, bu ilahî kökten uzaklaştığın zaman başlar. Kendini yalnız, terk edilmiş, belirsiz zannettiğinde kalbine kaygı çöker. Ama sen özünü bilirsen, Allah'ın iradesiyle var olduğunu hissedersen; kaygının yerini tevekkül alır. Kaygı, kontrol illüzyonunun çöküş anıdır.

Sen zannediyorsun ki geleceği yönetebilirsin. Hâlbuki zaman, Allah'a ait bir boyuttur. Geçmiş geçti, gelecek henüz yok. Var olan yalnızca 'an'dır. Ve an, Allah'a aittir. Her şeyin sahibi O'dur. Kendi aczini ve Onun kudretini fark ettiğinde, kaygı tevhid olur. O seni unutmamışken, sen neden O'nu unutuyorsun? Kalbin daraldığında, dünya üzerine kapandığında, hatırla: 'Sen sandığın benlik, sadece bir gölge.'

İlk Kapı: Ben Kimim?

Varlığını benliğine bağladığında, senin olmayan bir yükü omzuna alırsın. Allah, kulunu kendine yeterli gelsin diye değil, Zâtı'nı tanıyıp O'na kulluk etsin diye yaratmıştır. Bu yüzden her kaygı, seni Ona yaklaştırmalı. Çünkü kaygı, insanın acizliğini fark ettiği en samimi duadır."

Yolcu, İbn Arabî'nin anlattığı hakikatleri içselleştirmeye çalışırken, Hazretin söylemiş olduğu bu en son cümle, onun için âdeta işi özetlemişti. Kendi kendine: *"Kaygı, insanın acizliğini fark ettiği en samimi duadır."* diye fısıldadı. *"Kaygı duygusunu transform etmede, çok önemli bir şifre yakaladım, Elhamdülillah!"* dedi.

"Kendini bırak, Allah'a bırak. Kendin için kaygılanmayı bırak, Onun için yaşa. Çünkü kaygı, varlığı kendine ait zannedenin hastalığıdır. Varlık ise Allah'a aittir. Dolayısıyla kalbin teslim olduğunda, kaygı da secdeye kapanır. Unutma: Sen, O'nun emanetisin."

Yolcu, sessiz kaldı. Kendi içindeki karmaşayı, yavaşça çözülen bir ip yumağı gibi hissetti. Sanki zihnindeki uğultular yerini bir boşluğa, o boşluk ise huzura bırakıyordu. Kendi kendine *"Ben Allah'a aitim. Beni yaratan Allah. O; yarattığını, sevdiğini yardımsız bırakmaz."* diye fısıldadı. Gözleri bir anda yaşlarla doldu. İnanılmaz bir duygu yoğunluğu hissetmişti.

İbn Arabî, küçük bir mühür çıkardı. Üzerinde "El-Vekîl" yazılıydı. Yolcu'ya uzattı ve: "Bu mührü kalbine vur," dedi. "Kaygılandığında, parmağını üzerine koy ve hatırla: 'Vekîl' olan Allah, seni senden daha çok düşünür."

Yolcu başını eğdi. Mührü alıp göğsüne bastı. Şimdi gözleri daha berraktı. İbn Arabî'nin gözlerinin içine baktı ve *"Hasbünallahi ve nimel vekil. - Allah bize yeter, O ne güzel vekildir!"* dedi. Hazret, tebessüm edip başıyla onayladı. Yolcu, izin isteyerek ayrıldı.

11. Kat- Abdülkadir Geylânî

On birinci kata adımını attığında, artık binanın en yüksek noktasında değil de, sanki en derin kuytusundaymış gibi hissetti. Loş ışıklar içinde, içini ısıtan bir sıcaklık yayıldı etrafa. Odanın ortasında, derin bakışları, uzun beyaz sakalı, başında sarığıyla bir zat oturuyordu. Bu, Gavs-ı Azam Abdülkadir Geylânî idi.

Yolcu tam konuşacakken Geylânî Hazretleri, eliyle "sus" işareti yaptı. "Evladım!" dedi yumuşak ama nüfuz eden bir sesle, "İç seslerin çok yüksek, ama Rab'binin sesi çok ince. Sessizleş ki duyasın."

Yolcu, Gavs-ı Azam'ın bu sözü karşısında adeta silkelenmişti. Sanki, daha önce ona; böyle bir şeyi hiç kimse bu tesirde söylememişti. Bütün dikkatini toplayıp dinelmeye başladı. Kendi kendine *"Evet, burada dinlemenin en üst seviyesini yapmam gerekiyor."* diye düşünüyordu. Abdülkadir Geylânî, konuşmaya başladı:

"Kulun kalbi, Allah'a bağlandığında; dünya sönük bir gölge gibi kalır. Kaygı, kalbin Allah'tan uzak düştüğü yerde başlar. Kaygı, "Ya olmazsa..." ların içinde boğulan bir aklın çığlığıdır. Oysa Allah, kuluna şah damarından daha yakındır. Senin derdin olmadan önce, O'nun merhameti zaten vardı. Senin korktuğun başına gelmeden önce, O'nun rahmeti seni sarmıştır.

Kaygı, geleceği kendi omuzlarına almaktır. Oysa mümin bilir ki; 'Allah bana yeter.' Her anı kaderle yazılmış bir yolculukta, sen neden kalem olmaya çalışıyorsun? Bırak yazan yazsın. Sen teslim ol."

Yolcu bir kere daha sarsıldı. Kendi kendine *"Gavs-ı Azam'ın sözleri sert mi, yoksa net mi?"* diye düşündü. Söyledikleri çok kısaydı, ama sanki hakikatin ta kendisiydi. *"Evet Allah, sadece bazı zamanlarda değil, hep Rahman. Bana karşı hep merhametli. Ben neden bundan tereddüt ediyorum ki? Benim kaderimi beni en çok seven yazdı. Ben niye bu yazılan hakkında endişe ediyorum ki?"* diye düşündü: "Vayyy bee!" dedi.

İlk Kapı: Ben Kimim?

Abdülkadir Geylânî'ye olan hayranlığı daha da artmıştı. Çok daha dikkatli bir şekilde dinlemeye devam etti.

"Korkuların büyüdüğünde dua et. Çünkü dua, kaygının zincirlerini kıran anahtardır. Allah'ı unutursan, dünya sana bela olur. Ama Allah'ı hatırlarsan, dünya seni rahatsız etmez. Kalbinde dünya sevgisi arttıkça kaygı çoğalır. Kalbinde Allah sevgisi arttıkça kaygı yok olur. Çünkü O'na tam teslim olan, ne kaybeder ne korkar. Yaşadığın kaygı seni O'na yöneltiyorsa, o zaman nimettir. Sabret, dua et, tevekkül et. Ve bil ki: Allah'ın iradesi, senin planlarından daha güzeldir. Gecelerin en karanlık anında bile, Rahman'ın nuru bir kalbe iner.

Kaygı, şeytanın vesvesesidir. Onu susturmanın yolu, zikirdir. 'Lâ Havle Velâ Kuvvete İllâ Billâh. - Güç ve kuvvet ancak Allah'a mahsustur.' Gücün yok, takatin yok. Ama Rab'bin var. O varsa, kaygı yoktur."

Yolcu başını öne eğdi. Omuzlarındaki yük biraz daha hafiflemişti. Kalbi, şimdi biraz daha Allah'a yönelmişti.

Geylânî, cebinden küçük bir tespih çıkardı. Sedef kakmalı, otuz üçlük... "Bu tespihi yanında taşı," dedi. "Her kaygılandığında, üç defa 'Hasbiyallahü lâ ilâhe illâ Hû. - Allah bana yeter, O'ndan başka ilah yoktur.' de. Kalbinin ritmini, ilahî bir zikirle hizala. Bak bakalım, kaygı sana ne kadar yaklaşabilecek."

Yolcu hediyeyi aldı, kalbine bastı ve teşekkür ederek odadan ayrıldı.

Abdülkadir Geylânî'nin söyledikleri Yolcu'yu çok ciddi sarsmıştı. Farkındalığı artmış, sanki iç dünyasındaki taşlar yerine oturmuştu. Kaygı ile ilgili birçok şey duymuştu, birçok şey öğrenmişti; ama "Benim kaderimi yazan, beni en çok seven Rab'bim. Ben, her işimde O'na dayanıp güvenirim." söylemi, sanki bütün öğretinin özeti idi.

Yolcu, binanın merdivenlerinden yavaş adımlarla derin derin düşünerek indi. Kalbi hem huzurlu, hem de bir bekleyiş içindeydi. Binanın girişine geldiğinde, davetçi ona beklemek için oturacağı yeri gösterdi.

Gösterilen koltuğa oturdu. Birinci kattan itibaren öğrendiklerini, zihninden geçirmeye başladı.

Yaklaşık bir saat sonra, bilgelerin onu beklediği söylendi. Ayağa kalkıp kendini toparladı, kıyafetini düzeltti ve en alt kata doğru yürümeye başladı.

Alt kattaki; yüksek tavanlı, duvarları kadim yazılarla işlenmiş salona girdi. Ortada yuvarlak bir masa vardı. Etrafında, on bir bilge zât onu bekliyordu.

Gazâlî'den Geylânî'ye, Freud'dan Jung'a kadar hepsi farklı zamanların, farklı ilimlerin; kendi dallarında önde gelen bilgeleriydi. Gözlerinde şefkat, duruşlarında vakar, seslerinde ise sırlarla yoğrulmuş hakikat vardı.

Yolcu içeri girdiğinde başını eğdi. Hepsi, Yolcu'yu memnun bir ifade ile selamladılar. Ve tek tek kısa nasihatlerini sundular:

Gazâlî: "Kalp, Allah'a yöneldiğinde dünya susar. Kaygı da bu sükûtta erir."

Freud: "Bilinçaltına bastırdıkların, seni en çok korkutanlardır. Onlarla yüzleş."

Adler: "Kaygı, değersizlik hissinin çığlığıdır. Kendi değerini fark et ve katkı sun."

Jung: "Ruhunun gölgesini tanımadıkça, hep tedirgin olursun. Karanlığını dost edin."

Bediüzzaman: "Kaygı, kudretin değil, hikmetin penceresinden izlenirse rahmete dönüşür."

Erikson: "Kimliğini inşa ederken yaşadığın her sarsıntı, seni olgunlaştırır."

Aaron Beck: "Zihnindeki felaket senaryolarını durdur. Onlar gerçek

İlk Kapı: Ben Kimim?

değil, düşüncedir."

Michael Brown: "Umut öğrenilebilir. Kaygının karşısına, bilinçli iyimserlik koy."

Yusuf Kandehlevî: "Ashab-ı Kiram'ın en zor anlarındaki tevekkül, kaygıyı aşmanın anahtarıdır."

İbn Arabî: "Kaygı, senin varlığına fazlaca takılışındandır. Yokluğu tefekkür et."

Abdülkadir Geylânî: "Evladım, kalbin sahibine döndüğünde ne korku kalır, ne tasa. O'na dön."

Zatlar bakışlarını birbirlerine çevirdiler. Birbirlerinin nasihatlerini sessizce tasdik ettiler.

Abdülkadir Geylânî, Yolcu'ya incecik oyulmuş ahşap bir levha verdi. Üzerinde şu yazı vardı:

"Hasbiyallahu lâ ilâhe illâ Hû, aleyhi tevekkeltü, ve Hüve Rabbü'l-arşil-azîm. - Allah bana yeter. O'ndan başka ilah yoktur. Ben yalnız O'na dayanırım. Çünkü O, büyük Arş'ın, muazzam hükümranlığın sahibidir."

"Bu levhayı gözünün önünde tut evladım. Kaygı her geldiğinde, hatırla: Sen yükü taşımazsın. Sen, taşıyana güvenirsin."

Yolcu levhayı aldı, kalbinin üzerine bastı ve gözlerini kapatıp içinden şu cümleyi fısıldadı: *"Ben taşıyamam, ama O taşır."*

Tek tek, her bilgenin gözünün içine bakarak başı ile teşekkür etti. İzin isteyerek salondan ayrıldı. Daha sonra, ağır adımlarla binanın merdivenlerinden çıktı. Her basamakta, geride bıraktığı sözleri tekrar tekrar düşündü. Gözleri dolmuştu, ama bu gözyaşlarında acı değil; bir arınma vardı.

Elleri hâlâ göğsündeydi; biraz önce aldığı "tevekkül levhası"nı

Duygular Evreni – Yolcu

kalbine bastığı yerde tutuyordu. Kalbi ilk kez bu kadar sakin bir ritimle atıyordu.

Binadan ayrıldı. Yavaş adımlarla odasına giderken, kendi kendine *"Ne öğrendin bugün ey Yolcu?"* diye sordu. Bir an duraksadı, *"Çok acayip bir gün yaa!"* dedi. *"Hayatımı çok etkileyen kaygı konusunda çok şey öğrendim. Bu duygu ile başa çıkmak için, şu anda elimde birçok şifre var."* dedi. Sonra, öğrendiklerini tek tek düşünmeye başladı:

"Neler öğrendim: Bastırdıklarım, beni içerden yönetir. Bu duyguları bastırmak yerine, onlarla yüzleşmem lazım.

Kaygı, güçsüzlük hissinin fısıltısıdır. Komplekslerimle yüzleşmeliyim.

Kaygı bilinçdışının çağrısıdır. Kaygılı olduğum günlerde rüyalarıma dikkat edeceğim.

İmanın verdiği huzur, kaygının zehrini bal eyleyebilir. Allah'a daha çok dayanıp güvenmem gerektiğini fark ettim.

Geleceğin belirsizliği, kimliğin kararsızlığında kök salar. Gerçek benliğimle barışmam lazım. Yoksa, geleceğin kaygıları hiçbir zaman bitmez. Kaygı, zihnin görünmeyen düşmanlar üretmesidir. Evet bu önemli. Olaylara, olduğundan farklı anlamlar yükleyerek dramatize etmeyi bırakmam lazım. Yaşananlara doğru anlamlar yüklemeliyim.

Kaygı, geleceği kontrol etme çabasının yorgunluğudur. Bunu kesinlikle bırakmam lazım. Yarın gelmedi, dün geçti gitti; bu ana odaklanmalıyım.

Kaygı, dünya yükünü tek başına taşımaya çalışanın yorgunluğudur. Farkındalığımın en fazla arttığı alanlardan biri bu oldu. Tevekkül konusu üzerine, daha ciddi çalışmam lazım.

Kaygı, kalbin Allah'tan başkasına eğilmesidir. Dön O'na, O yeter. İşte işin özeti tam da bu."

"Ne çok şifre öğrendim! Öğrendiğim en önemli öğretilerden biri de şu

İlk Kapı: Ben Kimim?

oldu: Evet, benim kaygılarım var ve bunlar realite. Kaygının oluşmasına sebep olan etkenleri tespit edip, bu duyguyu beni güçlendiren bir vasıta hâline getirebilirim. Kaygıdan korkmak yerine, onunla yüzleşip onu transform edebilir ve daha hikmetli biri olabilirim." dedi.

Odasına girdi. Kapıyı sessizce kapattı. Koltuğa yavaşça oturdu. İçten bir *"Ohhh Elhamdülillah!"* dedi. Hayat kalitesini düşüren bir duyguyu, nasıl yöneteceği konusunda, çok ciddi çözümler bulmuştu. Başını arkaya yasladı. İçinden konuşmaya başladı:

"Bugün öğrendiğim en büyük şey şu oldu: Kaygının ilacı; bilgi değil, güvenmiş. Her bilgi beni biraz daha boğarken, her güven cümlesi beni rahatlattı. Freud, bana geçmişin gölgelerini gösterdi. Adler içimdeki değersizlik çığlığına ayna tuttu. Jung, karanlığımı sahiplenmemi istedi. Bediüzzaman, bana Kâinatın Sahibi'ni tanıtırken, kaygının yersizliğini gösterdi. Erikson, kimlik sancılarımın normal olduğunu söyledi. Beck, düşüncelerimin hükmünü hatırlattı. Brown umut öğretti. Yusuf Kandehlevî, ashabı hatırlattı. İbn Arabî, varlığı aşmamı; Abdülkadir Geylânî de teslim olmamı fısıldadı."

Başını kaldırdı. Pencereden bakan gözleri, geceye değil, içe dönüktü artık. Kendisine sordu:

"Ben gerçekten her şeyi kontrol etmek zorunda mıyım? Her şeyin sahibi O ve ben sadece bir yolcuyum. O zaman neden bu kadar korkuyorum, neden bu kadar yoruluyorum?"

İçinden bir cevap geldi: "Çünkü, kaygının seni yönetmesine izin veriyorsun. O duygunun iç dünyada hakimiyet kurmasına izin veriyorsun."

Yolcu, bu düşünce karşısında, kaşlarını çattı. Oturduğu yerden doğruldu, kendini toparlayıp *"Ama buna izin vermeyeceğim!"* dedi. Ve devam etti: *"Kaygı beni değil, ben o duyguyu yöneteceğim. Onu nasıl transform edeceğimi öğrendim, kontrolü bırakmayacağım."*

İç dünyasındaki negatiflik, kendi kendine bu müdahalesi sonucu

Duygular Evreni – Yolcu

dağılmıştı. Tekrar koltuğa yaslandı. Kısa bir sessizlik oldu. Bir müddet sonra, yavaşça ayağa kalktı. Dizlerinde biraz ağrı, sırtında biraz yorgunluk; ama kalbinde bir hafiflik vardı artık.

Gece lambasını açmadı. Yatağına doğru giderken, kendi kendine mırıldandı: *"Yarın neyle karşılaşacağımı bilmiyorum. Ama artık, her duygumla konuşmayı öğreniyorum. Ve biliyorum ki, onlar da bana bir şey öğretmek istiyor."*

Gözlerini kapattı ve çok kısa bir süre sonra, hiç kaygı hissetmeden uykuya daldı.

4. Durak- Ümitsizlik

Yolcu, o sabah her zamankinden daha geç uyandı. Gözlerini açtı, ama kalkmadı. Bir süre tavana baktı. Sanki gece biri gelip ümitlerini toplayıp gitmişti.

Oda hâlâ aynıydı: Duvarlar sade, raflar sessiz... Cam kenarında duran su bardağına bile dokunulmamıştı. Bir şey eksikti sanki.

Kendi kendine fısıldadı:

"Dün ne güzel bir gündü... Kendimi buldum sanmıştım. Neden bugün hiçbir şey hissetmiyorum?
Neden bu sabah bana yük gibi geliyor? Ne oluyor gene ya? Kaygı konusu ile ilgili bayağı bir şifre var elimde, ama neden bu sabah enteresan, negatif bir modum var."

Ayağa kalkmakta zorlandı. Sırtı kambur, omuzları düşük, adımları ağırdı. Dün kendine verdiği sözleri hatırladı, ama o sözlerin sesi boğuk geliyordu artık. Yavaşça aynanın karşısına geçti. Kendi yüzüne baktı ve şöyle dedi:

"Bugünkü derdim bu: Ümitsizlik... Her şeyi bildiğim hâlde, hiçbir şey hissedememek.
Gözüm açık, ama yön yok. Kalbim atıyor, ama sebep yok. Bir anda direncim düşüyor. Bu hâlim beni çok rahatsız ediyor. Mesafe alıyorum, öğreniyorum; ama bu iç enerjimi stabil bir biçimde devam ettirebilmem lazım. Hayret bir şey ya...Bu meseleyi benim çok net çözmem lazım. Belki de bugün, ümit nedir onu yeniden sormalıyım."

Derin bir nefes aldı. *"Acaba beni çağırmaları çok uzun sürecek mi?"* diye mırıldandı.

Duygular Evreni – Yolcu

Enerjisinin düşüklüğü, Yolcu'yu rahatsız ediyordu. Kendi kendine *"İnşallah çok uzun sürmez."* dedi.

Kıyafetini giydi, kahvaltısını yaptı. Kahvaltıdan sonra da bol bol yürüdü. İç dünyasındaki pozitifliği artırmak için kendi kendine müdahaleler yaptı. Eskisine göre çok daha dirençliydi, ama istediği seviyede görmüyordu kendini.

O gün, öğleden sonra yürüyüş yaparken davetçi ile karşılaştı. Davetçi tebessüm ederek "Hazır ol, yarın seni çağıracaklar." dedi. Bir anda modu değişmişti. *"Ohhh bee! Elhamdülillah."* dedi. Çok geçe kalmadan erkenden uyudu.

Sabah aynı saatte uyanmıştı. Bilgelerle görüşecek olmanın beklentisi, iç dünyasındaki negatifliği gidermişti. *"Bilgeler tarafından çağrılacak olman, neden iç dünyanı bu kadar değiştirdi? Ümit duygun daha mı ağır bastı? İlla bir şey mi olması lazım içindeki negatiflikten kurtulman için? Kendi kendine duygularını kontrol etmeyi öğrenmen lazım ey Yolcu!"* diye kendini eleştirdi.

"Sakın tekrar negatife düşme! Bu balansı nasıl sağlayacağını bugün öğreneceksin." dedi.

Bu iç konuşmaları yaparken kapısı çaldı. Haberci, her zamanki vakur duruşu ve tok sesi ile "Seni bekliyorlar, hadi gidelim." dedi.

Beraberce yürüdüler. Binanın içine girdiler. Yolcu, her zaman oturduğu koltuğa oturdu ve bilgeler tarafından çağrılmayı beklemeye başladı.

1. Kat- İmam Gazâlî

Gazâlî onu bekliyordu. Yolcu, içeri girer girmez konuşmaya başladı:

"Ümitsizlik... Bugün, içimde bu var. Bazen, bir şeyi iyi bilsem de yol alamıyorum. Bir boşluk, bir 'olmayacak' hissi, içimi kemiriyor."

İlk Kapı: Ben Kimim?

Gazâlî gözlerini hafifçe kıstı, başını eğdi ve Yolcu'ya bakarak şöyle dedi:

"Ümitsizlik, kalbin tutuklu kalmasıdır. Allah'a açılan yollar çoktur, ama kalp daraldığında, o yollar kapanmış sanılır.

Ben derim ki: Ümitsizlik, şeytanın en büyük vesvesesidir. Çünkü o bilir ki, kul Rab'bine yönelirse her şey değişir. Bu yüzden ilk hedefi, senin ümide olan bağını koparmaktır.

İnsan bazen ilmi bilir, nasihati duyar; ama içinde ateş yoktur. İşte o zaman; dua susar, kalp küser, gönül kapanır.

O hâlde ne yapmalı? Önce kendi aczini görmeli. Çünkü aczini gören kişi, kudreti hatırlar.
Gücünün yetmediğini kabul eden, Allah'ın yardımını çağırır.

Ümitsizlikte gizli bir kibir vardır; 'Ben yapamadım, demek ki kimse yapamaz.' gibi. Hâlbuki sen yapamazsın, ama Rab'bin yapar. Sen değiştiremezsin, ama O dilerse her şey değişir."

Yolcu, "Ümitsizlikte gizli bir kibir vardır." söylemi karşısında çok ciddi irkilmişti. Kendi kendine *"Hiç böyle bakmamıştım. Evet, gerçekten de 'Ben her şeyi yaparım.' diye düşünen kişinin kibre düşme ihtimali yüksektir. 'Ben hiçbir şey yapamam.' diyen kişi de bütün güç ve kuvveti kendinde görmüş olur. Aslında her iki karakter de birbirine çok benziyor. Biri, kendi gücü ile 'Yaparım.' diyor. Biri de 'Benim gücüm yok, ben yapamam.' diyor. Oysa 'Allah'ın güç ve kuvvet vermesi ile, her şeyi yapabilirim.' demek sağlıklı olan düşünce."* dedi.

"Ben İhyâ'da derim ki: Kalp sıkışırsa, önce tövbe et. Sonra sus. Sonra tekrar dua et.

Çünkü dua, karanlıkta kalan bir kapıdır. Belki hemen açılmaz, ama bekleyen içeri alınır.

Sen yeter ki bekle. Yeter ki ümitle bekle. Allah, kendisine yönelen kulun yüreğini asla cevapsız bırakmaz. Yeter ki, o cevap senin istediğin şekil olmasa da, duanı duyan olduğunu bil.

Ümitsizlik sana bir şey öğretmek için geldi: Senin iraden sınırlı, ama Rab'binin rahmeti sınırsız.

Bugün ağlıyor olabilirsin; fakat dökülen gözyaşları, toprağı yumuşatır. Ve oraya düşen tohum, sabırla yeşerir.

Unutma, kulun işi sabırdır; netice Allah'ındır. Ümitsizliği bırak; onu besleme. Onu dillendirme.

Onu sahiplenme. Çünkü senin sahibin Allah'tır ve O (C.C.), seni asla terk etmez."

Yolcu sessizdi. Sanki içindeki ilk karanlık parça yerinden oynamıştı. İlk defa, ümitsizliğin; aslında insanı kibre yöneltebilecek kadar tehlikeli bir his olduğunu keşfetmişti. Ümitsizlik konusunu çözmek artık daha hayatiydi onun için. *"Ne yapabilirim acaba?"* diye düşünürken, bir anda aklına *"Allah beni seviyor; beni imtihan eder, ama asla ihmal etmez."* düşüncesi, ümitsizliğe panzehir olabilecek bir şifre gibi gelivermişti. Derin bir nefes aldı. Biraz rahatlamıştı.

Teşekkür etti ve ikinci kata doğru yürüdü...

Yolcu, Gazâlî'nin sözlerinden sonra, omzundaki yükün biraz azaldığını hissetmişti. Ama yine de merdivenleri çıkarken, adımlarında bir ağırlık vardı. Ümitsizliğe karşı galip gelmek, zaman ve çaba isteyen bir konu idi. Çünkü akıl, ümide susamış olsa da; bilinçaltının hâla karanlıklarda kıvranma potansiyeli vardı. Ama Yolcunun keşfetmiş olduğu şifre ona bu yolculukta çok yardım edecek gibi duruyordu.

2. Kat- Sigmund Freud

Kapı yavaşça açıldı. İçeri adım atan Yolcu'yu, Freud dikkatle gözlemledi. Gözlüklerinin ardından, sanki ruhunun en kuytularına bakar gibiydi. Ceketinin önü ilikli, odası sade, ama düzenliydi.

İlk Kapı: Ben Kimim?

Sakin bir sesle: "Tekrar hoş geldin. Bugün seninle hangi duyguyu analiz edeceğiz?" dedi.

Yolcu sessizce cevap verdi: *"Ümitsizlik..."*

"Bazen içimde bir çöküş, bir boşluk, bir 'Ne yapsam olmayacak.' hissi oluşuyor. Düşüncelerim ağırlaşıyor, ümidim silikleşiyor, geleceğim bir anda bulanıklaşıyor."

Freud bir an durdu. Sonra koltuğa oturdu ve eliyle bir koltuğu işaret etti. Yolcu, işaret edilen yere oturdu. Ve Freud, gözlerini Yolcu'ya sabitleyerek konuşmaya başladı:

"Ümitsizlik, bastırılmış arzuların, çözülememiş çatışmaların ve geçmişte donmuş duyguların sesidir. Sen bugün 'olmayacak' diyorsun, ama aslında 'olmamış' olanların yasını tutuyorsun.

Sende ümit ölmedi, sadece derinlere gömüldü. Bilinçaltında; yıllardır bastırdığın acılar, başarısızlık korkuları, değersizlik hissi, sevgisizlik yaraları var. Ve şimdi onlar, senin bugünkü karanlığının aktörleri. Ümitsizlik dediğin şey, aslında geçmişte çözülmemiş çatışmaların bugünkü yankısıdır.

Bir çocuk düşün; sevilmemiş, görülmemiş, başarılı olunca onaylanmamış... O çocuk büyür. Ve o büyürken, içindeki değersizlik hissi de büyümeye devam eder. Sonunda bir gün, bir olay olur... İşte o zaman içindeki çocuk konuşur: 'Yine başaramadın.' İşte ümitsizlik, o çocuğun sesi olabilir.

Yahut bir baba, sürekli eleştiren bir anne, hiç dinlemeyen bir çevre... Bilinç düzeyinde unutursun, ama bilinçaltında yaşatmaya devam edersin.

Bastırılan her duygu, dönüşerek geri döner. Ümitsizlik, senin içinde çözülmemiş yasların, bastırılmış öfkelerin, eksik onayların bir toplamıdır. Bu duyguyu derin analizlerle çözebilirsin.

Düşün: Hangi anda bu karanlık başladı? Hangi olay sana, 'Artık

Duygular Evreni – Yolcu

olmayacak.' dedirtti? Hangi yüz, hangi söz, hangi sessizlik içini susturdu?

Psikanaliz, bu yolları geriye doğru izlemeyi gerektirir. Çünkü ümitsizlik, çoğu zaman geleceğe değil, geçmişte yaşanan ve yaşanmayanlara yönelik bir suçlamadır. Ve bazen o suçlamanın hedefi, sen olursun.

Kendini cezalandırıyor olabilirsin. Kendini bilinçsizce sabote ediyor, ümit etmeye hakkın olmadığını düşünüyor olabilirsin. Çünkü geçmişte bir yerlerde, senin ümit ettiğin şey gerçekleşmedi ve bilinçaltın şöyle dedi: 'Bir daha ümit etme, acı çekersin.'

Bu yüzden, bugün ruhun korunmaya geçmiş olabilir. Ama bilmelisin ki korunmak, aynı zamanda yaşamamaktır.

Ümitsizlikten çıkmak istiyorsan, önce bastırılmış korkularınla yüzleşmelisin. Korkuların kökünü görmeden, güven duygusunu inşa edemezsin. Geçmişte seni kim susturduysa, bugün o sesi tanı. O korkuyu adlandır. Çünkü adlandırılan şey, zayıflar. Bilinçaltına bastırdığın her duyguyu çıkar, bak ve konuş. En karanlık acılar bile, konuşulunca zayıflar.

Ümitsizlik, suskunlukta büyür ve sen onu dillendirdiğinde, çözülmeye başlar. Bugün 'Ümit yok.' diyorsun ama, belki de ilk kez gerçeğe bu kadar yaklaşıyorsun."

Yolcu gözlerini yere indirdi. Duyguları darmadağındı, fakat içine bir huzur sızıyordu sanki.
Biri gelip geçmişini sessizce okşamış gibiydi. Yavaşça başını kaldırdı, Freud'un gözlerine baktı ve *"Teşekkür ederim."* dedi sadece. Kapıdan çıktı. Adımları ağır, ama bu sefer daha bilinçliydi. Yönünü üçüncü kata çevirdi.

3. Kat- Alfred Adler

Yolcu merdivenleri ağır adımlarla çıktı. İçinde hâla bir kararsızlık

İlk Kapı: Ben Kimim?

vardı. Derin bir iç çekişle mırıldandı: *"Ya hepsi doğruysa, ama ben yine de yapamazsam?"*

Kapının önünde durdu. Kapı kendiliğinden açılmıştı. İçeriden dengeli, ölçülü bir o kadar da canlı bir ses duyuldu: "Tekrardan hoş geldin Yolcu. Gelişin, yolculuğunun sürmekte olduğunu gösteriyor. Bugün seninle hangi duygunu konuşacağız?"

Adler gösterişsiz, ama huzurlu ofisinde bir sandalyede oturuyordu. Yolcu'ya baktı.

Yolcu derin bir nefes aldı ve şöyle dedi:

"Ümitsizlik... En son görüşmemizde çok şey öğrendim. Bugün adım attım, ama hâlâ bir yerde bir boşluk var. Hâlâ 'Bunun bir anlamı var mı?' sorusu içimi kemiriyor."

Adler başını hafifçe salladı. Parmak uçlarını birleştirmişti, gözlerini Yolcu'ya sabitleyip konuşmaya başladı:

"Ümitsizlik, insanın kendisini hayatın dışında hissetmesidir. Çünkü insan varlık olarak aidiyete, katkıya ve anlamlı bir yere ihtiyaç duyar.

Birey, toplumsal bir varlıktır. Yani senin varoluşun yalnızca seninle ilgili değil, sen bir 'biz'in parçasısın.

Ümitsizlik, bu bağın koptuğu yerde başlar. Kişi 'Ben bu dünyada bir işe yaramıyorum.' diye düşündüğünde, ümidi de çekilir gider. Düşünsene; bir orkestra var, ama senin çalacağın hiçbir nota yokmuş gibi hissediyorsun. Hâlbuki senin melodin olmadan, belki de o beste tamamlanamayacak.

Adler'in bu örneği, Yolcu'nun çok hoşuna gitmişti. Gözlerinin içine dikkatlice bakarak, tebessüm edip başını salladı.

Ümitsizlik, çoğunlukla hedef eksikliğinden beslenir. Hedefi olmayan biri, yönsüzdür. Yönsüz biri, karanlığa mahkûmdur. Amaç duygusu, insanın ruhsal omurgası gibidir. Bu yüzden ben danışanlarıma daima

Duygular Evreni – Yolcu

sorarım: 'Sen kime, neye katkı sunuyorsun?'

İnsan, sadece kendisi için yaşadığında daralır. Kendini yalnızca bir birey olarak görürsen, hayat çok ağır gelir. Ama bir topluluğun, insanlığın parçası olarak bakarsan, yük bölüşülür.

Ümitsizlik, çoğu zaman 'Ben önemli değilim.' inancının sonucudur. Bu yüzden çözüm, anlamlı katkılar üretmektir. Bugün bir çocuğa iyilik yapman, yarın senin ruhunu ayağa kaldırabilir. Bir yaşlıyı dinlemen, içindeki yalnızlığı susturabilir.

Toplumsal ilgi, ruhun gıdasıdır. Ve şunu bil: Kendini zayıf hissetmen, değersiz olduğun anlamına gelmez. Aksine; zayıflığını fark eden kişi, güç inşa edebilir. Ben buna 'aşağılık duygusu'ndan yola çıkarak 'üstünlük çabası' derim. Amaç; üstün olmak değil, gelişmek, iyileşmek, katkı sunmak."

Yolcu, Adler'in söyledikleri karşısında âdeta mest olmuştu. Nefesini tutarak konsantre bir biçimde dinliyordu.

"Ümitsizliği aşmak istiyorsan, kendine şu soruyu sor: 'Ben neye fayda sunmak istiyorum?' Bu soru, sana yön verecek. Ve unutma: Bir amaç varsa, bir yol da vardır.

Yürümek için tüm karanlığı aydınlatmana gerek yok; bir adım yeter. O adım, seni başka insanlarla bağ kurmaya götürür ve o bağ, seni yeniden hayata bağlar.

Ümitsizlik sana 'Sen yetersizsin.' der. Ama ben sana diyorum ki: Sen, yeterlisin, bir yere lazımsın. Ve o yer, seni bekliyor."

Yolcu bu sözlerin ardından bir an sessiz kalıp düşündü: *"Ben gerçekten nereye lazımdım? Ne katkı sağlamıştım?"*

"İşte, iç dünyamdaki ümitsizliğe çözüm olacak çok önemli şifreler bunlar. Benim hayat amacım: Katkı sağlamak. İhtiyacı olan birine yardım etmek, hayvanlara, doğaya yani kısacası her şeye katkı sağlayabilmek. Bunun, ne olduğu önemli değil. Bu, iç dünyamdaki yaşama

İlk Kapı: Ben Kimim?

sevincimin motoru âdeta. Hayat amacımı, hayatımın her alanına uygulamam gerekiyor. Bunu yaparsam, ümitsiz olmaya vaktim bile kalmaz. Ey Yolcu! O kadar katkı sağla ki, ümitsizliğe düşmeye vaktin kalmasın!"

Enerjisi değişmişti. Adler'in gözlerini içine bakıp *"Efendim çok teşekkür ederim. Gerçekten muhteşem şeyler öğrendim. Çok teşekkür ederim."* dedi.

Daha sonra, dördüncü kata gitmek için odadan ayrıldı. Artık, ümitsizliğe karşı bakışı değişmeye ve o duygu ile mücadele edecek şifrelerin farkına varmaya başlamıştı.

4. Kat- Carl Gustav Jung

Yolcu ağır, ama emin adımlarla dördüncü kata doğru ilerledi. Merdivenlerin ucundaki, kapısı kapalı odadan, sanki bilinç dışının kendisi fısıldıyordu. Kapının kulpunu tuttuğu an, içeriye doğru bir çekilme hissi yaşadı. Sanki sadece bedeni değil; geçmişi, rüyaları ve gölgeleri de içeri çekiliyordu.

Kapı açıldı. Tam karşıda, derin bakışlarıyla Carl Gustav Jung oturuyordu. Yolcu'ya baktı, sanki içini görüyor gibiydi. "Hoş geldin Yolcu. Yorgun görünüyorsun. Kafanı ne meşgul ediyor?" dedi.

Yolcu kısa bir bir an duraksadı. Sonra kendiliğinden kelimeler dudaklarından dökülüverdi:

"Ümitsizlik... Kendimi boşlukta gibi hissediyorum. Sanki hiçbir şeyin anlamı yokmuş gibi. Yolumu kaybetmiş gibiyim."

Jung, başını salladı. Eline bir kalem aldı, ama hiçbir yere bir şey yazmadı. Gözlerini kapatıp, birkaç saniye bekledi. Ardından, gözlerini aaçıp konuşmaya başladı:

"Ümitsizlik, bilincin gölgeyle temas anıdır. Ve gölge, senin karanlık yönlerin değildir yalnızca, tanımadığın taraflarındır. İçinde;

bilmediğin bir 'ben' var ve o, şimdi konuşmaya çalışıyor.

Ümitsizlik, ruhun kendini yenilemeden önceki çığlığıdır. Benim öğretim, bireyin bütünleşmesini savunur ve bütünleşme, karanlıkla yüzleşmeden olmaz.

Sen şimdi, o yüzleşme noktasındasın. Gölgen seni çağırıyor. Ve sen; eğer ondan kaçarsan, bu çöküş döngüsü tekrar eder. Ama eğer ona bakarsan, bir dönüşüm başlar.

Ümitsizlik sana şunu sorar: 'Gerçekten kim olduğunu biliyor musun?'

Ruh, anlam arar. Anlam bulamayınca çatlar ve çatlağın içinden ya ışık sızar ya karanlık çöker. Bu sana bağlı. Anlam, dışarıda değil; içeride inşa edilir."

Yolcu kendi kendine fısıldadı: *"Anlam; dışarıda değil, içeride inşa edilir."* Bu öğreti çok hoşuna gitmişti.

"İçindeki çocuk, arketipler, rüyalarında beliren imgeler, bastırılmış arzuların... Hepsi bir bütün oluşturur. İnsan bunların çoğunu susturur. Ama şimdi onlar konuşmak istiyor.

Ümitsizlik, bastırılmış benliğinin feryadıdır. 'Beni gör!' diye bağırır. Maskelerle yaşadığında, gerçek sen acı çeker. Ben sana şunu söylüyorum: Maskeni çıkar. Yüzleş. Karanlık yönlerini inkâr etme. Onları tanı, anla, dönüştür. Çünkü karanlık yönlerin; seni yıkmak için değil, seni tamamlamak için var.

Unutma: Gölgeyi kabul etmeyen kişi, gölgenin esiri olur. Fakat gölgesiyle dost olan kişi, kendini aşar. Anlam yoksa, ümit de yoktur. Bu yüzden, senin bugün en önemli görevin, hayatına bir anlam vermek. Ve bu anlam, yalnızca senin içinden çıkabilir. Başkaları sana amaç veremez. Onu sadece sen inşa edebilirsin.

Ve o anlam bulunduğunda, ümitsizlik kendi kendine erir. Çünkü artık yön vardır. Işık vardır. Ve ışık, karanlığı aydınlatır."

İlk Kapı: Ben Kimim?

Yolcu kendi kendine mırıldandı: *"Hayatına anlam vermek, hayatta bir amacının olması; ümitsizliği eritir. Sanki bütün şifre burada yatıyor. İnsanın bir hayat amacı olmalı. Adler de bundan bahsetmişti. Hayat amacın varsa, sabah seni yataktan motive bir biçimde kaldıracak bir iç dinamizmin var demektir."*

Jung'un sözleri karşısında içine dönmek ister gibi gözlerini kapattı. Karanlık yönlerini birer birer düşünmeye başladı: Kaçtıkları, görmezden geldikleri, bastırdıkları...

Ve sonra içinden bir cümle yükseldi:

"Kendimden korkmamayı öğrenmem gerek." Gözlerini açtı.

Jung ona bakıyordu, sessizce başını salladı. Yolcu, ayağa kalkıp teşekkür etti ve odadan ayrıldı.

5. Kat- Bediüzzaman Said Nursî

Yolcu beşinci kata doğru yaklaşırken; attığı her adımda, kalbinin derinliklerine işleyen bir titreşim hissediyordu. Sanki bu kat, bir dua gibi fısıldıyordu. Söz değil, mânâ yükseliyordu duvarlardan. Cümleler değil, varlığın özü konuşuluyordu âdeta.

Kapı açıldı. İçeriden sıcak, ama vakarlı bir ses duyuldu:

"Tekrardan hoş geldin aziz kardeşim. İnsanın yolculuğuna devam etmesi, hâlâ bir cevabın olduğunu gösterir. Seni dinliyorum." dedi Said Nursî.

Yolcu, Üstad'a doğru birkaç adım yaklaştı ve konuşmaya başladı:

"Ümitsizlik... Kalbimi sıkıştıran bir yokluk hissi var. Bazen, her şey anlamını kaybediyor. Dualarım da niyetlerim de yorgun gibi geliyor. Bazen, sanki Allah da beni terk etmiş gibi hisler geliyor içime."

Sözlerinin sonunda gözleri dolmuştu. Nursî'nin yüzünde hüzün değil, tanıdık bir merhamet vardı. Başını hafifçe öne eğerek konuşmaya başladı:

"Kardeşim, bu çağın en büyük hastalıklarından biri: Ye's, yani ümitsizliktir. O, mânevî bir kanserdir. Kalbi içeriden çürütür, insanı pasifleştirir.

İnsan, ümidini kaybedince dua etmeyi bırakır. Dua susunca, rahmetin kapıları da ona göre kapanır.
Ama bil ki Allah, senin en karanlık anında bile, seni terk etmez. Hatta o karanlık anlar, O'na en yakın olduğun anlardır. Çünkü kulun en çok dua ettiği, en çok sarıldığı an; en çok acı çektiği andır.

O yüzden ben derim ki: Ye'se düşme, meyus olma. Çünkü rahmet, gazabın önündedir. Ve senin aczini görmek, O'nun kudretini harekete geçirir.

Ümitsizlik şeytandan gelir. Şeytan sana 'Artık Allah seni dinlemiyor.' der, ama bu bir yalandır. Çünkü senin sesin; Allah'a ulaşmadan önce, kalbini terk etmez. Ve o kalpte, O'nun bir ismi vardır: Rezzâk, Rahîm, Vedûd...

Bak, Risale-i Nur'da ne diyorum: 'Kışta gelen bir fırtına, baharı iptal etmez.'

Bugün, ruhunda bir fırtına olabilir; ama bahar da gelecektir. Sen sabret.

Sabır, pasiflik değildir. Sabır; inatla ümide tutunmaktır. Her anın bir kaderi, her gecenin bir sabahı vardır. Ümitsizlik, Allah'ın rahmetini küçük görmektir. Oysa Allah'ın rahmeti, senin bütün günahlarından büyüktür. Bu yüzden en karanlık anında bile 'Ya Rab!' de. Çünkü bir 'Ya Rab!', bazen bin karanlığı aydınlatır.

Gençlik, hastalık, fakirlik... Hepsi birer imtihan ve aynı zamanda birer tevcihtir. Seni dünyadan koparıp, Allah'a yaklaştıran her şey nimettir. Yeter ki sen O'nu unutma.

İlk Kapı: Ben Kimim?

Bak, insanlığın hâline de üzülüyorsun değil mi? Ben de çok üzüldüm. Fakat, 'Ümitsizliğe düşmek, mânevî bir cinayettir.' dedim. Çünkü ümidi tükenen, hareketsiz kalır.

Yaşadığın her acıda 'Ne için?' değil, 'Ne ile?' sorusunu sor. Çünkü Allah, acıyı değil; senin cevabını izler.

Ümit, sadece bir duygusal durum değil, imanî bir duruştur. Sen Allah'a inandığını söylüyorsan, O'nun rahmetinden de ümit kesemezsin. Ve unutma evlat; iman hem nurdur hem kuvvettir. O'nu hakkıyla taşıyan kişi, en derin karanlıkta bile yol bulur."

Yolcu'nun gözleri doldu, içinde çok ciddi bir aydınlanma yaşıyordu. Kalbindeki yük, sanki mânâya dönüşmeye başlamıştı. Dilinden istem dışı bir dua döküldü:

"Ya Rab! Sen ki sonsuzsun, ben ki noktayım... Sen, o noktayı da seviyorsun."

Başını eğdi, saygı ile Said Nursî'nin gözlerinin içine baktı: *"Efendim, çok teşekkür ederim. Bana hakikatimi hatırlattınız: Allah'a iman eden, ümitsiz olmaz. Bunu bilmek, ne kadar da güzel bir şey. Size çok teşekkür ederim."* dedi ve izin isteyip huzurdan ayrıldı.

6. Kat- Erik Erikson

Altıncı kata çıktığında, Yolcu'yu bir duvar yazısı karşıladı:

"İnsan hayatı, bir gelişim yolculuğudur. Her durak, bir sınav ve her sınav, bir yapıtaşıdır."

Ardına kadar açık kapıdan bakınca; modern, ama sade döşenmiş bir ofis görünüyordu. Pencereden giren ışık, geometrik desenlerle zemine düşüyordu. Burası sanki, hem psikolojik bir gelişim laboratuvarı, hem de bir iç gözlem mekânı gibiydi. Erikson koltuğuna yaslanmış, not defterine bir şeyler karalıyordu. Başını kaldırıp Yolcu'ya baktı ve tebessüm etti:

Duygular Evreni – Yolcu

"Tekrardan hoş geldin. Demek, bugünkü yolculuk da başlamış. Bugün hangi duygu geldi seninle birlikte?" dedi.

Yolcu, Erikson'un gözlerinin içine bakarak cevap verdi:

"Ümitsizlik... Sanki yolun ortasında kaldım. Ne çocukluğun güveni var içimde, ne de yaşlılığın bilge huzuru. Yetişkinliğim, bir kararsızlık tarlasında bekliyor gibi."

Erikson gözlüğünü düzeltti, elindeki kalemi defterin üzerine bıraktı ve sakin bir ses tonuyla konuşmaya başladı:

"İnsanın yaşamı sekiz ana psikososyal evreden geçer. Her evre, bir kriz içerir. Bu krizler, gelişmek için fırsattır; ama çözülemezse, iç çatışmaya dönüşür. Senin şu an yaşadığın şey, aslında o krizlerin iç içe geçmiş bir yankısıdır.

Çocuklukta güven gelişmemişse, yetişkinlikte kaygı artar. Ergenlikte kimlik oluşturulmamışsa, yetişkinlikte rol karmaşası doğar. Bu roller bulanıklaştığında, insanın geleceğe dair ümidi olmaz.

Ümitsizlik bu noktada ortaya çıkar. Çünkü kimlik parçalanırsa, hedef de parçalanır. İçindeki 'Ben kimim?' sorusu cevaplanmadığında, 'Ben ne yapacağım?' sorusu da cevapsız kalır.

Teorime göre: İnsan, her evrede ya büyür ya da kırılır. Fakat kırıldığı yerde, büyüme ihtimali de saklıdır. Senin bugünkü çöküşün, aslında ruhsal bir yeniden yapılanma ihtiyacının işareti.

Ümitsizlik bir son değil, yeniden doğuş sancısıdır. 'Yapamıyorum' dediğin yerde, aslında yeni bir yapı oluşmak üzeredir. Ve senin görevin, o sancıya sabırla eşlik etmektir.

Unutma! İnsan, yalnızca geçmişine değil, geleceğine de borçludur. Gelecekteki sen, bugünkü sabrını bekliyor. Ümitsizlik, bu bekleyişi unutmaktır."

Erikson'un bu söylediği Yolcu'ya çok orijinal gelmişti. *"Gelecekteki*

İlk Kapı: Ben Kimim?

bene borçluyum. Bugün gelişmek için, zorluklara sabretmem gerekir ki gelecekteki ben, daha hikmetli bir olsun. Ve ümitsizlik, buna zarar veren en önemli duygulardan." diye düşündü.

"Benim için ümit, sadece güzel bir his değildir; o, gelişimin devam ettiğini kabullenmektir. Hayatın hiçbir aşamasında, gelişim sona ermez. Kırk, elli, hatta yetmiş yaşında bile; yeni bir kişilik katmanı inşa edilebilir.

Kişi, geçmiş evrelerdeki yarım kalmış işlerini tamamlamadan huzura eremez. Senin bugünkü ümitsizliğin, belki de çocukluğundaki ihmalin, ergenliğindeki değersizlik hissinin bir yankısı. Belki de hiç büyütülmemiş bir hayalin, kabullenilmemiş bir kırılmanın tortusu...

Ancak unutma: Her gelişim evresi, geriye dönük bir şifa da taşır. Bunun için, kendinle yeniden tanış. Geçmişteki küçük seni dinle. Ve ona de ki: 'Ben seni büyüteceğim.' Çünkü senin bugünkü ümidin, geçmişteki çocuğun güven duymasıyla başlar.

Bazen geleceğe ait bir vizyon, geçmişe ait bir kabulden doğar. Bugün hâlâ yolun varsa, hâlâ ümit de var demektir.

Ümitsizliği aşmanın yolu, gelişimin hiç bitmediğini kabul etmektir. Gelişimin özü ise şudur: 'Ben bugün de biraz daha kendi öz benliğini keşfeden ben olabilirim.'"

Yolcu derin bir nefes aldı. Sanki içindeki çocukla kısa bir bakışma yaşamıştı. Kendinde ilk defa, "Büyüyebilirim." deme cesaretini hissetti. Kendi kendine fısıldadı: *"Demek ki ümit; zamanla değil, yönle ilgiliymiş..."*

Duydukları çok hoşuna gitmişti. Başını eğerek Erikson'a teşekkür etti ve odadan ayrıldı.

Yedinci kata doğru ilerlerken, adımları artık sadece bugünün değil, sanki geçmişin ve geleceğin toplamı gibiydi.

7. Kat- Aaron Beck

Merdivenleri çıkarken, içindeki düşüncelerle sessiz bir kavgaya tutuşmuş gibiydi:

"Yine olmayacak... Zaten hep yarım kalıyor... Baksana, yine hayal kurdum, yine boşluk..."

Aslında bu sesler, Yolcu'nun kendi sesi değildi; ama öylesine yakındı ki, sanki ona aitmiş gibi geliyordu.

Tam bu karmaşanın ortasında, kapı açıldı. İçerisi, âdeta bir klinik havasındaydı. Raflarda "Cognitive Therapy", "Depression", "Prisoners of Hate" gibi kitaplar dizili, duvarda ise bir yazı asılıydı:

"Düşünceler, hisleri; hisler de eylemleri doğurur."

Kapıda sade giyimi, nazik, ama dikkatli tavrıyla Aaron Beck duruyordu. Yolcu'yu içeri davet edip gülümseyerek sordu: "Tekrardan hoş geldin. Bugün zihnin sana ne fısıldıyor?"

Yolcu, kısa bir tereddüdün ardından konuşmaya başladı:

"Ümitsizlik... Ama bu kez içimde değil, kafamın içinde konuşuyor sanki. Durmadan, 'Yapamazsın. Sen zaten hep böylesin. Boşuna uğraşıyorsun.' diyor. Ve sanırım, bazen ben de o sesin etkisi altında kalıyorum."

Beck hafifçe başını salladı. Yolcu'nun gözlerinin içine bakarak anlatmaya başladı:

"Ümitsizlik, bir düşünce biçimidir. Ve çoğu zaman gerçekle ilgisi yoktur. Ona biz, 'bilişsel çarpıtmalar' deriz. Yani zihin, olayları olduğu gibi değil; bozulmuş bir mercekten görür.

Senin şu an duyduğun o iç sesler; senin gerçeğin değil, yorumun. Ve yorumlar, sorgulanmadığında inanca dönüşür.

İlk Kapı: Ben Kimim?

Depresif bireylerde en sık gördüğüm şey, otomatik olumsuz düşüncelerdir: 'Ben değersizim. Gelecek karanlık. Her şey boşa. Kimse beni sevmez.'

Bu cümleler senin hakikatin değil, zihninin filtresidir ve o filtreyi kim yerleştirdi, biliyor musun?
Ya geçmişteki travmalar, ya da içselleştirdiğin yanlış inançlar.

Düşünceler sorgulanmadığında, seni esir alır. Ümitsizlik, seni esir alan o düşüncenin adıdır. Ama çözüm de yine düşüncededir.

Yolcu kendi kendine *"Muhteşem yaaa!"* dedi. *"Demek ki her düşünceyi, duyguya dönüştürmemeliyim. Bu proseste, bir filtreye ihtiyacım var benim."*

"Ben danışanlarıma şunu öğretirim: Düşünceler yazılır, sorgulanır, gerçeklik testine tabi tutulur.

Örneğin; diyelim ki sen 'Asla başaramayacağım.' dedin.

Sorum şu: Bu mutlak mı? Geçmişte hiç başardığın bir şey olmadı mı? Küçük de olsa bir ilerleme yaşamadın mı?

Cevap: 'Evet, aslında birkaç kere oldu…'

İşte böyle olduğunda, zihin sarsılır. Çünkü inandığı şeye karşı bir delil bulur."

"Evet, bu da çok güzelmiş." dedi Yolcu. *"Yani kendim hakkında genellemeler yapmamalıyım. Başaramadığım birçok konu oldu, ama başarılı olduğum birçok alan da var. Demek ki ümitsizlik, kendim hakkındaki kabul ettiğim negatif genellemelerle de doğru orantılı."*

Yolcu duraksadı: *"Ya ben ne kadar fazla yapıyorum bunu ya! Benim en önce bu meseleyi çözmem lazım. Bazen kendim hakkında çok kolay negatife düşüp genellemeler yapıyorum."* dedi.

Beck devam etti:

"Ümitsizlik, bu çarpıtılmış inanışların köküdür ve o kökü kazımak için, düşüncelerle yüzleşmek gerekir.

Üç temel alanda çarpıtma olur:

- Kendin hakkında

- Dünya hakkında

- Gelecek hakkında

Bu üç alandaki çarpıtmaları fark eden kişi, zincirlerini kırar. Ben buna 'bilişsel yeniden yapılandırma' derim.

Bu bir sihir değil, bir eğitimdir. Zihin yeniden eğitilebilir. Ümit, düşünceler sorgulandıkça doğar."

Yolcu'nun enerjisi değişmişti. Ümitsizliğin, teori olarak ne olduğunu ve ne yapması gerektiğini artık daha net anlamaya başlamıştı. Kendi kendine *"Çok iyi gidiyoruz. Bayağı güzel şifreler öğreniyorum."* dedi.

"Hadi şimdi kendine şu soruyu sor: Bu düşünce bana hizmet ediyor mu?
Eğer etmiyorsa, onu serbest bırak. Çünkü düşünce; senin sahibin değil, aracındır.

Duygular, düşüncelerin ete kemiğe büründürülmüş hâlidir.

Ve unutma: Gerçeklik, senin zannından daha ümit verici olabilir. Yeter ki görmeyi öğren."

Yolcu, başını öne eğdi. İlk defa o iç sesleri; "kendi gerçeği" olarak değil, "alıştığı fısıltılar" olarak fark ediyordu. Cebinden bir kalem çıkardı ve sessizce not etmeye başladı:

"Zihnimde konuşan herkes, doğru söylemiyor olabilir."

İlk Kapı: Ben Kimim?

Teşekkür edip odadan ayrıldı. İçindeki düşüncelerden biri serbest kalmıştı artık...

8. Kat- Michael Brown

Yolcu, basamakları tırmanırken, adımlarının daha hafif olduğunu fark etti. Bilinçaltının karanlık koridorlarından geçip, zihnini sarsan fısıltılarla yüzleştikten sonra geldiği bu katın duvarlarında farklı bir enerji vardı: Renkli afişler, mutlu yüzler...

Kapıya geldiğinde, girişteki cümle dikkatini çekti:

"Ümit etmek, öğrenilebilir bir beceridir."

Yolcu, afişin önünde durup defalarca bu cümleyi okudu: "Ümit etmek, öğrenilebilir bir beceridir."

Kapıdan içeri girdiğinde karşılaştığı ortam, bir üniversite laboratuvarını andırıyordu. Brown, modern, sade bir kıyafet içinde, masasında oturuyordu. Gözlüklerinin ardından dikkatli ve sıcak bir bakışla Yolcu'ya baktı:

"Tekrardan hoş geldin." dedi. Sonra devam etti:

"Bugün seninle 'Neden ayağa kalkmalıyız?' sorusuna cevap arayacağız. Söyle bakalım, seni en çok hangi duygu eğiyor?"

Yolcu, hiç duraksamadan yanıtladı:

"Ümitsizlik... Olmayacağını düşündüğümde, içimde hiçbir kıvılcım kalmıyor. Sanki pes etmek en mantıklı yolmuş gibi geliyor. Ve ben kendimi, ümit etmeyi beceremeyen biriymişim gibi hissediyorum..."

Brown gülümsedi. Defterini kapatıp elindeki kalemi masaya bıraktı. Sanki, sadece kalbiyle konuşur gibi anlatmaya başladı:

"Şimdi sana ümitten bahsedeceğim. Ama sadece 'Ümit etmek güzel bir şeydir.' diyerek değil. Sana, ümidin bilimsel olarak nasıl geliştiğini anlatacağım.

Yapılan birçok araştırmanın temelinde şu soru var: İnsan neden pes eder?

Çünkü pes etmek, öğrenilmiş bir şeydir. Biz buna 'learned helplessness', yani 'öğrenilmiş çaresizlik' diyoruz.

Eğer bir insan; geçmişte çabalayıp da başaramadıysa, zamanla artık denememeye başlıyor. Ve bir süre sonra, karşısına yeni bir şans çıktığında bile harekete geçmiyor. Çünkü diyor ki: 'Zaten olmayacak.' İşte bu, pasif bir karamsarlık değil; aktif bir öğrenilmişliktir.

Ümitsizlik, bir tür içsel ezberdir. Ama güzel haber şu: Ümit etmeyi de öğrenebilirsin. Biz buna 'learned optimism' diyoruz. Yani iyimserlik; yetenek değil, eğitilebilecek bir bakış açısıdır.

Bir insan başına gelen kötü olayları nasıl yorumlarsa, psikolojisi o yönde gelişir.
Eğer bu olayları: Kalıcı, kapsamlı, kişisel bir felaket gibi yorumlarsa, ümitsizliği artar.

Ama eğer: "Bu geçici, bu sadece bir alanı etkiliyor, bu tamamen benim suçum değil." derse; psikolojik esnekliği artar.

Buna "attributional style" diyoruz. Yani olaylara atfettiğin anlam, senin ruh hâlini belirler. O yüzden sana üç şey öneriyorum:

-Başına gelen her olayı, yeniden yorumla.

-Kendine dair başarı hikâyelerini yaz.

-Günlük olarak şükredecek üç şey bul.

Bu üç şey; küçük görünebilir, ama zihnin nörolojik yollarını değiştirir.

İlk Kapı: Ben Kimim?

Pozitif psikoloji, "Pollyannacılık" değildir. Gerçeği eğip bükmek değil, gerçeğin içindeki gücü fark etmektir.

"Gerçeğin içindeki gücü fark etmektir." diye tekrarladı Yolcu.

Brown tebessüm etti: "Evet bu çok önemli bir nokta." dedi.

Yolcu *"Benim birçok düşünce kalıbımı değiştirecek bir cümle bu. Gerçekten muhteşem."* dedi.

"Senin hayatında kötü şeyler olmuş olabilir. Ama her karanlık, içinde bir ışık tohumu taşır. Sadece o tohumu görmeye alışmalısın.

Ümit, bir beklenti değil; bir stratejidir. Ümit eden kişi, harekete geçen kişidir.

Ümit, sadece 'Umarım olur.' demek değildir. Ümit, 'Ben elimden gelen her şeyi yapar, şartları yerine getirir ve sonrasında da güzel şeyler olmasını beklerim.' demektir.

Bugün belki karamsar olabilirsin, ama bu senin son hâlin değil. Bu sadece, yeniden kodlanmamış bir zihin."

Yolcu *"yeniden kodlanmamış zihin"* diye kendi kendine mırıldandı.

Son olarak sana şunu söylüyorum: Değişebilirsin. Çünkü beyin değişebilir. Çünkü anlam değişebilir. Ve sen, ümit etmeyi öğrenebilirsin."

Yolcu, derin derin düşündü. Sonra kendi kendine: *"Anlamlarımı değiştireceğim. Ben değişeceğim. Gerçekleşen olaylara pozitif ve ümitle bakmak bana çok yakışacak. Ben bunu kesinlikle öğreneceğim."* dedi.

Bir kâğıt aldı ve üzerine şu notu yazdı: "Bugün iyimser olmak için, %1'lik bir sebep bile yeter."

Brown'ın yanına gitti, elini sıktı: "İyi ki varsınız sayın Brown. Ne kadar da güzel şeyler öğrendim. Söylediklerinizi uygulayıp, hayatımı değiştireceğim. Benim durumumda olan insanlara da yardımcı olacağım. Bu konuda içimde kocaman bir ümit var." dedi.

Brown tebessüm edip "Senin gibi ümitli olmayı seven insanları görmek, beni de en sevindiren şeylerden biri." dedi.

Yolcu izin isteyip odadan ayrıldı.

9. Kat- Yusuf Kandehlevî

Yolcu, Yusuf Kandehlevî'nin odasına adım attığında, sanki bir zaman kapsülüne girmiş gibi hissetti. Mekân sade ve toprak tonlarındaydı.

Duvarlarda, hicret yollarını gösteren eski haritalar; raflarda, sıra sıra dizili kitaplar vardı. Kitaplardan bazılarının kenarları aşınmıştı. Defalarca okunmanın izlerini taşıyorlardı sanki. Tavanda asılı duran bir yazı, Yolcu'nun dikkatini çekti:

"Ashabım yıldızlar gibidir. Hangisine uyarsanız, doğru yolu bulursunuz."

Yusuf Kandehlevî; karşıda, yerde diz çökmüş dua ediyordu. Yolcu'yu fark edince durdu, yüzünde bir tebessüm belirdi. Onun nazarında, bu kata gelen herkes, sahabe gibi olmayı arzulayan bir Yolcu'ydu.

Ayağa kalkıp Yolcu'ya doğru yürümeye başladı. "Tekrardan hoş geldin evladım. Bugün hangi derdini getirdin bize?" dedi yumuşak bir sesle.

Yolcu derin bir nefes aldı:

"Ümitsizlik... Ne kadar öğrensem de, içimde bir şey hâlâ kırık. Sahabenin dirayetine, sabrına, teslimiyetine bakınca; kendimi çok uzak hissediyorum. Sanki o ışığa hiç yetişemem gibi geliyor." dedi.

Yusuf Kandehlevî başını salladı. Yavaşça yere oturdu, sonra eliyle işaret edip Yolcu'yu da yanına davet etti.

İlk Kapı: Ben Kimim?

Ardından, konuşmaya başladı. Aslında bu; bir konuşmadan çok, yaşanmışlıkların yankısı gibiydi:

"Evladım!" dedi. "Ümitsizlik zordur. Hele ki kendini, sahabenin yanında yetersiz hissetmek, daha da zordur. Ama şunu unutma: Sahabe de senin gibi insandı. Korkan, ağlayan, hataya düşen, hatta bazen pes etme sınırına gelen insanlar... Ancak onları farklı kılan en önemli özelliklerden biri, vazgeçmemeleriydi. Onlar da; birçok zorlukla karşılaştılar, işkenceler gördüler, ötekileştirildiler, vatanlarını terk etmek zorunda kaldılar. Fakat asla vazgeçmediler.

Ve bu dirayetli duruşları, onların Allah katındaki kıymetlerini artırdıkça artırdı. İstersen sana birkaç örnek vereyim:

İlk Örnek: Hz. Ümmü Süleym olsun.

O, öyle bir anneydi ki; bir anne için evladının vefat etmesinden daha ağır bir imtihan yokken bile, sabredebilmişti. Eşine acı haberi vermeden önce; onunla ilgilenmiş, ona yemek yedirmiş ve sonra da çocuklarının vefat ettiğini söylemişti. O, kendisine 'Bu nasıl bir sabırdır?' diye soranlara ise şöyle cevap veriyordu; "Allah'a güvenim, acımdan büyüktü."

Bu, ümidin sabra dönüşmüş hâlidir.

Peki, herkes bu şekilde sabredebilir mi? Hiç kolay değil, ama imkânsız da değil.

Sahabeler, en zor durumlarda bile ayakta kalmayı başararak bizlere örnek olmuşlardır.

İkinci Örnek: Hz. Hanzala'dır.

O, bir gün Hz. Ebu Bekir ile karşılaşır. Hz. Ebu Bekir kendisine hâl ve hatırını sorunca; Hz. Hanzala, büyük bir hüzün ve endişe içinde: "Hanzala münâfık oldu, ey Sıddîk!" der.

Hz. Ebu Bekir hayretler içinde kalır ve "Sübhanallâh! Bu nasıl bir söz böyle?" diye sorar. Hz. Hanzala ise şöyle cevap verir:

"Biz, Resulallah'ın (S.A.V.) sohbetinde iken, O bize cennet ve cehennemi hatırlatıyor. Hatta öyle ki, sanki onları gözümüzle görüyormuş gibi oluyoruz. Ama Resulallah'ın (S.A.V.) huzurundan çıkıp çoluk-çocuğumuz ve dünyevî işlerimizle meşgul olmaya dalınca; duyduklarımızın pek çoğunu unutuveriyoruz."

Hz. Ebu Bekir, dikkatle dinlediği Hz. Hanzala'ya: 'Vallâhi, buna benzer hâller bizde de oluyor.' diye karşılık verir.

Bunun üzerine, ikisi birlikte doğruca Resulallah'ın (S.A.V.) huzuruna gittiler. Ve durumu Resulallah'a (S.A.V.) arz ettiler. Efendimiz (S.A.V.) onları dikkatlice dinledi, ardından da şöyle buyurdu:

"Canım kudret elinde olan Allah'a yemin ederim ki, benim yanımdaki hâlinizi devamlı muhafaza edip, daima zikretseydiniz; yatakta yatarken de, yollarda yürürken de melekler sizinle musâfaha ederlerdi."

Sonra, üç defa tekrarlayarak şöyle dedi: "Ya Hanzala! Bazen öyle, bazen de böyle olur!"

Üçüncü Örnek: Hendek Savaşı'dır.

Hendek Savaşı; sahabenin ümitsizliğin eşiğine geldiği, ancak iman ve Resulallah'ın (S.A.V.) müjdesiyle yeniden ayağa kalktığı bir savaştı.

Düşman ordusunun çokluğu, açlık ve soğuk, morallere darbe vuruyordu. Ancak sahabeler, Allah'a olan tevekkülleri sayesinde, ümitsizliğe düşmediler.

Toprağı metrelerce uzunlukta ve derinlikte kazdılar. Karşılarına çıkan dev bir kayayı hiçbiri kıramadı. İşte o an Resulallah (S.A.V.) eline balyozu aldı ve kayayı kırmaya başladı.

Resulallah (S.A.V.), balyozla kayaya her vuruşunda; ashabını Şam'ın, İran'ın ve Yemen'in fethi ile müjdeledi.

İlk Kapı: Ben Kimim?

O esnada, açlığın verdiği sıkıntı ile baş etmek için karnına taş bağlayan Resulallah'ın (S.A.V.) o sözleri, yüreklere ümit olmuştu. Hendek savaşı; sahabenin iman ve sabır ile yoğrulduğu, Resulallah'ın (S.A.V.) müjdesiyle yeniden ayağa kalktığı bir savaştı. Onlar ümitsizliğe düşmediler ve bir zaferle mükafatlandırıldılar.

Gördün mü evladım? Sahabe de insandı. Onlar da sıkıntılar yaşadılar, ama asla vazgeçmediler.

Onlar da yandılar, ağladılar. Ama teslimiyet ve zorluklar karşısındaki dirayetleri, onları ayakta tuttu.

Evladım! Ümitsizlik, nefsin fısıltısıdır. Fakat sabır ve sadakat, Allah'ın çağrısıdır.

Ben Hayâtü's-Sahâbe'yi yazarken, her satırda bunu hissettim.

İnsan güçsüz olabilir, ama yönsüz olmamalı.

Senin yönün doğruysa, zayıflığın Allah'ın lütfu ile tamamlanır. Sahabenin gücü imanındandı, kuvvetinden değil. Ve unutma: Allah, imanlı zayıfa çokça merhamet eder.

Bugün içinden ne geçiyor bilmiyorum, ama bil ki: Sen de sahabe gibi mücadele edebilirsin. Çünkü o yol, hâlâ açık. Kapalı olan, sadece bizim kalbimiz. Ve kalp açılmaya başladığında, nur yolunu bulur.

Yolcu'nun içi titredi. Gözleri dolmuştu. Sahabenin, yaşamış olduğu ağır imtihanlar karşısında bile ümidini yitirmeden yoluna devam edebilmiş olduğunu görmek, onun için çok büyük bir motivasyon kaynağı olmuştu. *"Hayatta birçok zorluk yaşanabilir; ama Allah, insana her zorlukla başa çıkabilme kapasitesi de vermiştir."* dedi kendi kendine. Ümitsizlik hissine farklı bir bakış açısı olmuştu bu onun için.

Ayağa kalktı, Yusuf Kandehlevî'ye teşekkür etti; duasını alıp, sonraki kata doğru yöneldi.

Yusuf Kandehlevî, Yolcu'ya "Rab'bim seni de onların yoluna

Duygular Evreni – Yolcu

koysun." diye dua etti.

Yolcu, *"Amin efendim. Çok teşekkür ederim. Allah, sahabeleri anlayabilmeyi nasip etsin."* dedi ve huzurdan ayrıldı.

10. Kat- İbn Arabî

Yolcu, onuncu katın merdivenlerinin önünde kısa bir süre duraksadı. Bu kata çıkan merdivenler taş değil, sanki ışıktan örülmüş gibiydi.

Hava biraz farklı geldi; ne sıcak ne soğuktu. Zaman âdeta donmuş gibiydi, ama içsel bir akış devam ediyordu sanki.

Katın girişinde bir levha duruyordu. Yolcu, üzerindeki yazıları seslice okudu:

"Yolun sonu yoktur. Çünkü yol, sensin."

Bu katta kapı yoktu. Bir eşiği geçince, kendini kubbeli bir odada buldu. Odanın ortasında, tek bir minder vardı. Minderin üzerinde; beyaz kıyafeti ile Muhyiddin İbn Arabî oturuyordu. Gözleri derin ve huzurluydu. Sanki bir bakışla insanın içini, geçmişini ve hatta geleceğini okuyabilecek kudretteydi.

Yolcu tam konuşacakken, İbn Arabî eliyle işaret edip onu durdurdu: "Sus evladım." dedi ve devam etti: "Çünkü söz, senin ümitsizliğini tarif edemez. Önce otur. İçindeki 'ben'i sustur. Şimdi dinle."

Yolcu, oturdu. İbn Arabî konuşmasına devam etti:

"Evladım...Ümitsizlik, sanıldığı gibi bir 'hâl' değil; bir perdedir. O; seninle hakikat arasına giren bir yanılgı perdesidir.

Allah seni, kendi isimlerinin aynası kıldı. Senin zayıflığın, onun 'Kaviyy' ismini gösterir. Senin eksikliğin, O'nun 'Kemal'ini gösterir. Senin düşüşün, onun 'Râfi' oluşunu anlaman içindir.

İlk Kapı: Ben Kimim?

Ümitsizlik, bu hakikatleri görmenin önündeki perdelerden biridir.

Senin var sandığın 'ben', O'nun önünde perdeydi. O perde yırtıldığında, geriye kalan sensin sanma; geriye kalan O'dur. Ve O'nda ümitsizlik yoktur.

'Rahmeti gazabını geçmiş' bir Rab'den ümit kesilir mi?

Senin düşüşlerin, O'nun kapısını bulman içindir.

Düşerken, secde eder gibi in. Ağlarken, su gibi arın. Kırıldığında, ayna gibi dağıt nefsini. Ve sadece O'nu göster.

Ümit budur: Kendini değil, O'nu hatırlamak. Var olmak değil, yokluğunda O'nu bulmak.

İnsan, kendiyle doluyken boş bir kabuk gibidir. Boşaldığında, O gelir.

Evladım... Eğer sen kendini feda edersen, O seni ihya eder. Eğer sen yok olursan, O sende tecelli eder. Ümitsizlik, bu sırra gözünü kapatmaktır.

Aç gözünü ve bak: Sende olan her şey fanî... Ama O'nun varlığı sende konuşuyor. Bu ses senin değil, O'nun çağrısı. Duyabiliyor musun?"

Yolcu'nun gözleri doldu. Ama bu seferki bir boşluk ya da acı değil...İçindeki benlik kalıntılarının yandığı bir iç seher vakti gibi.

Sadece başını salladı, konuşmadı. Çünkü söylenecek bir şey kalmamıştı.

İbn Arabî, elini kalbine koydu ve gözlerini kapattı. Sanki kalpten kalbe bir dua gönderiyordu.

Yolcu, kalbindeki ağırlığın biraz daha hafiflemesiyle bu kattan ayrıldı. Taşıdığı bir şeyi daha, geride bırakmıştı.

Duygular Evreni – Yolcu

11. Kat- Abdülkadir Geylânî

Bu kata çıkan merdivenler taş değil, sanki sessiz bir yakarışla örülmüş gibiydi. Yolcu basamaklara bastıkça bir dua işitiyordu:

"Ya Rab, kalbimde kalan tortuyu da temizle..."

Kapı büyük, tunçtan dökme ve çiviliydi. Açıldığında gördüğü yer; sanki hem bir zikirhane hem de bir dergâh gibiydi. Duvarlarda, Arapça hatlarla yazılmış âyetler vardı:

"Lâ taknetû min rahmetillâhi - Allah'ın rahmetinden ümidinizi kesmeyiniz." (Zümer, 53)

Gavs-ı A'zam Abdülkadir Geylânî; odanın ortasındaki büyük, sedire benzeyen bir minder üzerinde oturuyordu. Başında siyah sarığı, üzerinde geniş cübbesi vardı. Derin bakışlarla Yolcu'ya baktı.

Yolcu heyecanlandı. Sanki şimdiye kadar bütün öğrendikleri, Gavs-ı A'zam'ın gözlerinde saklıydı. Gavs-ı A'zam, eliyle oturmasını işaret edip Yolcu'ya seslendi:

"Hoş geldin evladım. Hangi soruna cevap arıyorsun?"

Yolcu, yere diz çöktü. İlk kez derdini anlatırken sesi çatallanmıştı:

"Ümitsizlik... Dermanını arıyorum efendim. Bazen içime öyle sıkıntılar geliyor, göğsüm öyle daralıyor ki, her yer kapkaranlık oluyor. Ne yaparsam yapayım, bu karanlık dağılmayacakmış gibi hissediyorum. Hatta..." dedi Yolcu, boğazı düğümlenmişti. *"Hatta... Sanki dua etsem bile, karşılık alamayacağım gibi hisler oluşuyor içimde. Kimi zaman, içimden öyle sesler duyuyorum ki, kalbim korkudan kıpırdayamayacak bir hâle geliyor."*

Abdülkadir Geylânî hafifçe doğruldu ve konuşmaya başladı:

"Evladım...Ümitsizlik; şeytanın kalbe attığı, en tehlikeli, kükürt kokulu dumandır. Öyle sinsidir ki, kalbinin ta içine işler; sen onu kendi

İlk Kapı: Ben Kimim?

duygun sanırsın. Ama bil ki: Bu duman, Rahmanî değil, şeytanidir. Bu karanlık, kalbine ait değildir. Çünkü Allah seni yaratırken rahmetle yoğurdu.

Sana 'Biz ona şahdamarından daha yakınız.' dedi. Şimdi söyle: Şah damarından daha yakın olan bir Rab, seni hiç unutur mu? Her duana icabet edeceğini vadeden, seni hiç cevapsız bırakır mı?" dedi.

Kaşlarını çattı. Yolcunun gözlerine derin derin baktı. Gavs-ı Azam'ın bakışları karşısında Yolcu'nun kalbi titredi âdeta. Tok bir sesle "Bana bak evladım. Asla cevapsız bırakmaz." dedi ve tekrar etti. "Asla… Cevapsız bırakmaz."

Yolcu öyle bir enerjiye girmişti ki, sanki ruhu yıllardır uykudaymış da bir anda uyandırılmış gibi hissediyordu. *"Rab'bim beni asla cevapsız bırakmaz efendim!"* dedi. Öyle bir ortam oluşmuştu ki, bu; Yolcu'nun daha önce hiç tecrübe etmediği bir hissiyattı.

Abdülkadir Geylânî konuşmaya devam eti:

"Evladım! Ümitsizlik, Allah'a isnad edilen bir iftiradır. 'O affetmez.' 'O cevap vermez.' 'O bana bakmaz.'
Bunlar senin zanların. Allah böyle değildir. O öyle bir Rab'dir ki: 'Günahların göğe yükselse, ben affetmeye hazırım.' der.

O öyle bir Rahmân'dır ki: 'Ben, her şeyi kuşatan bir rahmete sahibim.' der.

O öyle bir Vedûd'dur ki: 'Sevginiz bitti sanırsınız, ben yeniden sevdiririm.' der. Sen kimsin ki, O'nun rahmetine sınır çizersin? Dua ettin de olmadı mı? Bekledin de cevap gelmedi mi?

Evladım, bazen cevap 'beklemek'tir. Bazen cevap 'daha iyisi'dir. Bazen cevap 'henüz zamanı değil'dir. Bazen cevap senin değişmendir. Ama cevap, hep vardır. Çünkü Allah, 'mücîb'dir; cevap verendir.

Allah'ın affı, rahmeti, sevgisi bir denizse, senin günahın sadece damladır. O denize damla ne yapabilir?

Duygular Evreni – Yolcu

Ümitsizlik, kalbi karartır. O karanlık içinde ibadet soğur, dua azalır, tövbe kesilir. Ve şeytan, işte o anda hüküm sürer. Ama sen direneceksin evladım. Ben sana direnmeyi öğretmeye geldim. Ne zaman kalbin daralsa, ne zaman 'Rab'bim bana cevap vermiyor.' sansan, hemen secdeye git. Orada Hz. Zekeriyya gibi şöyle de:

'Ya Rab'bi, Sana her ne için yalvardıysam, asla mahrum kalmadım.' (Meryem, 4)

Ve unutma: Akan bir damla gözyaşı, cevaplanmamış tek bir dua bile, ardında bir kapı açar.

Bugün buradan çıkarken şunu ezberle: Ümitsizlik, Allah'ı yanlış tanımaktır.

Allah ise, hep şefkatle çağırır: 'Ey kulum, gel!'

Ne zaman? Gece mi? Gündüz mü? Hayır. Her zaman. Her hâlinde. Her hatanda...

Çünkü o Rab; senin değil, Zâtı'nın merhameti ile sever. Ve sana rağmen, seni de affeder. İşte bu yüzden, ümit daima diridir. Çünkü Rab hep diridir."

Yolcu, dizlerinin üzerine düştü. Bu sözler, onu çok sarsmıştı. Sanki bütün benliği, kibri, korkusu eridi, buhar gibi dağıldı.

Abdülkadir Geylânî hafifçe doğruldu. Cübbesinin cebinden küçük bir tespih çıkardı. Kenarları yıpranmış, çokça çekilmişti. Yolcu'ya uzattı ve şöyle dedi:

"Al evladım. Bu tespih, her çektiğinde sana Allah'ı hatırlatsın. O ki, unutmaktan münezzehtir. Hele hele, Zâtı'nı zikredeni lütufları ile nimetlendirir."

Yolcu tespihi aldı. Gavs-ı Azam'a teşekkür etti ve müsaade alarak huzurdan ayrıldı.

İlk Kapı: Ben Kimim?

Gavs-ı Azam'ın yanında öğrendikleri, âdeta bugün öğrendiklerinin ruhu, özeti gibiydi. Üzerinde anlam veremediği bir sakinlik vardı. Kalbinde bir huzur hissediyordu. Kendi kendine *"Sanki her şey kontrol altında. Sıfır endişem var. Sıfır negatiflik... Bayağı iyi değil mi?"* diye mırıldandı.

Merdivenlerden en alt kata doğru inerken, hissettiği bu huzurun tadını çıkarıyordu.

Sırada, on bir bilgenin bugünü kapatırken ona söyleyecekleri son sözler vardı. Neler duyacağını merak ediyordu.

Her katta; kalbinin başka bir teline dokunulmuştu âdeta. Ve şimdi, binanın en alt katındaki, yüksek tavanlı, aydınlık büyük salona çağrılmayı bekliyordu.

Binanın girişindeki her zaman oturduğu koltukta günün değerlendirmesini yapmaya başladı. Çok geçmeden haberci gelip, bilgelerin onu beklediğini haber verdi. Yolcu başı ile onaylayıp, yavaşça ayağı kalktı. Ağır adımlarla en alt kata doğru ilerledi.

Salona girince, her bilgeyi gözlerinin içine bakıp selamladı. Üzerindeki huzur ve sekine hâlâ devam ediyordu. Normal şartlarda çok heyecanlanan Yolcu, bugün çok sakindi. Onun bu sakinliği bilgelerin gözünden de kaçmamıştı.

Jung tebessüm ederek "İyi görünüyorsun. Ümitsizliğin gölgesini fark etmiş, çözümler bulmuş gibisin." dedi. Bütün bilgeler tebessüm ettiler.

Yolcu, sakin bir sesle *"Sanırım, dünya üzerindeki en şanslı insan benim. Şu anda sizin karşınızda bulunmak, hayatımı derinden etkileyen bir meseleye çözümler bulmaktan daha kıymetli ne olabilir bilmiyorum. Hepinize tek tek gönülden teşekkür ederim."* dedi.

Bilgeler tek tek konuşmaya başladılar:

Gazâlî: "Ey Yolcu, ümitsizlik ilmin değil, gafletin sonucudur. Allah'ı tanıyan bir kalp, O'ndan asla ümidini kesmez. Zannın seni zehirler; hakikat seni şifalandırır. En karanlık an, sabaha en yakın andır. Tevekkül, bilgiden önce gelir."

Freud: "İçindeki yıkımı dışarıda arama. Bastırdığın korkular, seni çaresizliğe iter. Ama onları fark ettiğinde çözülürler. Ümitsizlik çoğu zaman, bastırılmış öfkenin maskesidir. Çözüm, yüzleşmekten geçer."

Adler: "Senin değersizlik hissin, kaderin değildir.

Ümitsizliği aşmanın ilk adımı; bir amaç belirlemektir. Toplumla bağ kur, insanlara fayda ver. Kendini küçük görmeyi bırak."

Jung: "Ümitsizlik, gölgene bastığın yerdir. Ruhunun karanlık tarafını tanımadıkça, aydınlanamazsın. Unutma: Karanlık, ışığın doğduğu yerdir. Bilinçdışını, bilince taşımadan huzur bulamazsın. Kendi derinliğinden korkma."

Bediüzzaman: "Ye's, şeytanın en büyük silahlarından biridir. Her zorluk, içinde rahmet tohumu taşır. Mü'min, ümidini Allah'ın rahmetine bağlayan kişidir. Dünyaya değil, ahirete odaklan. Zira hakikat, zahmetin ardındadır."

Erikson: "Kimliğini tanımadan ümit edemezsin. Hayat, krizlerle örülüdür ve her kriz, yeni bir doğumdur. Kendini inkâr ettiğinde değil, kabul ettiğinde güçlüsün. Ümit, karakter inşasının meyvesidir. Geç kalmadın, hâlâ inşa edebilirsin."

Aaron Beck: "Zihnindeki olumsuz, otomatik düşünceler seni yanıltıyor. Her zaman en kötüsünü varsaymak, seni çaresizleştirir. Ama düşünceler değiştirilebilir. Ümitsizlik, zihinsel bir alışkanlıktır; terk edebilirsin. Yeni düşünce = Yeni ümit."

Michael Brown: "Öğrenilmiş çaresizlik, öğrenilmiş iyimserlikle yenilir. Başarısızlık kalıcı değildir. Ümidi büyüten üç şey: Anlam, ilişkiler ve yetkinliktir.
Hayatında anlam bul, insanlarla bağ kur, güçlü yönlerini geliştir.

İlk Kapı: Ben Kimim?

Ümit, aktif bir eylemdir; pasif bir bekleyiş değil."

Yusuf Kandehlevî: "Sahabe de ağladı, korktu, sarsıldı. Ama onlar vazgeçmediler, sen de vazgeçme. En yorgun anında, secdeye kapan. Çünkü Allah, en çok orada karşılar kulunu. Senin kalbin, sahabenin duasına dâhil olabilir."

İbn Arabî: "Ümitsizlik bir benlik yanılgısıdır. Sen yoksun; ama O, sende var. Perdeyi kaldır, aslında yolun hep açık. Her düşüş, seni Allah'a yaklaştırmak içindir. Kendi varlığını aştığında, ümit sonsuzdur."

Abdülkadir Geylânî: "Allah'ın rahmetine sınır çizemeyiz. Senin aczin, O'nun lütfuna vesiledir.
Dua et, sabret, ümidi bırakma. Gece ne kadar kararırsa kararsın, bir sabah muhakkak vardır. Ve unutma: Sen O'na yönelirsen, O sana rahmetle koşar."

Herkes sustuğunda, büyük bir sessizlik oldu.

Yolcu, kendisine söylenenleri dikkatle dinlemişti. Her cümleyi zihninde tekrarlıyordu.

Sessizliği, Gazâlî'nin âdeta tüm bilgelerin söylediklerini özetleyen şu sözleri deldi:

"Ey Yolcu! Senin ümidin, Allah'ı nasıl tanıdığına bağlıdır. O'nu sınırlı, cezalandırıcı, uzak zanneden; çaresizliğe düşer. Ama O'nu, Rahmân ve Rahîm olarak bilen, daima dirilir. İşte o yüzden: Kendini değil, Rab'binin kudretini merkeze al. Ve asla ama asla Allah'ın rahmetinden ümidini kesme! Ne kadar büyük hatalar yaparsan yap, ne kadar derin kuyulara düştüğünü hissedersen hisset şunu unutma ki Allah'ın rahmeti bunların hepsinden daha büyüktür. Allah'a karşı hep hüsnüzan sahibi ol. O'nun seni sevdiğine ikna ol."

Gazâlî'nin sözleri adeta Yolcu'nun ruhunu sarmalamıştı. Yolcu'nun hissettiği huzur daha da artmıştı. Ümitsizlik hissinin, onun iç dünyasında nasıl bir ağırlık oluşturduğunun hiç farkında bile değildi. Bu

Duygular Evreni – Yolcu

yükün kalkıyor olması, onun ruhuna muhteşem bir huzur hissettiriyordu. Bilgelere tek tek teşekkür etti. Yüzünde tatlı bir tebessüm, izin isteyerek salondan ayrıldı.

Binadan ayrılırken haberci ile selamlaştı. Odasına gitmeden önce *"Biraz yürüyüş yapayım."* diye düşündü. Dışarıda gerçekten çok güzel bir hava vardı. Dünya sanki biraz daha parlak görünüyordu. Sanki koku alma duyusu açılmış gibiydi. Tarif edemediği bir huzur vardı üzerinde.

Kendi kendine sordu: *"Ne öğrendin ey Yolcu?"*

"Şimdi değil oğlum. Şu an sadece içimdeki huzurun tadını çıkarmak istiyorum. Öğrendiklerim bilgi. Bunlarla işim yok şu an. Şimdi sadece, iç dünyamda hissettiğim o huzuru yaşamak istiyorum, tadını çıkarmak istiyorum, lezzet almak istiyorum. Bunun için kendime izin vermek istiyorum. Analizleri daha sonra yaparız." dedi ve ağır ağır yürümeye devam etti.

İnanılmaz bir iç kontrol hissediyordu. Negatif gelecek olan düşüncelere izin vermeyip, zihnini dağıtmayıp sadece hissettiği o huzur, güven ve ümide odaklanmıştı. Hayatında hiç bu kadar mindful olamamıştı. Bir iki saat sonra, odasına geri döndü.

Kapıyı açtı. Odasına girdi. Işığı açmadan gidip elini yüzünü yıkadı. Daha sonra, her zaman oturduğu koltuğa oturdu.

"Hadi Yolcu gel analiz edelim dedi." ve sesli güldü.

"Ne öğrendin?
Gazâlî, Allah'ın rahmetinin gazabını geçtiğini hatırlattı.
Freud beni sustuğum yerden yakaladı.
Adler sorumluluğu hatırlattı.
Jung, içimdeki gölgelerle yüzleştirdi.
Said Nursî, şeytanın fısıltıları gösterdi.
Erikson, 'geç değil' dedi.
Beck, düşüncelerimi dönüştürebileceğimi söyledi.

İlk Kapı: Ben Kimim?

*Brown, yeniden ayağa kalkmayı öğretti.
Kandehlevî, dua ile yaşamayı...
İbn Arabî, hiçlikteki kudreti...
Ve Geylânî... Cezalandıran değil, affeden; bırakan değil, bekleyen bir Allah'ı hatırlattı."*

"Ümitsizlik iç dünyamda büyük bir yükmüş, onu öğrendim. Kafamdaki bazı yanlış kodlamaları fark ettim. Öğrenilmiş çaresizliklerimi, kendime taktığım yanlış etiketleri, bir işe daha başlamadan en büyük sabotarımın nefsim olduğunu öğrendim. Bazen 'Ben hata yaptım.' yerine 'Hatanın kendisiyim.' diye kendime saldırdığımı gördüm. Bunun beni ümitsizliğe sürüklediğini ve direncimin gerçekten çok kırıldığını gördüm. Ben mükemmel değilim, mükemmel olmak zorunda da değilim. Birçok hata yaptım, hata yapmaya da devam edeceğim. Ama bu hataların beni tanımlamasına izin vermeyeceğim. Ben o hatadan ibaret değilim. Bu negatif düşünce sarmalından kendimi kurtaracağım. Bayağı motiveyim. Keyfim bayağı yerinde. Ümitliyim ya...Hakikaten ümitliyim. Düştüğüm yerde kalmayacağım. Düştüğüm yerden kalkacağım. Her kalktığımda da, daha gelişmiş bir ben olacak. Ne olursa olsun, ne yaşarsam yaşayayım, muhakkak bana yardım eden ve edecek olan bir Yaratıcım olduğuna inanıyorum. Ben bunu hissediyorum. Ve ümitliyim.

Oğlum Yolcu, bu ümitle her şeyi başarabilirsin. Bu cesarette ol." dedi tebessüm ederek.

"Bir sonraki duygu için ne zaman çağırırlar?" düşüncesine izin vermeden, çok keyifli bir biçimde yatağına uzandı.

5. Durak- Cesaret

Yolcu, sabahın ilk ışıklarıyla gözlerini araladı. Ümitsizlik eğitiminin üzerinden tam on iki gün geçmişti. Daha önce, hiç bu kadar bekletilmemişti. Sanki, ümitli kalabilme eğitimindeydi. Her geçen gün, onun için öğrendiklerini pratik yapma fırsatına dönüşmüştü. Şimdiye kadar öğrendiği merak, yalnızlık, kaygı ve ümitsizlik konularındaki tüm öğretilerin pratiğini yapma fırsatı verilmişti âdeta Yolcu'ya.

Altıncı gün, en zor gündü. Ümitsizlik, sanki onu ele geçirmek üzereydi. Otomatikleşmiş negatif düşüncelerine müdahaleler yapıp, ümitvar kalmaya çalışıyordu.

Dilinde *"Ben yalnız değilim, yalnız bırakılmayacağım. Her zorluktan sonra bir kolaylık var. Bu bir eğitim, düşüncelerinin duyguya dönüşme prosesine dikkat et. Ümit etmek öğrenilebilir bir beceridir."* gibi telkinlerde bulunuyordu. Durmadan saldıran negatif düşüncelere karşı başarılı oldukça, cesareti arttı. Cesareti arttıkça ümidi arttı. Ümidi arttıkça kendini daha kuvvetli hissetti.

Yatağından kalktı, pencereye doğru yürüdü. Derin bir nefes aldı.

Bir anda kapı çaldı. Heyecanlanmıştı. Hızlıca kapıya yöneldi. Kapıyı açtığında, her zamanki davetçinin karşısında durduğunu gördü.

"Hazır mısın ey Yolcu." dedi davetçi. Bu sabahki sesi, sanki diğer günlerdekinden daha tok idi. "Seni bekliyorlar."

Yolcu başını salladı. *"Hazırım dostum! Hiç olmadığım kadar hazırım. Hadi gidelim."* dedi. Davetçi, Yolcu'nun bu motive ve diri duruşu karşısında tebessüm etti.

İlk Kapı: Ben Kimim?

Hızlı adımlarla binaya doğru yürüdüler. Sanki ruhları birbiri ile konuşuyor gibiydi. Adımlarının ritmi aynıydı, enerjileri aynıydı. "Karşıma ne çıkarsa çıksın, her şey ile başa çıkabilirim." hissi ve cesaretinde olan iki arkadaşın yürüyüşü gibiydi yürüyüşleri.

Binanın girişine geldiler. Yolcu her zaman oturduğu koltuğa oturdu. Çok kısa zaman sonra, İmam Gazâlî tarafından beklendiği bildirildi. Hızla doğruldu, derin bir nefes aldı.

"Hadi bakalım aslan! Bugün çok güzel olacak." dedi ve İmam Gazâlî'nin odasına doğru yöneldi.

1. Kat- İmam Gazâlî

Yolcu, merdivenlerden hızlı adımlarla birinci kata çıktı. Odaya girdiğinde; derin bakışlı, bilge yüzlü İmam Gazâlî, onu karşıladı. Üzerinde sade, ama asalet taşıyan beyaz bir cübbe vardı. Yüzünde, hem huzur hem de dikkat uyandıran bir tebessüm belirmişti. Yolcu'yu görünce yavaşça elini kaldırdı, davetkâr bir şekilde onu içeri buyur etti.

"Hoş geldin evladım," dedi yumuşak ve kararlı bir ses tonuyla. "Bugün yüreğinin derinlerinde bir kelime yankılanıyor. O kelime, seni hem sınayacak hem de yükseltecek: Cesaret."

Yolcu, onun sözlerindeki ciddiyeti hemen hissetti.

Gazâlî, odasının tam ortasındaki minderlerden birine oturdu ve el işaretiyle Yolcu'yu karşısına davet etti. Sözlerine başladı:

"Evladım! Cesaret, sadece savaş meydanlarında kılıç sallamak değildir. Asıl cesaret, nefsin karanlık köşelerine inmek, oradaki korkularla yüzleşmektir. İnsan bilmediğinden korkar, korktuğundan kaçar, kaçtığında ise; hem aklını hem de ruhunu zincire vurur. İşte cesaret, bu zinciri kırmaktır. Gerçek cesaret, hakikati gördüğünde ona sarılabilmektir; insanlar seni yanlış anlasa da, yalnız bıraksalar da, doğru bildiğin yolda yürümeye devam etmektir.

Duygular Evreni – Yolcu

Bu yolda yürürken, bazen yüreğin titrer, bazen sesin kısılır, bazen adımların ağırlaşır; ama cesur olan, bütün bu engellere rağmen ilerleyendir.

Unutma! Cesaret ile delilik arasındaki çizgi, incedir. Delilik, ölçüsüz bir atılımdır; cesaret ise hikmetle birleşmiş bir kararlılıktır.

Allah'ın verdiği aklı, kalbinle beraber kullanırsan, attığın her adım hikmetin ışığında olur.

Bazen cesaret, kılıç kuşanmak değil; dilini tutmaktır. Bazen, herkes susarken hakkı söylemektir. Bazen de özür dilemektir. İnsan, gururunu yenemediği için özür dileyemez. Halbuki bu, nefisle yapılan en büyük cenge bedeldir.

Fussilet 30- "'Rab'bimiz Allah'tır.' deyip sonra da istikamet üzere, doğru yolda yürüyenler yok mu, işte onların yanına melekler inip: 'Hiç endişe etmeyin, hiç üzülmeyin ve size vadedilen cennetle sevinin!' derler."

Bu ayet bize gösterir ki, iman korkuyu azaltır, cesareti artırır. Çünkü Allah'ın yanında olan, O'na dayanan kimse için, dünya korkusu küçülür.

Resulallah (S.A.V.), Bedir'de ordusuyla birlikteyken sayıca az, silahça eksikti. Ama O'nun cesareti, imanından ve Allah'a teslimiyetinden doğuyordu.

O gün sahabe, sayıca üstün bir orduyu, iman gücüyle yendi. İşte bu, imanın insanı nasıl cesur yaptığının göstergesidir.

Evladım! Cesur olmak, daima güçlü görünmek demek değildir. Cesur olmak, bazen zayıf olduğunu bilip, yine de adım atmaktır. Çünkü cesaret, sonuçtan önce niyete bakar. Sen, Allah'ı razı etmek için niyetlenirsen; adımın küçük olsa da, değeri büyüktür. Korkunun olduğu yerde iman güçlüyse, cesaret doğar. Fakat korkunun olduğu yerde iman zayıfsa, kişi ya kaçar ya da boş bir öfkeye kapılır.

İlk Kapı: Ben Kimim?

İman, cesareti besleyen bir damar gibidir; o damar kesildi mi insan cesaretini yitirir.

Şunu da bil ki, cesaret tek başına yetmez; sabırla birleşmelidir. Sabır, cesaretin ateşini dengeler. Yoksa ani öfke, yanlış bir adım attırabilir.

Hak yolunda cesur olmak, adımlarını sabır ve hikmetle atmak demektir.

Evladım! Bugün buradan çıktığında şunu düşün: 'Benim korkularım neler? Bu korkular beni hangi hakikatten uzak tutuyor?'

Sonra kendine şunu sor: 'Bu korkularımla başa çıkmak için Allah'a olan güvenim yeterli mi?' Eğer cevabın 'Evet' ise, bil ki korkular erimeye başlar.

Cesaret, Allah'a tevekkül ile başlar. O'na teslim olan, insanların karşısında daha dik durur. Çünkü bilir ki, canı da malı da şerefi de Allah'ındır ve O'na emanettir.

Evladım! Yoluna devam ederken, cesaretin rehberin olsun. Sakın o rehberin elinden hikmetin ipini bırakma. Çünkü hikmetsiz cesaret, seni uçurum kenarına götürebilir. Hikmetli cesaret ise seni zirveye taşır.

Korkunun sesini kısmak, cesaretin sesini yükseltir. Ancak cesaretin sesi, merhametin sesini bastırmamalıdır. Unutma! Bazen cesur olmak, bir çocuğun başını okşamaktır.

Allah'tan iste: 'Ya Rab'bi, bana cesaret ver, ama cesaretimi hikmetinle dengele.' Bu dua, seni hem dünyada hem de ahirette izzetli kılar.

Evladım, bugün buradan ayrılırken yüreğinde şu söz yankılansın:

'Cesaret, Allah'a teslimiyetin meyvesidir.'

Eğer bu meyveyi taşır ve büyütürsen, hangi fırtına gelirse gelsin, köklerin yerinde kalır."

Duygular Evreni – Yolcu

Gazâlî, sözlerini bitirmişti. Yolcu'nun gözlerinde hem huzur hem de kararlılık vardı. Bilgenin ellerini tutarak başını eğdi, ona teşekkür etti. Gazâlî tebessüm etti:

"Haydi evladım, yolun açık olsun. Cesaretin, hikmetinle birleşsin."

Yolcu ikinci kata, Sigmund Freud'un kapısına doğru ilerlerken mırıldanıyordu:

"Cesur olmalıyım, ama hikmetli cesur olmalıyım. Bu çok önemli bir detay. Bu on iki günlük bekleyiş esnasında, iç dünyamdaki seslerle mücadele etmek zorunda kaldım. İmam Gazâlî'nin öğretisi perspektifi ile bakınca, şimdi fark ediyorum ki bunlarla başa çıkabilmemim sebeplerinden biri; burada öğrendiğim ilimlerin sanki hikmetimi artırmış olmasıymış.

Anlayışım değişmeye başlamış, bu da beni o seslerle mücadele etmede daha cesur hale getirmeye başlamış."

Durdu, biraz düşünüp tebessüm etti. İçinden gelen bu onaylayıcı düşünce hoşuna gitmişti. Kendi kendine *"Acaba bu pozitif düşünce hangi mekanizmadan geliyor? Ben bu sesi çok sevdim."* dedi.

2. Kat- Sigmund Freud

Yolcu, ikinci kattaki kapının önüne vardığında, Freud her zamanki gibi siyah takım elbisesi, yuvarlak çerçeveli gözlükleri ve elinde tuttuğu bastonuyla onu bekliyordu. Dudaklarının kenarında hafif bir gülümseme, gözlerinde ise, âdeta Yolcu'yu dikkatle ölçüp biçen bir bakış vardı.

"Hoş geldiniz," dedi tok bir sesle.

"Bugün cesareti konuşacağız. Ama ben onu, insan ruhunun en derinlerinden, bilinçdışının karanlık odalarından çıkaracağım."

Yolcu içeri girdi. Odada, kitap kokusu ve derin bir sessizlik hakimdi.

İlk Kapı: Ben Kimim?

Freud, karşısındaki koltuğu gösterip Yolcu'nun oturmasını bekledi.

"Cesaret..." diye başladı Freud, "Çoğu zaman, farkında olmadığımız çatışmalarımızın ve bastırılmış arzularımızın yüzeye çıkmasıyla ilgilidir. Bir insan, bilinçdışında sakladığı korkularıyla yüzleşmeye başladığında, cesaret göstermiş olur. Çünkü bu yüzleşme, dış dünyadaki tehlikelerden daha korkutucudur.

Korku, bilinçdışının ürettiği bir savunma mekanizmasıdır. İnsan, bilinmeyenden korkar. Bu bilinmeyen ise çoğunlukla; kendi içimizde sakladığımız arzular, suçluluk duyguları ve travmalardır. Cesaret, işte bu kapalı kutuyu açma iradesidir.

Bazı insanlar cesareti, tehlikeyi küçümsemek sanır. Oysa bu, gerçeği inkâr etmektir.

Gerçek cesaret, tehlikeyi fark edip yine de ona doğru yürümektir. Ve bu yürüyüş, kişinin kendi benliğiyle kurduğu içsel diyalog sayesinde mümkün olur."

Yolcu içinden *"Hımmmm...Bu, Gazâlî'nin bahsettiği hikmetli cesarete çok benziyor."* dedi.

Freud devam etti:

"Psikanalizde gördüğüm pek çok danışan, hayatta attıkları büyük adımları, önce küçük içsel yüzleşmelerle kazanmıştır. Mesela; çocuklukta yaşadığı bir travmayı kabul edip, bunun kendisi üzerindeki etkisini anlamak, kişinin iş hayatında ya da ilişkilerinde daha cesur davranmasını sağlar.

Cesaretin kökeninde, yaşam enerjisi vardır. Bu enerji korku tarafından bloke edildiğinde, insan geri çekilir. Ama cesaretle birleştiğinde, insanı ileri iter.

Cesaret; yaşam enerjisinin, korkunun zincirlerinden kurtulmuş hâlidir.

Bir kişi, otorite figürleri karşısında cesur olabilmek için, önce kendi içindeki 'otorite imgesi' ile yüzleşmelidir.

Çoğu zaman bu imge, anne-babanın otoritesiyle başlayan ve toplumsal baskılarla pekişen bir yapıdır. Cesur insan, işte bu bu içsel otorite imgesini yıkıp, yerine kendi ahlakî pusulasını koyabilen kişidir."

Yolcu kendi kendine *"Vayy bee!"* dedi. *"Bayağı iyiymiş. İnsanın cesur olabilmesi için, iç dünyasındaki otoriteyi değiştirmesi lazım. Kişi, ahlâkı içsel dünyasındaki temel otoritelerden biri hâline getirdiğinde, karşılaştığı her meseleyle başa çıkma konusunda cesaretli olur. Bu da Gazâlî'nin tarif etmiş olduğu Allah'a iman ve tevekkül öğretisine çok benziyor."*

Freud devam etti:

"Cesaretin sağlıklı olabilmesi için, dürtülerle gerçeklik arasında bir denge gerekir. Dürtüsel cesaret, düşünmeden hareket etmektir ve çoğu zaman yıkıcıdır. Gerçek cesaret ise, dürtüleri akıl süzgecinden geçirerek eyleme dökmektir.

Bilinçdışındaki korkularla başa çıkmak, kişinin kendine güvenini artırır. Kendine güveni artan biri, dış dünyada da daha sağlam adımlar atar. Cesaret, böylece içsel özgürlüğün dışa vurumu hâline gelir.

Bazen cesaret, terapide söylediğiniz bir cümlede saklıdır. Yıllarca söyleyemediğiniz bir şeyi, ilk kez dile getirdiğinizde, içinizde zincirler kırılır. İşte bu, hayatın her alanına yayılan bir özgürlük duygusu doğurur."

"Unutma!" dedi ve devam etti Freud: "Cesaret, sadece tehlikeye karşı bir tepki değil; aynı zamanda bastırılmış olanı kabul etme sürecidir. Bu süreci yaşayan insan, hem kendiyle hem de dünyayla daha barışık olur. Ve işte bu barış, en büyük gücün kaynağıdır."

Freud sözlerini bitirmişti. Bastonunu yavaşça yere vurdu ve başıyla Yolcu'yu hafifçe selamladı.

İlk Kapı: Ben Kimim?

Yolcu, *"Çok teşekkür ederim. Cesarete çok farklı bir pencereden bakmama yardımcı oldunuz. Gerçek cesaret ile dürtülerden kaynaklanan reaksiyonel davranışlar arasındaki farkı ayrıştırmak, benim için çok önemli bir konu."* dedi ve müsaade isteyerek Freud'un yanından ayrıldı.

Yolcu, Adler ile buluşmak için üçüncü kata doğru yürürken, çok sevdiği Sun Tzu'nun "Savaş sanatı" kitabından, cesaretle ilgili şu cümle aklına geldi: "Sadece cesur olmak yeterli değil, cesaret akıl ve strateji ile birleştiğinde anlam kazanır."

Evet, Freud'un söyledikleri bunu pekiştirir nitelikteydi. Bir an duraksadı. Kendi kendine konuşmaya başlamıştı:

"O zaman şu mu yani: Akıl, strateji ve ahlaki değerlerle harmanlanmamış aksiyon, cesaret değildir. Gazâlî ve Freud'dan öğrendiğime göre; gösterilen cesurca bir aksiyon, iç dünyamızdaki doğru otorite ile bağlantılı olmalı. Bu da iman, tevekkül ve ahlaki değerler vb. ile olmalı."

Yolcu tebessüm etti: *"Sun Tzu'nun teorisini geliştirdin be oğlum!"* dedi. *"Çok güzel oldu."*

3. Kat- Alfred Adler

Kararlı adımlarla, üçüncü kata çıkan merdivenleri tırmandı. Kapının önünde, üzerinde koyu gri bir ceket, gözlerinde derin ve anlayışlı bir bakışla Alfred Adler bekliyordu. Yüzünde dostça bir gülümseme vardı, âdeta "Burada korkulacak bir şey yok." der gibiydi.

"Hoş geldiniz," dedi Adler yumuşak, ama net bir ses tonuyla. "Bugün cesaret üzerine konuşacağız. Ancak ben onu; insanın toplumsal bağları, amaçları ve anlam arayışı üzerinden ele alacağım."

Odanın duvarlarında, hayatın farklı anlarını betimleyen siyah-beyaz fotoğraflar asılıydı. Adler, Yolcu'ya pencerenin yanındaki iki sandalyeden birini işaret etti. Yolcu oturdu.

Duygular Evreni – Yolcu

"Cesaret..." diye başladı sözlerine Adler:

"Cesaret, yalnızca tehlikeyle yüzleşmek değildir. Gerçek cesaret, hayatın içinde bir amaç doğrultusunda hareket edebilmektir. İnsan, amacını kaybettiğinde, en küçük engel karşısında bile geri çekilir. Ancak amacı güçlü olan, korkuyu yenmeyi öğrenir.

Yolcu'nun aklına; geçen sene katıldığı eğitimdeki, çok etkilendiği "yapmak ile denemek arasındaki fark" dersi gelmişti: *"Amacı olan, motive olan biri; istediği şeyi gerçekleştirmek için, cesurca aksiyonlar alarak, o işi yapar. Motive olmayan kişi ise, bir kere dener ve hemen vazgeçer."*

Adler devam etti:

"İnsan, doğası gereği toplumsal bir varlıktır. Yalnız başına yaşadığını düşünen kişi bile, bir şekilde diğerleriyle etkileşim hâlindedir.

Cesaret, çoğu zaman başkaları için bir şeyler yapma isteğiyle güçlenir. Bir anne çocuğunu korumak için, hiç düşünmeden tehlikeye atılabilir. Bir öğretmen, öğrencilerini savunmak için, baskılara karşı durabilir.

Korku, insana doğal olarak verilen bir uyarı mekanizmasıdır. Fakat aşırıya kaçtığında, insanı felç eder. Cesaret, korkuya rağmen harekete geçme yetisidir. Burada önemli olan, bu hareketin sorumluluk duygusuyla birleşmesidir.

Benim gözümde cesaret, aşağılık duygusunu aşma sürecinin doğal bir sonucudur. Her insan, bir noktada kendini yetersiz hisseder. Bu his, doğru yönlendirilirse gelişim için bir itici güç olur. Fakat kişi, bu duygunun esiri olursa, korkaklık ve çekingenlik ortaya çıkar. Cesur insan, bu yetersizlik duygusunu bir mücadele enerjisine dönüştürür.

Cesaret, bireyin kendi yaşam hikâyesinin kahramanı olma iradesidir. Başkalarının çizdiği yoldan gitmek kolaydır, ama kendi yolunu seçmek cesaret ister. Özellikle, toplumun beklentilerine aykırı bir seçim

İlk Kapı: Ben Kimim?

yapıyorsan, bu cesaret iki kat önemlidir.

Yolcu'nun aklına, Kur'an'da anlatılan Hz. İbrahim kıssası geldi. Genç yaşına rağmen Hz. İbrahim babasına, toplumuna ve tüm otoritelere karşı hakkı söyleyebilmiş; üstelik bunun sonuçlarından da hiç çekinmemişti.

Hz. İbrahim'in, iman ve akılla harmanlanmış bu cesurca duruşu, Yolcu'yu hep çok etkilemişti. Sanki şimdi Adler de tam olarak Hz. İbrahim'in bu aksiyonlarını tarif ediyordu.

Adler konuşmaya devam etti:

"Toplumsal ilgi, cesaretin en güçlü besleyicisidir. İnsan, yalnızca kendi çıkarını değil, başkalarının iyiliğini de düşündüğünde, korkunun zincirlerini daha kolay kırar. Bu yüzden cesur insanlar, genellikle başkaları için de risk alabilenlerdir. Cesaret, deneme-yanılma sürecini göze alabilmektir. Hata yapma korkusu, pek çok insanın ilk adımı atmasını engeller. Oysa hatalar, öğrenmenin kaçınılmaz parçalarıdır. Cesur kişi, hatalarla barışık olan kişidir."

Yolcu bunu duyunca, Michael Jordan'ın çok sevdiği bir sözünü hatırladı. Jordan diyordu ki:

"Kariyerimde 9000'den fazla şut kaçırdım. Neredeyse 300 maçı kaybettim. 26 kez; maç kazandıracak şutu atmam için bana güvenildi ve ıskaladım. Hayatımda defalarca, defalarca ve defalarca başarısız oldum. Ve işte bu yüzden başarılı oldum."

Adler'in öğretisinin buna çok benzer olması, Yolcu için çok anlamlıydı. Kendi kendine *"Hata yapma korkunu yenmelisin. Hayatta başarılı olmuş pek çok insan, defalarca başarısız olduktan sonra başarıya ulaşmış. Senin de bu yönünü geliştirmen gerekiyor."* dedi.

Adler, muhteşem şeyler anlatıyordu:

"İnsanın, içindeki cesareti büyütmesi için küçük adımlarla başlaması gerekir. Göz teması kurmak, fikirlerini ifade etmek, gerektiğinde 'hayır' diyebilmek gibi. Bunlar belki küçük görünebilir, ancak her biri, kişinin içsel özgürlüğünü kuvvetlendirir.

Unutma, cesaret bulaşıcıdır. Cesur bir insanın varlığı, çevresindekilere de güç verir. Tıpkı bir kıvılcımın bir ormanı tutuşturması gibi… Bir kişinin cesur bir davranışı, birçok kişiye ilham olabilir.

Ve son olarak şunu bil: Cesaret, korkusuz olmak değil; korkunu tanıyıp onunla birlikte yürümektir. İnsan; korkusunu yok etmeye çalışmayıp, onunla anlaştığında gerçek anlamda özgür olur."

Adler, sözlerini tamamladıktan sonra Yolcu'ya dostça elini uzattı: "Cesaretin sosyal bağlarla nasıl güçlendiğini gördün." dedi.

Yolcu, Adler'in elini sıkarak *"Öğretiniz, her zamanki gibi iç dünyamdaki problemlerime çok ciddi çözümler sundu. Özellikle, 'hata yapmaktan korkma" konusunun üzerine çok ciddi çalışacağım."* dedi. Teşekkür ederek odadan ayrıldı.

4. Kat- Carl Gustav Jung

Yolcu, dördüncü kata doğru çıkarken, Adler'in "Başkalarına yardım ederek kendine yardım et." öğretisinin, kendi için ne kadar sevimli olduğunu düşünüyordu.

Okuduğu bir şey aklına geldi: "İnsanlar mutluluğu almakta sanıyor, oysa esas mutluluk vermektedir. Evet, bir insan mutlu olmak istiyorsa; başkalarını mutlu etmesini bilmelidir."

Bir an duraksadı: *"Acaba bu cesaret için de geçerli midir?"* diye düşündü.

"İnsan cesaretli olmak istiyorsa, başkalarını cesur olmaya teşvik etmelidir. Evet, bunun üzerine biraz daha düşünmeliyim." dedi.

Dördüncü katın kapısına geldiğinde, dingin duruşu ile Carl Jung onu bekliyordu.

İlk Kapı: Ben Kimim?

Jung, "Hoş geldiniz." dedi yumuşak, ama bir o kadar da tok bir sesle. "Bugün cesareti, insanın bilinçdışıyla olan bağları üzerinden konuşacağız. Çünkü cesaret, yalnızca dış dünyada gösterilen bir davranış değil; aynı zamanda ruhun derinliklerinde verilen bir karardır."

Yolcu'ya, pencerenin önündeki koltuğa oturmasını işaret etti ve konuşmaya başladı:

"Her insanın içinde, henüz keşfetmediği karanlık bölgeler vardır," diye başladı Jung. "Bilinç dışı, korkularımızı, bastırılmış duygularımızı ve unuttuğumuzu sandığımız anıları saklar. Cesaret, bu karanlık bölgelerin kapısını aralamayı göze almaktır. Kendi gölgesiyle yüzleşmeyen biri, gerçek cesareti tadamaz.

Hikayelerdeki kahramanların yolculukları boşuna değildir. Her kahraman, yolculuğunda önce bir korku, bir canavar, bir bilinmez ile karşılaşır. Bu, insanın kendi içindeki gölgeyi sembolize eder. Cesaret, bu gölgeyle savaşmak değil, onu tanıyıp hayatına entegre etmektir.

Bilinç dışında arketipler vardır. 'Kahraman' arketipi, insanın zorlukları aşma ve dönüşme potansiyelini temsil eder. Cesaret, bu arketipi uyandırdığında güçlenir. Fakat 'kurban' arketipi de vardır ki o; kişinin kendini sürekli olarak mağdur hissetmesine yol açar. Gerçek cesaret, kurban zihniyetinden kahraman zihniyetine geçiştir.

Rüyalar, bilinç dışının diliyle konuşur. Çoğu zaman cesareti kıran şey, mantıksal korkulardan çok, derinlerde yatan sembolik engellerdir. Örneğin; sürekli düşmekle ilgili bir rüya, kişinin hayatındaki kontrol kaybı korkusunun ifadesidir. Cesaret, bu sembolleri çözmekle başlar.

Cesur insan, bilinmezlikten kaçmaz. Çünkü o bilir ki, bilinmezlikte hem tehlike hem de fırsat vardır. Bilinç dışıyla barışmak, insanın karanlık tarafını bir tehditten ziyade bir güç kaynağına dönüştürür.

Toplumsal olarak dayatılan cesaret imgeleri, bazen yanıltıcıdır. Gerçek cesaret, çoğu zaman sessizdir; göz önünde olmayabilir. Kendi içsel yolculuğunda ilerleyen bir insan, dışarıdan sakin görünse de iç dünyasında büyük savaşlar verebilir.

Bilinç dışının en büyük düşmanı, duyguları bastırmadır. Bastırılan korkular, cesareti eritir. Bu yüzden cesaret, bastırılmış duyguları yüzeye çıkarmak ve onlarla bilinçli bir şekilde çalışmaktır.

Kolektif bilinç dışı ise, insanlığın ortak hafızasıdır. Atalarımızın mücadeleleri, cesaretleri ve zaafları bu alanda saklıdır. Bir insan, kendi cesaretini bu kolektif hikâyelerden besleyebilir. Atalarının yaşadıklarını bilmek, bugünkü adımlarına güç katar.

Cesaret, yalnızca 'Yapabilirim.' demek değil; 'Yapacağım ve sonuçlarına katlanacağım.' diyebilmektir. Bilinç dışıyla bağ kurmak, bu sorumluluğu kabullenmeyi kolaylaştırır."

Jung'un bu söylediği, Yolcu'nun çok hoşuna gitmişti. Kendi kendine *"Her işte olduğu gibi, cesaret konusunda da net olmak çok önemli bir şifre. İnsan net, kararlı ve motive bir biçimde 'Yapabilirim.' demeli, 'Yapacağım.' diye niyetlenmeli."* dedi.

Ve unutma!" dedi Jung, gözlerini Yolcu'nun gözlerine dikerek, "Cesaret, bazen bir kükreme değil, sessizce kendi iç sesini dinleme eylemidir. Çünkü korkunun en güçlü panzehiri, kendini tam anlamıyla tanımaktır."

Yolcu Jung'a yaklaştı: *"Efendim, sanırım en zorlu mücadelelerden biri; insanın kendisi ile yüzleşmesi. Ve bu yüzleşme içinde cesaret gerekli. İnsan, içindeki karanlıkla mücadeleyi kazanmadan, dışarıdaki hayat mücadelelerinde efektif olamaz gibi geliyor bana."* dedi.

Jung tebessüm ederek Yolcu'un söylediklerini tasdik etti. "Gölgelerinle yüzleşmekten korkma, cesur ol!" dedi.

Yolcu, teşekkür ederek Jung'un yanından ayrıldı.

İlk Kapı: Ben Kimim?

5. Kat- Bediüzzaman Said Nursî

Yolcu, derin düşünceler içinde merdivenleri çıkıp beşinci kata ulaştı.

Karşısında, yüzünde tatlı bir tebessüm, gözlerinde ise kararlılıkla yoğrulmuş bir huzurla Bediüzzaman Said Nursî duruyordu.

"Hoş geldin aziz kardeşim." dedi tok ve güven veren bir sesle. "Bugün, cesareti iman penceresinden konuşacağız. Çünkü hakiki cesaret, yalnızca bedensel bir atılganlık değil; kalbin, aklın ve ruhun aynı hedefte birleşmesidir."

Yolcu içeri girdi. Odanın duvarlarında ayet ve hadis levhaları asılıydı. Masanın üzerinde Risale-i Nur'dan sayfalar ve bir köşede ise küçük bir Kur'an-ı Kerim duruyordu. Pencereden gelen hafif rüzgâr, odadaki kâğıtların kenarlarını usulca titretiyordu.

Bediüzzaman Said Nursî sözlerine başladı:

"Kardeşim, cesaretin aslı imandır. İman ne kadar kuvvetliyse, cesaret de o kadar sağlam olur. Çünkü Allah'a güvenen insan, mahlukattan korkmaz. Dünya ne kadar karışık olursa olsun, kalbinde 'Hasbinallahu ve ni'mel vekil' ayeti yankılanıyorsa, duruşun sarsılmaz.

Cesaret, imanı zedeleyecek tehlikeler karşısında dimdik durmaktır. Bazen bu, hakikatleri korkmadan söylemek; bazen de haksızlığa boyun eğmemektir.

Hak yolda yürüyen kişi, halkın hoşnutsuzluğundan değil, Allah'ın hoşnutluğunu, rızasını kaybetmekten endişe eder.

Kur'an'da peygamberlerin kıssaları, hakiki cesaretin örnekleriyle doludur. Hz. Musa'nın, Firavun karşısındaki tavrı, Hz. İbrahim'in putları kırması, Resulallah'ın (S.A.V.) Mekke müşrikleri karşısında tebliğe devam etmesi. Bunların hepsi, imanın verdiği cesaretin tecellisidir.

Cesaret, körü körüne bir saldırganlık, değildir. Hele hele nefsani öfkeyi tatmin eden bir hareket hiç değildir. Aksine, hikmetle

Duygular Evreni – Yolcu

harmanlanmış, niyetini Allah rızasına bağlayan bir iradedir.

Kardeşim! Unutma ki cesaret, yalnız başına gösterilmeye çalışıldığında bazen nefse gurur verebilir. Hakiki cesaret, kardeşlik ruhuyla Allah rızası için bir araya gelip, dayanışma içinde olanların insanlığa fayda sağlaması için olandır.

Bazen cesaret, bir adım atmak değil, yerinde durmak ve sabretmektir. Bedir Savaşı'nda sahabenin sabırla bekleyişi, cesaretin sabırla birleşmesidir. Uhud'da Hz. Hamza'nın yiğitliği, cesaretin fedakârlıkla birleşmesidir.

Cesur olmak, korkusuz olmak demek değildir. Korku, insana yaratılıştan verilmiştir. Hakiki cesur, korkusuna rağmen hak bildiği yoldan dönmeyendir.

İman, cesaretin yakıtıdır. İman zayıflarsa, cesaret yerini tereddüde bırakır. Fakat kalpte Allah'a güven tamsa, en zor şartlarda bile insan dimdik durabilir.

Hak yolda yürüyen, yalnız olmadığını bilir. Arşın sahibi yanında olunca, mahlukatın gücü ona zarar vermez."

Bediüzzaman, şöyle devam etti: "Ve bil ki aziz kardeşim! Cesaret, ancak hak ile birleştiğinde değer taşır. Bâtıl için gösterilen cesaret, bir hamakattir. Hakk için gösterilen cesaret ise, ebedî bir şereftir."

Şimdi sana cesaret ile ilgili hiç unutmayacağın beş şey söyleyeyim:

1-Hakikî cesaret; hakkı hak bilip iltizam etmek, bâtılı bâtıl bilip içtinap etmektir.

2-İman, insana hem ulvî bir şeref, hem hakikî bir cesaret verir.

3-İnsan; Allah'a dayanmakla nihayetsiz bir kudrete istinad eder ve hakikî cesaret de budur.

4-Tevekkül eden; belayı rahmet, musibeti nimet, ölümü hayat bilir ki

İlk Kapı: Ben Kimim?

en büyük cesaret budur.

5-Korkaklık, nefsin zilletinden; cesaret ise imanın izzetindendir.

Yolcu, Bediüzzaman'ın verdiği örnekleri çok sevmişti. Kendi kendine *"Üstad ilk defa böyle spesifik şifreler verdi bana. Demek ki cesaret konusu benim için çok önemli. Bu beş şifreyi hep aklımda tutacağım."* dedi. Üstad'a teşekkür ettikten sonra, duasını talep edip müsaade istedi.

6. Kat- Erik Erikson

Yolcu, Bediüzzaman'ın huzurundan ayrılıp altıncı kata yöneldi. Koridorda ilerledikçe, duvarlarda insan yaşamının; çocukluk, gençlik, olgunluk ve yaşlılık dönemlerini tasvir eden tablolar gördü. Her tablonun altında küçük notlar ve "Güven-Güvensizlik", "Başarı-Aşağılık", "Yakınlık-Yalıtılmışlık" gibi bazı kavramlar yazılıydı.

Kapının önüne geldiğinde, Erik Erikson onu sıcak bir tebessümle karşıladı. Üzerinde sade, ama düzenli bir kıyafet vardı. Gözlerinden, hem bir öğretmenin hem de bir yol göstericinin dingin bakışı okunuyordu.

"Hoş geldin." dedi Erikson, eliyle Yolcu'yu içeri davet ederek. "Bugün cesareti, insan gelişiminin psikososyal boyutuyla konuşacağız. Çünkü cesaret sadece savaş meydanlarında değil, yaşamın her evresinde sınanır."

Yolcu içeri girdi. Odanın ortasındaki masada; birkaç kitap, yanında ise notlarla dolu bir defter duruyordu.

Erikson, Yolcu'ya oturmasını işaret edip konuşmaya başladı:

"Cesaret, bireyin kendi gelişim yolculuğunda karşılaştığı krizleri aşabilmesi için gerekli temel erdemlerden biridir.

Benim kuramımda; her yaşam evresi, bir çatışma ya da kriz

barındırır. O çatışmayı sağlıklı şekilde çözebilen kişi, karakterinde yeni bir güç kazanır. Bu güçlerden biri de cesarettir.

Bebeklik döneminde güven duygusu oluşmazsa, ileriki hayatında kişi risk almaktan çekinir. Oysa güven duygusu sağlamsa, çocuk ilk adımlarını cesurca atar.

Okul çağına gelindiğinde, başarı ve yeterlilik duygusu, yeni cesaret biçimlerini doğurur. Başarısızlıkla yüzleşmeyi öğrenen çocuk, zorluklar karşısında yılmayan bir ruh geliştirir.

Ergenlikte ise kimlik arayışı, en büyük cesaret testidir. Kendi değerlerini oluşturmak, akran baskısına rağmen kendi yolunu seçmek, ciddi bir cesaret gerektirir.

Yetişkinlikte yakın ilişkiler kurmak ve kendini açmak da cesaret ister. Duygusal yaralanma ihtimaline rağmen kalbini açabilmek, içsel bir kahramanlıktır.

Orta yaşlarda; topluma katkı sağlamak, riskli ama anlamlı projelere girmek cesaretin başka bir yüzüdür. Bu dönemde kişi, yalnızca kendisi için değil, gelecek nesiller için de cesur adımlar atar.

Yaşlılıkta ise cesaret, hayatının muhasebesini dürüstçe yapabilmek ve geçmişle barışabilmektir. Ölümü kabullenmek, hayata teşekkür ederek veda edebilmek, en olgun cesaret biçimidir."

Yolcu başını sallayarak söylenenleri tasdik etti. Kendi kendine *"Çok önemli bir mesele bu. Gençliği iyi değerlendirmek lazım. Hayat kısa ve güzel. İnsanlığa faydalı işler yapma konusunda cesur olmak lazım ki, yaşlanınca insan huzurlu olsun. Hayat amacını gerçekleştirmek için, ötelemeden cesurca aksiyon al Yolcu!"* dedi.

Erikson devam etti:

"Psikososyal gelişimde cesaret, umut, irade, kararlılık ve sevgiyle iç içedir. Bu erdemler birlikte olgunlaşırsa, birey hayata karşı dirençli olur.

İlk Kapı: Ben Kimim?

Evlat, cesaretin bir diğer yönü de hatalarla yüzleşme gücüdür. Kaçmak yerine üzerine gitmek, hem psikolojik olgunluğun hem de içsel güvenin işaretidir.

Unutma, cesaret yalnızca kahramanlık anlarında değil, günlük yaşamın küçük seçimlerinde de sınanır. Bazen en büyük cesaret, doğru bildiğin şeyi sessizce ama ısrarla yapmaktır."

Yolcu: *"İnsanın bütün korku ve çevresinde olanların itirazlarına rağmen, doğru bildiğini yapabilmesi gerçekten çok önemli bir cesaret örneği, değil mi efendim?"* diye sordu.

Erikson, tebessüm ederek başını salladı: "Evet çok önemlidir. Bunu yapabilmek için kişinin, gelişim evrelerini sağlıklı bir biçimde tamamlamış olması gerekir." diye cevap verdi.

Yolcu, teşekkür ederek Erikson'un yanından ayrıldı.

Yedinci kata doğru çıkarken, *"Acaba ben doğru bildiğimi cesurca söyleyebiliyor muyum?"* diye düşünüyordu.

7. Kat- Aaron Beck

Yolcu, Erikson'un sıcak ve dengeli sözlerinden güç alarak merdivenleri tırmandı. Yedinci kata vardığında; sade, düzenli ve ferah bir oda onu karşıladı. Kapı aralığından, sakin ve güven veren bir gülümsemeyle Aaron Beck göründü.

"Hoş geldin." dedi ve Yolcu'yu içeri davet ederken. "Bugün cesaret konusunu, düşünce kalıplarının penceresinden birlikte inceleyeceğiz. Çünkü zihnin içindeki küçük cümleler, cesaretin kanatlarını ya açar ya da kırar." dedi.

Odanın ortasında büyük bir masa; üzerinde ise farklı renklerde kartlar, notlar ve bir fincan kahve vardı. Duvarlarda "Olumlu Otomatik Düşünceler" ve "Olumsuz Otomatik Düşünceler" başlıklı tablolar asılıydı.

Beck konuşmaya başladı: "Cesaret, yalnızca bedensel bir eylem değil, zihinsel bir karardır. İnsan, karşısına çıkan bir durum karşısında önce düşünür, sonra hisseder ve en sonunda da hareket eder. Eğer düşüncelerin 'başaramazsın, rezil olursun, hata yaparsan mahvolursun' şeklindeyse, cesaretin kırılır.

Bilişsel Terapinin temelinde şu vardır: Düşünceler duyguları, duygular davranışları şekillendirir. Dolayısıyla; cesur bir yaşam istiyorsan, düşünce kalıplarını yeniden düzenlemelisin.

Korku anında zihne gelen felaket senaryoları, 'Her şey kötü gidecek.' varsayımıyla çalışır. Bu düşünceleri fark etmek ve kanıtlarla sorgulamak, cesareti yeniden inşa eder.

"Yine muhteşem şifreler duyuyorum. Gerçekten, bu katta birçok soruma cevap buluyorum. Bende, otomatikleşmiş bazı negatif düşünceler var. Bunların anlamını değiştirmem gerekiyor.

Düşüncenin duyguya dönüştüğü proseste acaba ne yapmalıyım? Acaba o negatif ve otomatikleşmiş düşünceleri nasıl kontrol altında tutabilirim? Bu, gerçekten çok önemli bir konu." dedi Yolcu kendi kendine.

Beck konuşmaya devam etti:

"Cesur insan, olumsuz düşünceleri yok sayan değil, onları gerçekçi verilerle dönüştüren kişidir. Örneğin, 'Sunumda hata yapacağım.' düşüncesi yerine 'Sunumda küçük hatalar olabilir, ama iletmek istediğim mesajı net bir şekilde verebilirim.' demek, beynin cesaretle bağlantılı bölgelerini aktive eder.

Bilişsel yeniden yapılandırma, cesaretin zihinsel kaslarını güçlendirir. Her yeni deneyim, beynine şu mesajı verir: 'Yapabilirim.'

"Çok güzel." dedi Yolcu.

*"*Çocukluktan itibaren, kibre ve narsizme dönmeyecek sağlıklı bir öz güven aşılanması; bireyin gelişimi için olmazsa olmaz. Eğitim

İlk Kapı: Ben Kimim?

sisteminde uygulanması gereken bir konu bence bu." dedi.

Beck devam etti:

"Ayrıca cesaret, yalnızca eyleme geçme anında değil, eyleme hazırlanma sürecinde de beslenir. Hazırlık, planlama ve küçük adımlarla ilerleme; zihinde, başarının mümkün olduğuna dair güçlü bir inanç oluşturur.

Bir başka önemli nokta da cesaretin sosyal destekle artmasıdır. Destekleyici düşünceler ve başkalarının sana inanması, kendi inancını da pekiştirir. Cesareti kıran en yaygın bilişsel tuzaklardan biri, siyah-beyaz düşünmedir. Oysa hayatın çoğu gri tonlardadır. Griyi kabul eden, yani olasılıkları gören kişi; daha kolay cesur adımlar atar.

Yolcu kendi kendine tebessüm etti: *"Hayatı siyah-beyaz görüp, genellemeler yapmak çokça yaptığım şeylerden biri. Kendi hakkımda hemen negatif yorumlar yapıp cesaretimi kırıyorum. Ama bunu şu an görüyorum artık. Ve görüyorsam düzletebilirim."*

Beck'in verdiği tavsiyeler muhteşemdi:

"Kendi zihinsel kayıtlarını takip et. Her gün, yaşadığın küçük cesaret anlarını not et. Beynin, tekrar eden bu kayıtlarla kendini yeni bir gerçekliğe alıştırır. Unutma, cesaretin karşıtı korku değil; cesaretin karşıtı, düşüncelerin seni esir almasına izin vermektir. Korku; cesaretin içinde de vardır ve cesur kişi, o korkuya rağmen hareket eder."

Beck, masasındaki küçük kartlardan birini alıp Yolcu'ya uzattı. Kartın üzerinde şu cümle yazıyordu:

"Cesaret, doğru düşüncenin eyleme dönüşmesidir."

Öğrendikleri Yolcu'nun çok hoşuna gitmişti: *"Vayyy bee!"* dedi. *"Çok iyi ya. Gerçekten muhteşem."*

Yolcu'nun gözlerindeki heyecan, Beck'in hoşuna gitmişti: "Cesaretinin arttığını görüyorum." dedi.

Yolcu *"Çok önemli çözümler sundunuz. Âdeta, cesaretin bendeki tanımını değiştirdim. Problemlerimden birinin, düşüncelerin duyguya dönüşme prosesindeki negatiflikten kaynaklandığını görüyorum. Bunu keşfedebilmiş olmak, benim için çok önemli bir gelişim alanı. Doğru düşünceleri, doğru niyetle, doğru eyleme dökmeye kararlıyım."* dedi.

Beck, tebessüm ederek; "İşte karşımda cesur, genç bir adam görüyorum." dedi.

Yolcu Beck'e teşekkür ederek yanından ayrıldı.

8. Kat- Michael Brown

Yolcu, Beck'in masasından aldığı kartı cebine koydu ve teşekkür ederek odadan ayrıldı.

Sekizinci kata geldiğinde, kapının aralığından yayılan sıcak bir ışık dikkatini çekti. Kapı açıldığında, Brown gülümseyerek onu karşıladı. "Hoş geldin Yolcu." dedi. "Bugün cesareti, yalnızca tehlike karşısında direnmek olarak değil; yaşamın anlamını ve umudunu diri tutmak olarak da ele alacağız."

Yolcu içeri girdiğinde, geniş pencerelerden gökyüzünün ferah manzarası görünüyordu. Odanın bir köşesinde bitkiler, diğer köşesinde kitaplarla dolu raflar vardı.

Michael Brown konuşmaya başladı:

"Cesaret, pozitif psikolojiye göre sadece bir tepkisel eylem değil, yaşamı aktif olarak olumluya yönlendirme kapasitesidir. Olumlu duygular cesareti besler; çünkü olumlu duygular, beynin yaratıcı ve problem çözücü bölgelerini açar.

Bir insan, umudu güçlü tuttuğunda zorluk karşısında daha cesur davranır. Umut, geleceğe dair olasılıkları canlı tutar. Cesaretin yakıtı budur.

İlk Kapı: Ben Kimim?

Etkileşim, yani güçlü sosyal bağlar; zor zamanlarda cesaretin sığınağıdır. Tek başına mücadele eden insan, çoğu zaman kendi içindeki şüpheye yenilir. Ama destekleyen bir çevre, kişiye 'Sen yapabilirsin.' mesajını defalarca hatırlatırsa, kişinin o zorlukla başa çıkabilmesi çok daha kolay olur."

Brown'ın bu söylediği, Yolcu'yu çok etkiledi. Kendi kendine "Gerçek dost, zor zamanda seni pozitifte tutabilendir. Böyle dostlarını sakın bırakma. Onlar yeryüzünün hazineleri gibidir. Senin de böyle bir dost olman lazım." dedi.

Brown devam etti:

"Anlam duygusu, cesareti en derin düzeyde güçlendiren unsurlardan biridir. İnsan, inandığı ve uğruna mücadele etmeyi göze aldığı bir hayat amacı olduğunda; her türlü zorluğa karşı cesurca hareket edebilir.

Başarı, cesareti pekiştirir. Her küçük başarı, 'yapabilirim' inancını güçlendirir ve bir sonraki adım için cesaret rezervini artırır.

Fiziksel ve zihinsel sağlık da, cesaretin temel dayanaklarındandır. Yorgun, tükenmiş ya da zihinsel olarak dağınık bir insan, risk alacak gücü kendinde bulmakta zorlanır.

Pozitif psikoloji, cesareti beslemek için bilinçli olarak olumlu duygular üretmeyi önerir. Günlük şükür egzersizleri, küçük iyilikler, minnettarlık ifadeleri bu konuda basit, ama güçlü araçlardır.

Cesaret, olumsuz durumları görmezden gelmek değil; onları kabul edip olumlu çözümler aramaktır. Olumlu bakış açısı, gerçekliğin çarpıtılması değil, olan bitenin tüm boyutlarıyla değerlendirilmesidir. Araştırmalar gösteriyor ki, iyimserlik ve esneklik; cesur kararların daha kolay alınmasını sağlar. Çünkü iyimser beyin, tehlikeleri felaket olarak değil; aşılabilir engeller olarak görür."

Yolcu kendi *kendine "Süper yaaa!"* dedi. *"Her şey bakış açısı ile doğru orantılı yaa! Doğru perspektiften bakmak, işin olmazsa olmazlarından."*

Brown: "Cesaret, yalnızca kriz anlarında ortaya çıkan bir özellik değil; her gün alınan küçük kararlarla beslenen bir yaşam biçimidir. Sabah kalkıp hedeflerine yönelmek, kendini geliştirmek, başkaları için faydalı olmak da cesaretin görünmez formlarıdır." dedi.

Brown'ın bu söylediğinden sonra Yolcu, *"Aklıma, Kobe Bryant'ın 'mamba mentality' videosu geldi. Başarılı olmak için her gün, istikrarlı bir biçimde, amacına doğru aksiyonlar almak büyük cesaret işi."* dedi.

Brown anlatmaya devam etti:

"Unutma, cesur insanlar korkusuz değildir. Onlar; korkularını aşmak için sürekli öğrenir, gelişir ve umutla hareket ederler."

Masadan küçük bir not defteri alarak Yolcu'ya uzattı. "Bu deftere, her gün cesaret gösterdiğin üç küçük anı yaz. Zamanla, cesaretinin ne kadar büyüdüğünü göreceksin." dedi.

Yolcu tebessüm ederek *"Çok teşekkür ederim. Daha cesur bir insan olmak, bana çok daha kolay göründü şu anda."* dedi.

Brown güldü. "Sen zaten cesur birisin. Sadece bunu keşfetmen lazım." dedi.

Yolcu tekrar teşekkür ederek odadan ayrıldı.

9. Kat- Yusuf Kandehlevî

Merdivenleri tırmanırken zihninde hâlâ "Cesaret korkunun yokluğu değil, ona rağmen atılan adımdır." sözü yankılanıyordu. Dokuzuncu katın kapısına vardı. Kapı ahşap oymalarla süslenmişti ve üzerinde zarif bir hat ile "Yusuf Kandehlevî - Tebliğ ve Sahabe İzleri" yazıyordu. Kapı aralanınca, içeriden hafif bir misk ve sandal kokusu yayıldı.

İlk Kapı: Ben Kimim?

Kandehlevî, her zamanki yerinde oturuyordu. Yolcu içeriye girince gülümseyerek: "Hoş geldin evlat." dedi.

"Cesareti konuşacağız. Ama bu cesaret, kılıçla değil, kalple ve davaya davetle ölçülen bir cesaret olacak."

Ağır ağır konuşmaya başladı: "Cesaret, sadece savaş meydanlarında gösterilen bir yiğitlik değildir. Gerçek cesaret, Allah'ın rızası uğruna zorluklara sabretmek, hakikate davet etmek ve hakikati savunma görevini yerine getirmektir.

Sahabe-i kiramdan Hz. Ali, hicret esnasında Resulallah'ın (S.A.V) yatağına yattığında ölüm korkusunu yenmişti. Onun cesareti; sadece savaş meydanlarında düşmanı korkutacak şekilde kılıç kullanmasında değil, hayatı pahasına Allah'ın Resulü'nü korumayı göze almasından ileri geliyordu.

Hz. Abdurrahman bin Avf'ın hayatına bak! O; Mekke'nin en zengin tüccarlarından biriyken, inancından dolayı bütün malına el konulmuştu. O ise, tüm yaşadıklarına rağmen, inancını her şeyin üstünde tutmuş ve ona cesaretle sahip çıkmıştı.

Hz. Zübeyr bin Avvam da muhteşem bir cesaret örneğiydi. O, kendi isteğiyle küçük yaşta Müslüman olmuş, dininden dönmesi için yapılan ağır işkencelere rağmen inancını cesaret ve kararlılıkla savunmuştu. Bu; görünürde onun hayatını zorlaştırsa da, ruhunu daha da güçlendirmişti.

Hudeybiye'de yaşananlar da bu konuda çok güzel bir örnektir. Resulallah (S.A.V.) Hudeybiye Antlaşması'nda, sahabenin endişesine rağmen sükûnetle ve stratejiyle hareket etmişti. Anlaşmanın maddeleri, ilk bakışta Müslümanların aleyhine gibi görünüyordu. Buna rağmen Resulallah (S.A.V.), savaş yerine barışı tercih ederek, uzun vadede İslam'ın güçlenmesi için cesur bir karar aldı. Bu, kısa vadeli bir çıkarı değil, hakikati ve sabrı tercih etmenin cesaretiydi.

Anlaşma sırasında pek çok sahabe zorlandı, hatta Hz. Ömer gibi sahabiler, bu anlaşmayı kabullenmekte güçlük çekti. Buna rağmen, Resulallah'ın (S.A.V.) kararına bağlı kalmaları ve itaat etmeleri, büyük bir cesaret örneğiydi. Onlar, görünürde "geri adım atmak" gibi algılanabilecek bir şeye rağmen, imanla direnip sabrettiler. Bu; cesaretin başka bir boyutudur: Öfkeyi dizginleyip hikmetle adım atmak...

Gerçek cesaret, sadece saldırıya karşı koymak değil; ne zaman susulacağını, ne zaman konuşulacağını bilmektir.

Cesur bir mümin, gittiği yerde yalnız kalsa bile, hakikati söylemekten geri durmaz. Çünkü bilir ki, arkasında Allah'ın yardımı vardır.

Mesela Habeşistan'a giden Müslümanların reisi olan Hz. Cafer bin Ebu Talib'in, Necaşi'nin huzurunda Kur'an okuyup İslam'ı savunarak yaptığı konuşma, büyük bir cesaret örneğidir. O; Necaşi'nin huzurunda, Kureyş elçilerinin tüm tehditlerine rağmen, çekinmeden hakikati dile getirmiştir.

Bir başka cesaret kahramanı da Hz. Âsiye'dir. O, Kur'an-ı Kerim'de imanı ve cesaretiyle örnek gösterilen büyük hanımlardandır.

Hz. Âsiye; Firavun'un eşi olmasına rağmen, onun zulmüne ve putperestliğe cesaretle karşı çıkmıştı. Firavun; onun iman ettiğini öğrenince, onu işkencelerle tehdit etti. Ama Hz. Âsiye, bütün baskılara rağmen imanından dönmedi ve işkenceyle şehit edildi.

Cesaretin kahramanlarından bir başkası da Hz. Ümmü Umâre Nesîbe bint-i Ka'b'dır. O; Uhud Savaşı'nda Resulallah'ı (S.A.V.) korumak için kılıç kuşanıp cesurca saldırılara göğüs germiş ve vücudundan birçok yara almıştı. Kadın olmasına rağmen savaş meydanında gösterdiği cesaret, İslam tarihinin unutulmaz örneklerinden biridir.

Hz. Esma bint Ebu Bekir de; hicret esnasında, Peygamberimiz (S.A.V.) ile babası Hz. Ebu Bekir'e gece gizlice yiyecek taşımıştı. Bu sırada müşrikler tarafından sorgulanmış, şiddet görmüş, fakat korkmadan görevini yapmaya devam etmişti. Hicret yolculuğunda gösterdiği bu cesaretle, İslam'ın yayılmasına hizmet etti.

İlk Kapı: Ben Kimim?

Sahabe hayatından öğrendiğimiz cesaret, Allah'a tam teslimiyetle güçlenir. Zorluklar karşısında geri adım atmamak, kalpteki tevhid inancıyla mümkündür.

Evlat, cesareti nefsinden değil, Rab'bine tevekkülden al. Çünkü nefsin verdiği cesaret kibir doğurur, Allah'ın verdiği cesaret ise tevazu."

Yusuf Kandehlevî ayağa kalktı. Yolcunun gözlerine derin derin bakarak "Cesareti Rab'bine tevekkülde ara evlat! Sen; Allah'a iman edip, salih ameller işlersen, zorluklar karşısında sabredip O'nun takdir ettiği kadere rıza gösterirsen; tek başına da kalsan, bütün dünya ile mücadele edecek güç ve cesaretin olur. Kur'an'da bunun örnekleri çokça anlatılıyor. Nice küçük topluluklar, Allah'a olan teslimiyetleri ile, büyük topluluklara galip gelmiştir." dedi.

Yolcu, Yusuf Kandehlevî'nin sözlerinden çok etkilendi. *"Allah razı olsun efendim."* dedi. *"Çok şey öğrettiniz bana. Anlattıklarınızı yaşayabilmem için bana dua edin lütfen."* diyerek izin isteyip odadan çıktı.

10. Kat- İbn Arabî

Yolcu, Kandehlevî'nin odasından çıkarken, sahabelerin sarsılmaz cesareti zihninde yankılanıyordu.

Merdivenleri ağır adımlarla çıktı. Onuncu katın kapısı, diğerlerinden farklı olarak geometrik desenlerle ve derinlik duygusu veren hat yazılarıyla süslenmişti. Kapının üzerinde "Muhyiddin İbn Arabî - Hakikatin Derinlikleri" yazıyordu.

Kapı açıldığında, odadan hafif bir misk kokusu geldi. İbn Arabî, huzur veren hâliyle kapıda göründü. Elini Yolcu'nun omzuna koyarak yavaşça içeri davet etti.

"Hoş geldin evlat." dedi. "Cesaretin dış yüzünü gördün. Şimdi onun iç yüzünü, hakikatteki yerini konuşacağız."

Duygular Evreni – Yolcu

Oda, gökyüzünü andıran kubbeli bir tavanla çevriliydi; tavanda yıldızlar gibi parlayan küçük ışıklar vardı. Ortada yuvarlak bir minder ve etrafında eski kitaplar diziliydi.

İbn Arabî konuşmaya başladı:

"Evlat, cesaret iki âlemde var olur: Zahir âlemde ve batın âlemde. Zahirde cesaret, bedenin tehlikeye karşı durmasıdır. Batında cesaret ise, nefsin hevâsına karşı durmasıdır.

Hakiki cesaret, korkunun yok edilmesi değil, korkunun mahiyetini bilip onun üzerine çıkmaktır. Korku da Allah'ın yarattığı bir öğretmendir; seni sınar, olgunlaştırır.

İnsan, hakikati gördüğünde iki şey olur: Ya ondan kaçar ya da ona doğru yürür. Cesur olan, hakikatin içine adım atan kişidir.

Kalbin cesareti, Hakk'a teslimiyetle güçlenir. Teslim olmayan kalp, zahirde ne kadar güçlü görünse de, bir gün korkuya yenik düşer.

Evrenin her zerresinde bir 'emir' ve bir 'nehiy' vardır. Cesur olan; emre uyarken, nefsinin direncini kırar; nehiyden (yasaklanan) sakınırken de şeytanın fısıldamasına kulak vermez.

Peygamberlerin hayatında gördüğün en büyük cesaret, hakikati tek başına savunmaktır. Hz. İbrahim, putları kırarken yalnızdı; Resulallah (S.A.V.) Hira'da yalnız tefekkür etti.

Cesaret, hakikatin yalnızlığını taşımaktır. Çünkü hakikat, çoğu zaman kalabalıkların ilgisini çekmez. Hakiki cesur kişi, 'Allah benimle beraberdir.' cümlesini kalbine kazıyan kişidir. Bu söz, en büyük zırhtır.

Cesaret, insanın kendi karanlık dehlizlerine inmeyi göze almasıdır. Orada nefsin kirlerini görür, onlarla yüzleşir. Kaçmak kolaydır; kalıp temizlemek ise asıl yiğitliktir.

Evlat! Zahirde, düşmanına karşı cesur görünmek kolaydır. Asıl mesele, batında nefsine karşı aynı cesareti gösterebilmektir.

İlk Kapı: Ben Kimim?

Sana şunu öğütlerim: Cesareti, sevgiyle yoğur. Sevgi olmadan cesaret, zalimlik olur; merhamet olmadan cesaret, taş kalplilik olur.

Yolcu *"Cesareti, sevgiyle yoğur. Sevgi olmadan cesaret, zalimlik olur; merhamet olmadan cesaret, taş kalplilik olur."* öğretisini duyunca âdeta irkildi. O kadar kalbine dokundu ki...

Daha önce cesarete hiç böyle bakmamıştı. Cesaret denince şu ana kadar hep "güç, kuvvet mücadele" akla gelirken İbn Arabî "sevgi, merhamet" demişti. Kendi kendine *"Sevgi, şefkat, merhametli cesaret. Ne kadar güzel yaa!"* diye tekrarladı.

İbn Arabî, sözlerine devam etti:

"Unutma, cesaret bir hedefe yürümektir. Ancak o hedef, Hakk'ın rızası değilse, bu yürüyüş nefsin tuzağına dönüşür."

Daha sonra, minderin kenarındaki küçük ahşap kutuyu açtı. İçinden zarif bir pusula çıkardı.
"Bu pusula, sana zahirde yön göstermek için değil; kalbinde hakikatin kıblesini bulman için. Yolunu kaybettiğinde onu eline al ve hatırla: Cesaret, yönünü bilerek yürümektir." dedi.

Yolcu saygıyla İbn Arabî'ye teşekkür etti. *"Cesaretin, sevgi ve merhamete bakan yönünü daha önce hiç duymamıştım efendim. Çok teşekkür ederim. Bana vakit ayırdınız. Allah sizden razı olsun. Duanıza her zaman talibim."* dedi.

İbn Arabî Yolcu'ya derin derin bakıp tebessüm ederek "Hayy ve Kayyum olan Rab'bim, Zâtı'na doğru yaptığın yolculukta, hakkın yanında durmak için seni cesur olanlardan eylesin evladım." dedi.

Yolcu, aldığı duadan dolayı çocuk gibi sevinmişti. Teşekkür ederek huzurdan ayrıldı.

11. Kat- Abdülkadir Geylânî

Yolcu, İbn Arabî'nin verdiği pusulayı avucunda sımsıkı tutarak merdivenleri çıkmaya başladı.

Onuncu katın derin hakikat sohbetinden sonra, kalbinde hem bir sükûnet hem de güçlü bir hareket isteği vardı. On birinci kata geldiğinde, hat yazılarıyla süslenmiş bir kapı ile karşılaştı: "Gavs-ı Azam Abdülkadir Geylânî - Cesaretin Rahmetle Buluştuğu Kapı"

Kapı sessizce açıldı. İçeriden misk ve amber kokusu yayıldı.

Geniş odanın ortasında, bir ışık huzmesi altında Gavs-ı Azam Abdülkadir Geylânî oturuyordu. Yüzünde derin bir huzur ve gözlerinde sarsılmaz bir kuvvet vardı.

Yolcu'yu görünce tebessümle ayağa kalktı, kollarını açtı: "Hoş geldin evladım." dedi. "Cesaretin derinliğine dair çok şey duydun. Gel, şimdi onu rahmetle nasıl buluşturacağını konuşalım."

Yolcu yere oturdu, başını hafifçe öne eğdi. Gavs-ı Azam konuşmaya başladı:

"Evladım, cesaret Rab'bimizin kalbe koyduğu bir cevherdir. Bu cevher, korkunun taşlarını kırmak için verilmiştir.

Cesaret, tek başına öne atılmak değil; Allah'ın emri için, O'nun rızası uğruna adım atmaktır. Nefsinin öfkesini 'cesaret' sanan, aslında kendi benliğinin esiridir.

Hakiki cesur; hakkı söylemekten çekinmeyen, fakat bunu kırıcı değil, onarıcı bir dille yapandır. Savaş meydanında aslan gibi duran nice insan vardır ki, nefsinin oyunları karşısında korkaklaşır. İşte senin mücadelen önce kendi içinde başlamalıdır.

Resulallah (S.A.V.) "En büyük cihad, kişinin kendi nefsiyle yaptığı cihaddır." buyurdu. Bu, cesaretin en üstün şeklidir.

İlk Kapı: Ben Kimim?

Cesur insan, kalbini Allah'a teslim etmiş insandır. Çünkü o bilir ki, korkuların ötesinde yalnızca Allah vardır.

Evladım, cesaret sabırla kardeştir. Sabır olmadan cesaret, aceleye; acele ise, hata ve pişmanlığa götürür.

Duydukları karşısında Yolcu'nun dikkati iyice yoğunlaşmıştı. Her kelimeyi ezberlemek istercesine dinliyordu. Kendi kendine *"Muhteşem şeyler öğreniyorum yaa!"* dedi.

Gavs-ı Azam Abdülkadir Geylânî konuşmasına devam etti:

"Şunu iyi bil: Cesaret, zayıfı ezmek için değil, zayıfı korumak için vardır. Mazlumun hakkını savunamayan cesaret, gerçek cesaret değildir.

Korku sana geldiğinde ona düşman gibi bakma; onu, Rab'bine yaklaşmak için bir fırsat bil. Çünkü korku, kalbine 'Güç ve kuvvet, sadece Allah'tandır.' gerçeğini hatırlatır.

Evladım! Cesaretin en saf hâli, Hakk için korkusuzca dik durabilmektir. Kalabalıkların alkışına değil, Hakk'ın rızasına yönel.

Cesaretini gösterirken kalbinin yumuşak kalmasına dikkat et. Katılaşan cesaret, zalimliğe dönüşür. Unutma ki, cesaret sadece büyük işlerde değil, küçük ama doğru kararlarda da ortaya çıkar. Günlük hayatta hakkı seçmek, harama yaklaşmamak, adaletle konuşmak da cesarettir.

Cesur ol, ama öfkeni kontrol et. Öfkeyle gösterilen cesaret, şeytanın istediği sahnedir. Allah, cesaretle yürüyene yollar açar. Ama bu yürüyüşte niyetini sürekli kontrol et ki; niyetin bozulursa, cesaretin de yönünü kaybeder.

Evladım! Cesur olmak demek, başkalarının hata yapmasına tahammül edebilmek demektir. Merhamet, cesaretin en güzel süsüdür. Senin cesaretin, bir gün kendin için değil, başkaları için sınanacak. O gün geldiğinde, çekinmeden öne çık.

Duygular Evreni – Yolcu

Unutma ki, cesaret kalbe ilhamdır ve onu diri tutmak zikirdir. Allah'ı anmayanın cesareti söner."

Gavs-ı Azam ayağa kalktı, küçük bir sandığı açtı. İçinden yeşil bir zırh parçası çıkardı, üzerinde "Bismillâhir rahmânir rahîm." yazılıydı.

"Bu, manevî bir zırh." dedi. "Her sabah 'Bismillâh' diyerek giy; korkular sana değemez, cesaretin rahmetle birleşir."

Yolcu bu hediyeyi aldı, kalbine koydu. Edeple Gavs-ı Azam'ın karşısında durup *"Bana nasihat eder misiniz lütfen efendim."* dedi.

Gavsı Azam, ciddi bir ses tonuyla "Sana Allah'ı tavsiye ediyorum evladım." dedi. "Yalnız Allah'a bak. Allah'ı razı etmeye çalış. Yaratılmışların övgüleri seni aldatmasın. Sen, Allah ile bağına bak."

Yolcu *"Peki, ne yapayım efendim?"* diye sordu.

Gavs-ı Azam üç şey saydı:

1-Emredileni yerine getir.

2-Nehyedilenden uzak dur.

3-Kadere rıza göster.

"Bu üç şeyi yaparsan, dünyanın en cesur insanlarından biri olursun."

Yolcu tekrar etti: *"Farzları yerine getireceğim, haramlardan uzak duracağım ve benim hakkımda takdir edilen ne varsa, ona rıza göstereceğim."*

Abdülkadir Geylânî tebessüm ederek, Yolcu'nun söylediklerini onayladı.

Yolcu, hayatının şifresini almış bir hissiyatla huzurdan ayrıldı. On bir bilgenin onu çağırmasını beklemek için, binanın giriş katına doğru yürümeye başladı.

İlk Kapı: Ben Kimim?

Daha yarım saat geçmemişti ki, haberci "Bilgeler seni bekliyor." diyerek Yolcu'yu çağırdı.

Yolcu, enerjik bir şekilde yerinden kalkıp, kendini toparlayarak bilgelerin bulunduğu salona doğru yürümeye başladı.

Salona girdiğinde, bilgelerin her zamanki masada oturmuş, onu beklediklerini gördü. Hepsinin yüzünde bir tebessüm vardı.

Yolcu, pozitif bir sesle onları selamladı. Salonda, sanki daha önce hissedilmeyen coşkulu bir atmosfer vardı.

Brown dayanamayıp, sırasının gelmesini beklemeden herkesten önce "Hoş geldin cesur Yolcu." dedi. Odadaki herkes güldü.

Yolcu *"Hoş bulduk sayın Brown. Kendimi çok iyi hissediyorum."* diye cevap verdi.

Daha sonra Gazâlî konuşmaya başladı: "Evladım, cesaretin temeli ilimdir. Bilgiyle desteklenmeyen cesaret, bir adım sonra tehlikeye dönüşür. Kalbini ilimle besle."

Freud, elini çenesine koyarak konuştu: "Korkularını tanımayanın cesareti eksiktir. Bilinçaltındaki gölgeleri gör, onlarla yüzleş ki cesaretin kök salabilsin."

Adler, güçlü ama sıcak bir ses tonuyla ekledi: "Toplumun faydası için atılan adım, gerçek cesaretin nişanesidir. Kendine değil, topluma hizmet eden cesur olur."

Jung, derin bakışlarla Yolcu'ya bakıp şöyle dedi: "Kendi karanlığını kabullenmeden, cesaret ışığını göremezsin. Kendi gölgene adım at, orada seni güçlendirecek hakikat var."

Bediüzzaman, huzur dolu bir kararlılıkla: "Cesaret, imanla kuvvet bulur. İmanını beslersen, korkuların birer birer dağılır. Çünkü Allah'a dayanan, asla yalnız değildir." dedi.

Duygular Evreni – Yolcu

Ve ekledi: "Unutma aziz kardeşim! İman hem nurdur, hem kuvvettir. Evet, hakiki imanı elde eden adam, kâinata meydan okuyabilir ve imanın kuvvetine göre, hâdisatın tazyikatından kurtulabilir."

Erikson söz aldı ve "Cesaret, kriz anlarında kimliğini korumaktır. Baskı altında bile 'Ben kimim?' sorusuna doğru cevap verebilmektir." dedi.

Aaron Beck ekledi: "Zihninde kurduğun felaket senaryolarını sorgula. Gerçeği gördüğünde; korkular küçülür, cesaretin büyür."

Michael Brown güven dolu bir sesle araya girdi: "Umudu diri tutan, cesareti canlı tutar. Gelecekten beklentini olumlu yönde şekillendir ki, adımların güç bulsun."

Yusuf Kandehlevî: "Sahabeler, cesareti yalnızca savaşta değil, günlük hayatta da gösterdiler. Hakkı savunmak, dostuna sahip çıkmak, komşuna yardım etmek. İşte gerçek cesaret budur." dedi.

İbn Arabî: "Cesaret, Hakk ile aranda perde kalmadığında ortaya çıkar. Çünkü o zaman bilirsin ki sende hareket eden yalnızca O'dur." diye ilave etti.

Son sözü Gavs-ı Azam Abdülkadir Geylânî söyledi: "Cesaretini rahmetle taçlandır. Çünkü merhamet olmadan cesaret, sert bir taş gibidir. Merhametle birleştiğinde ise müminin kalkanı olur."

Yolcu, Gavs-ı Azam'a dönerek *"Cesaret duygusunun eğitimini, merhamet ile taçlandırarak sonlandırmak, ne kadar muhteşem bir ders oldu benim için. Çok teşekkür ederim efendim."* dedi.

Tek tek bilgelerin gözlerinin içine baktı, teşekkür etti. Yüzünde tebessüm ve şükran dolu bakışlarla onları selamladı.

Sonra; *"Cesaret öğrenilebilir bir duyguymuş. Bunu sayenizde fark etmiş olmak, tarifi mümkün olmayan bir mutluluk. Bana öğrettiklerinizi hayatıma uygulamak için, elimden gelenin en iyisinin yapacağıma söz veriyorum. Cesurca bu işi yapacağım."* dedi.

İlk Kapı: Ben Kimim?

Bilgeler, onun bu kararlılığı karşısındaki memnuniyetlerini tebessüm ederek gösterdiler.

Yolcu, izin isteyerek kararlı adımlarla salondan ayrıldı. Binadan çıkarken, habercinin elini enerjik bir biçimde sıktı *"Sanki eğitimin bu bölümünün sonuna yaklaştık sevgili dostum."* dedi.

Haberci "Evet, bilgeler genel değerlendirme için seni tekrar çağıracaklar. Daha sonra, yolculuğunun bu bölümü tamamlanmış olacak." dedi.

Yolcu'nun gözlerinin içine bakıp tebessüm ederek "İyi görünüyorsun." diye ilave etti.

Yolcu cevap verdi: *"Bayağı iyi hissediyorum. İnsanın kendisi ile yüzleşmesi kolay değil. Ama bu yolculuk bir kere başladığı zaman, tadından yenmiyormuş. Daha yolun başındayım, fakat gerçekten çok lezzet alıyorum."*

Ve *"Bu yolculuğumda bana arkadaşlık ediyorsun. Sana da çok teşekkür ederim sevgili dostum."* dedi.

Haberci başını salladı. "Çok iyi gidiyorsun." diyerek Yolcu'yu cesaretlendirdi.

"Sen şimdi git. Artık ne zaman davet gelirse, ben sana haber vereceğim." dedi.

Yolcu binadan ayrılıp odasına doğru giderken, her zamanki gibi kendi kendine, "Ne öğrendin?" diye sordu.

Kısa bir süre kafasını toparlamaya çalışıp ardından tek tek cevapları sıraladı:

"Muhteşem bir gündü. Çok şey öğrendim. Tahmin ediyorum, öğrendiklerimin en önemlisi de; cesaretin, merhamet yanının olması gerektiği idi.

Duygular Evreni – Yolcu

Ayrıca cesaretin karşıtı korku değil; düşüncelerimin beni esir almasına izin vermektir, bunu öğrendim.

Cesaretin, hikmetle birleşmiş bir kararlılık olduğunu ve gerçek cesaretin, hayat amacım doğrultusunda bütün engellere rağmen yürüyebilmek olduğunu öğrendim.

Bu yolculukta; yalnızca 'yapabilirim' demenin değil, 'yapacağım' kararlılığına sahip olmam gerektiğini fark ettim.

Gerçek cesaretin; bütün korkularıma rağmen hak bildiğim yolda yürüyebilmek olduğunu ve bunun yapabilmek için de, kendi gelişim yolculuğumda karşılaştığım krizleri aşabilecek dirayete sahip olmam gerektiğini anladım.

Cesaret; olumsuz düşünceleri yok saymak değil, onları gerçekçi verilere dönüştürmek, doğru düşünceyi eyleme geçirmekmiş. Yaşamın anlamını ve umudu diri tutmak da cesaretle ilgili. Bu benim için çok önemli bir öğretiydi.

Ve daha da önemlisi... Gerçek cesaretin, Allah'ın rızası uğruna zorluklara sabretmek olduğunu gördüm. En cesur davranışlardan biri, insanın nefsiyle mücadele edebilmesiymiş. Ve ben işte tam da bunun için bu yolculuktayım...

Evet Yolcu, sakın unutma! Hakiki cesaret, hakkı kırıcı olmayan bir dille söyleyebilmek ve başkalarının hatalarına tahammül edebilmektir.

Ne kadar muhteşem şifreler bunlar!"

Kendini iyi hissediyordu. Sonra bir an duraksadı: *"Amma uzun cümle kurdun ha!"* dedi.
"Bunun bir özeti yok mu ki?" diye düşündü.

"İşin özü aslında şu." dedi ve devam etti: *"İnsanın kendini tanıyıp değiştirebilmesi; dünyadaki en zor, ama en lezzetli işlerden biriymiş. Bu yolculukta engellere rağmen yola devam edebilmek, cesaret*

İlk Kapı: Ben Kimim?

istiyor. Ve ben, hayatım boyunca, kendimi hiç bu kadar cesur hissetmedim. Ne olursa olsun, kendimle yüzleşip öz benliğimle barışacağım. Bunun için de cesaret; olmazsa olmaz, artık bunu biliyorum."

Öğrendiklerini tekrar edebiliyor olması, Yolcu'yu memnun etmişti. İçselleştirmişti öğretiyi. Bu memnuniyet duygusuyla odasına doğru yürüdü. Çok vakit kaybetmeden uyumak istiyordu. Çok uzun bir gün olmuştu onun için. Öğreti ağırdı.

Odasına girdi, hemen yatağına uzandı ve kısa bir süre sonra uykuya daldı.

Sabah uyandığında kendini dinlenmiş hissediyordu. Hiç uyanmadan uyuyabilmişti. Şimdi artık bilgelerin kendini çağırmasını bekleyecekti. Kendi kendine *"Bakalım ne kadar sürecek?"* dedi.

Günlük rutinine devam etti; kahvaltı etti, havanın güzel olmasını değerlendirip uzun süre yürüdü. Yürürken derin derin düşündü, iç analizler yaptı.

Günle geçiyordu, ama hâlâ bilgelerden bir çağrı gelmiyordu.

Yolcu'nun iç motivasyonu gayet pozitifti. Duyguları stabil ve kontroldeydi. Herhangi bir negatifliğe düşmüyordu. "Ne olacak?" anksiyetesi yoktu. Sabırlı bir bekleyiş içerisinde, kendine bol bol vakit ayırıyordu.

Bu bekleme sürecinde; kaldığı yerin hemen yakınındaki ormanlık alanda, daha önce hiç keşfetmediği ağaçların dallarının gizlediği derenin kenarında, bir yer keşfetti. Orayı çok sevmişti. Sık sık oraya gidip oturuyor; kuşların sesini, derede akan suyun şırıltısını dinliyordu.

Bazen oturuyor, bazen kalkıp yürüyor, kendi kendine konuşuyor ve geçmişinde zorlandığı olayları hatırlayıp, burada öğrendikleri ile analizler yapıyordu. Bu gittiği yere "sığınağım" adını vermişti. Kendini çok huzurlu hissediyordu orada.

Doğanın içinde tek başına kalmanın ve kendi iç dünyasındaki

Duygular Evreni – Yolcu

gürültüyü dinlemenin zevkini çıkarıyordu âdeta.

Dördüncü gün, *"Buraları biraz daha keşfedeyim."* diyerek ormanın derinliklerine girdi. Tepede ilginç bir ağaç gördü. Ağaca tırmanıp etrafa baktı.

Değişik bir deneyim olmuştu bu Yolcu için. Çocukluğuna gitmişti. Kendi kendine *"İnsan kaç yaşında olursa olsun, içindeki çocuğa izin vermeli."* dedi. *"Gerçekten de içimizdeki çocuğun şımartılmaya ihtiyacı oluyor. Bu bir ağaca tırmanmakla olsa bile..."* diye düşündü.

Bazen koştu, bazen yürüdü, bazen sığınağında kendi kendine değişik sesler çıkartıp güldü. Bazen dereye ayaklarını soktu; suyun serinliği ile ferahladı. Bazen ağacına tırmandı. Daha önce hissetmediği kadar keyifli zamanlar geçirdi. Kendine vakit ayırmayı sevmişti.

Sekizinci gün, hava kararmadan odasına doğru giderken, yolda haberci ile karşılaştı. "Yolcu neredesin ya?" dedi haberci. "Ormanın çok derinliklerine gitme." diye uyarıda bulundu.

"Kendime özel yerler keşfettim, oralarda takılıyorum." dedi Yolcu.

Gülüştüler.

"Bilgeler yarın seni bekliyor. Aynı saatte beni bekle." dedi haberci.

Yolcunun iç dünyasında müthiş bir heyecan dalgası oluşmuştu. Göğüs kafesinden boynuna doğru yayılan bir enerji gibiydi bu.

"Tamam dostum, çok şükür." diye cevap verdi. Ve o günü tatlı bir heyecanla tamamladı.

Sabah erkenden kalktı. Üzerine, ilk geldiği gün verilen ve her gün giydiği kıyafetleri giymişti. Çok geçmeden haberci kapıyı çaldı. Selamlaştılar. Yavaş yavaş binaya doğru ilerlediler.

Bekleme salonunda, her zamanki yerine oturup çağrılmayı beklemeye başladı.

İlk Kapı: Ben Kimim?

Çok geçmeden haberci "Hadi gidelim." dedi ve birlikte salona doğru ilerlediler.

Yolcu, merdivenlerden aşağıya indiğinde, yine o tanıdık daireyi gördü. On bir bilge, mum ışığının aydınlattığı geniş salonda onu bekliyordu. Odada ağır bir sessizlik vardı, fakat bu sessizlik şefkatle dolu gibiydi.

Yolcu, enerjik bir biçimde bilgeleri selamladı.

Abdülkadir Geylânî konuşmaya başladı: "Evladım, hoş geldin. Bugün, ilk kapının son açılışı olacak. Kendini değiştirmek için niyetlendin ve sana, bu nimet ihsan edildi. Şimdi sana, bu ilk kapının yolculuğunun özeti bildirilecek. Dikkatli dinle." dedi.

Yolcu *"Çok teşekkür ederim efendim. Burada bulunmak çok büyük bir şans benim için. Bir-iki aydır devam eden bu yolculukta, sizden çok şey öğrendim. Bu süre, hayatımın en kıymetli zaman dilimlerinden biri oldu. Size ne kadar teşekkür etsem, azdır."* dedi.

Sonra, her bilge tek tek konuştu.

İmam Gazâlî başladı: "Evlat, merak seni hakikate çeker, ancak onu doğru yere yönlendirmelisin. Yalnızlık, kalbinle konuşmayı öğretir; korkma ondan. Kaygı, sana geleceği hatırlatır ve ancak, teslimiyetle dengelenir. Ümitsizlik, gafletin perdesidir; o perdeyi açtığın an, arkasında rahmet vardır. Cesaret ise, bütün hayır kapılarının anahtarıdır."

Freud devam etti: "Merak, bilinçdışının kapısını aralayan ilk dürtüdür. Yalnızlık, bastırılmış arzularını su yüzüne çıkarır. Kaygı, bilinçaltının alarmıdır; ama seni uyandırmak için vardır. Ümitsizlik, yaşam enerjinin tıkandığı noktadır. Cesaret, id ve süper egonun çatışmasını dengeleyen köprüdür."

Adler söz aldı: "Merak, insanı topluma bağlayan, bir ilk adım olabilir. Yalnızlık, sosyal ilgiyi kaybettiğinde büyür. Kaygı, yetersizlik duygusundan doğar; ama aynı zamanda gelişim için yakıttır. Ümitsizlik, yanlış hedeflere bağlanmanın sonucudur. Cesaret, bireyin kendi hayatını şekillendirme gücüdür."

Carl Jung, kendinden önce konuşan bilgelerin sözlerini onaylar şekilde devam etti: "Merak, bilinçdışının sana fısıltısıdır. Yalnızlık, gölgenle tanışma fırsatıdır. Kaygı, arketiplerin kapıyı çaldığı andır. Ümitsizlik, yeniden doğum öncesi karanlıktır. Cesaret, gölgeyle yüzleşip bütünleşmenin ilk işaretidir."

Bediüzzaman Said Nursî, vakur bir sesle konuşmaya başladı: "Kardeşim! Merak, seni hakikate götüren bir nimettir. Yalnızlık, kalbin Allah'a açıldığı bir seher vaktidir. Kaygı, tevekkülle aşılır. Ümitsizlik; şeytandandır ve insanı, rahmetten uzaklaştırır. Cesaret ise, imanla birleştiğinde; insan için, her şey ile başa çıkabilecek bir güç hâline gelir."

Erik Erikson devam etti: "Merak, gelişim evrelerinde, kimlik inşasının temelidir. Yalnızlık, bağlanma krizinin bir yansımasıdır. Kaygı, kimlik bocalamasının habercisidir. Ümitsizlik, yaşamın ileri evrelerinde, anlamsızlık hissi doğurur. Cesaret, bütün gelişim evrelerini birleştiren psikososyal bir güçtür."

Aaron Beck: "Merak, yeni düşünce kalıplarının kapısını açar. Yalnızlık, 'kimse beni sevmiyor' düşüncesinin sonucudur. Kaygı, felaketleştiren inançlardan doğar. Ümitsizlik, öğrenilmiş çaresizlikle pekişir. Cesaret, düşüncelerini yeniden yapılandırmanın ilk adımıdır." dedi.

Michael Brown: "Merak, pozitif psikolojinin keşif kapısıdır. Yalnızlık, aidiyet eksikliğinden doğar; ama toplulukla aşılır. Kaygı, olumsuz beklentidir, ama umutla dengelenir. Ümitsizlik, kalıcılık yanılgısıdır. Cesaret, en zor anda bile yeniden deneme iradesidir." diye ilave etti.

Yusuf Kandehlevî söz aldı: "Merak; sahabenin Resulallah'a (S.A.V.) sorduğu sorular gibidir, kalbi diri tutar. Yalnızlık, Hira'daki gibi olduğunda, vahye kapı aralar. Kaygı, Bedir'de Allah'ın yardımıyla feraha çıkmaya vesile oldu. Ümitsizlik; Uhud'daki kırgınlıktı, ama ardından tekrar ayağa kalkma geldi. Cesaret ise, Mekke'deki sahabenin dik

İlk Kapı: Ben Kimim?

duruşuydu."

İbn Arabî devam etti: "Merak, varlığın hakikatine açılan ilk perdedir. Yalnızlık, vahdetin işaretidir; orada Allah vardır. Kaygı, insanın aczini fark etmesidir. Ümitsizlik, ilahi tecelliyi görememektir. Cesaret, 'Lâ ilâhe illallâh' diyerek teslim olmaktır."

Ve Abdülkadir Geylânî toparladı: "Evladım... Merakın seni bu yolculuğa başlattı. Yalnızlıkta kalbin, Rab'binle buluştu. Kaygı, seni secdeye itti. Ümitsizlik sana, Allah'ın rahmetini hatırlattı. Cesaret ise, bütün bu kapılardan geçmeni sağladı.

Bil ki, her duygu seni Allah'a götüren bir merdivendir. Kırılma da olur, sarsılma da... Ama unutma: Allah ile yürüyen yenilmez. Şimdi kalbine bu ilk kapının mühürlendiğini bil."

Yolcu, bu sözleri dinlerken, kalbinin kapılarından birinin açıldığını hissetti. Merakla başlayan, yalnızlıkla derinleşen, kaygıyla sarsılan, ümitsizlikle tökezleyen; ama cesaretle ayağa kalkan bir iç yolculuğun tamamlandığını fark etti.

Odasına dönerken ellerini kalbine koydu: *"Artık, kim olduğumu biliyorum. Ben, kendini tanıma yolculuğuna başlayan bir Yolcu'yum. Evet, bu yolda milyonlarca insan yürüdü. Ben de yürüyeceğim. Kendi karakterime göre, kendi hızımda, kendi tarzımda...*

Bu yolda mükemmel yürüyüş diye bir şey yok. Mükemmel hız, mükemmel tarz diye bir şey yok. Herkesin yolculuğu kendine göre. Ben de kendi yolculuğumda yürüyeceğim.

Elime, hayatımın en büyük fırsatlarından biri geçti. On bir bilge, öğretileri ile bana yardımcı oluyor. Ama biliyorum ki bu yolculuğu ben yürümeliyim. Onlar bana yol gösterebilirler, fakat kimse bu yolu benim yerime yürüyemez. Düşsem de kalksam da, kolay da olsa zor da olsa, istesem de istemesem de ben bu yola çıktım. Sonuna kadar gideceğim, isterse bu bir ömür boyu sürsün.

Bu yolculuk sabır olmadan tevazu olmadan yürünmeyecek gibi duruyor. Sabredeceğim. Hiçbir şey bilmiyorum ben mütevazılığında olacağım. Belki de tam 'Geliştim ben.' dediğimde, eski hâlimden çok daha aşağıya düşeceğim anlar gelecek; ama vazgeçmeyeceğim. Ben, kendim ile yüzleşeceğim; beni tanıyacağım ki, her şeyi yaradan Rab'bimi de tanıyabileyim.

Mütevazı ol ey Yolcu! Sabırlı ol! Dirençli ol! Bu yol uzun birçok zorluk var gibi görünüyor. Ama senin başka alternatifin yok, geri dönüşün yok. Yolculuğun ilk kapısından girdik Elhamdülillah. Bu kapıdan sonra bakalım 'iç kapı'da neler öğreneceğiz. Biraz tedirginim. Ama bu insanî olsa gerek. Cesaretle ilerleyeceğim."

Ertesi gün Yolcu, haberciyi beklemek için erkenden binanın önüne gitti. Haberci geldiğinde ona, *"Bu sefer ben seni selamlamaya geldim."* dedi. Gülüştüler.

"Ayrılıyor musun?" diye sordu haberci.

Yolcu, *"İlk kapı tamam dostum. İçeriye girdik Elhamdülillah. Şimdi, pratik yapma zamanı. Öğrendiklerimi hayatıma uygulama zamanı. Bakalım, bir daha ne zaman görüşeceğiz."* dedi.

Haberci; "Yolun açık olsun dostum." dedi. "Yolculuğun kolay olsun. Bu, dünyanın en lezzetli yolculuğu… Tekrar görüşmek üzere." dedi.

Sıkıca el sıkıştılar. Yolcu arkasını döndü ve yavaşça yürümeye başladı. Kendi kendine *"Görelim Mevlam neyler, neylerse güzel eyler."* diyordu.

***

Kerem bir anda sıçrayarak uyandı. *"Ne oluyor ya! Rüya mı gördüm, yoksa gerçek bir şeyler mi yaşadım?"* diye kendi kendine konuşmaya başladı. Kendine gelmesi biraz zaman aldı.

En son, ağlayarak dua ettiğini ve ardından da bir yolculuğa çıktığını hatırladı.

Kerem, metafizik âlemde bir yolculuğa çıkartılmıştı.

Yüzünde bir tebessüm oluştu. *"Vay canına! Her şeyi hatırlıyorum ya! Bu nasıl olabilir ki!"* dedi.

Sonsöz

Kerem, kendini tanıma yolculuğunun ilk bölümünü tamamlamıştı.

O, ilk kapıdan içeriye girmişti artık.

Çıktığı metafizik âlemdeki bu yolculuğu, uykusundan uyandığı zaman da bütün detayları ile hatırlıyordu. Bunun olağanüstü bir yolculuk olduğunu anladı.

Bilgelerin ona, keşfedeceği iki kapının daha olduğunu söylemesi, tekrar bu yolculuğa çıkacağı konusunda ümit olmuştu.

Henüz birkaç hafta önce, bu yolculuğun nasıl bir serüven olacağını dahi bilmiyordu. Sadece bir merak kıvılcımı vardı içinde. Şimdi ise, o kıvılcımın nasıl bir alev olduğunu, nasıl yol gösterici bir ışığa dönüştüğünü fark ediyordu.

Bu ilk kapıda, merak onu yola çağırmıştı. Merak, görünmeyenin kapısını aralayan ilk fısıltıydı. Ona "Daha fazlası var." diyen ve ruhunu dürten ince bir ses... Merak olmasaydı, bu yolculuk hiç başlamazdı.

O gün, ilk defa, binanın kapısından içeri adım atarken, sanki kendi kalbine giriyor gibiydi. Bilgelerin sözleri, onun için sadece sorularına cevap değil; daha büyük soruların anahtarı gibiydi.

Kerem öğrendi ki merak; bilmenin değil, aramanın kapısıdır. Ve arayan, çoktan yolun bir parçası olmuştur.

Merakın ardından, sessizlik ve derin bir boşluk gelmişti: Yalnızlık.

O, kalabalıkların ortasında bile insanı sarsan, kimi zaman ürperten bir ayna gibiydi.

Kerem, ilk kez kendi iç sesini bu kadar yakından duymuştu. Yalnızlık ona, "Kendini tanımadan, kimseyi tanıyamazsın." demişti âdeta.

İçinde hissettiği boşluğun, aslında kendinden uzaklaşmaktan doğduğunu anladı. Ve yalnızlığın, sadece bir eksiklik değil, bir davet olduğunu kavradı: Bu, kalbine dönme davetiydi.

Ardından kaygı geldi. Geleceğin belirsizliği, adımların titrekliği, kalbin çarpıntısı...

Kerem, kaygının zincirlerini taşıyarak yürüdü. Bu duygu, ona sürekli olarak "Ya başaramazsan? Ya düşersen?" diye fısıldamıştı.

Fakat sonra öğrendi ki kaygı, sadece korku değil; hazırlığın ve farkındalığın da bir işaretidir. Kaygı, sorumluluğu hatırlatır. Ve kaygıyla yüzleşmek, cesarete giden yolun taşlarını döşer.

Yol zorlaştığında, geceler ağırlaştığında, Kerem'in kapısını ümitsizlik çaldı. Bu, belki de onun kalbini en çok sarsan bu duygu oldu. Çünkü ümitsizlik, insana her şeyin boş olduğu hissini verir.

Kerem, karanlığın en derinlerinde, *"Artık yürüyemem."* dediği bir yerde kalmıştı. Fakat orada öğrendiği şey, hiçbir öğretinin ve kitapların ona veremeyeceği bir dersti:

"Ümitsizliğin ortasında bile, mutlaka bir ümit kıvılcımı vardır.

İnsanın, kendini en tükenmiş gibi hissettiği zamanlarında bile, kalbinin derinliklerinde bir dua, bir nefes hâlâ yaşamaya devam eder."

Kerem, artık karanlığa bakmayı öğrenmişti ve oradaki ışığı da görüyordu.

Ve sonunda cesaret geldi. Cesaret, korkunun yokluğu değil; korkuyla birlikte adım atabilmekti.

Kerem anladı ki; insan, kalbinin en derin kırılganlığına rağmen yürüyebiliyorsa, gerçek bir Yolcu'dur. Cesaret ona, "Sen zaten yoldasın.

Yeter ki geri dönme." dedi.

Bu beş duygu bir araya geldiğinde, Kerem artık sadece bir öğrenci değil, yolun bir parçasıydı. Artık biliyordu ki her duygu, onun için bir öğretmendi.

Merak bir anahtar, yalnızlık bir ayna, kaygı bir sınav, ümitsizlik bir gece ve cesaret bir şafaktı.

Hepsi birlikte, onun ilk kapıdan geçmesini sağladı.

Fakat yol burada bitmiyordu. Bilgelerin sözleri hâlâ zihninde yankılanıyordu Kerem'in:

"Kalbin kapıları çoktur. Sen daha ilkini açtın."

Kerem'in bu ilk kapıdaki en büyük kazanımlarından biri; ne kadar negatif hissediyor olursa olsun, pozitif kalmaya çalışma çabası idi.

Geliştirmesi gereken çok yönü vardı ve bunu yapabilmek için, bakış açısını ve yaşananlara yüklediği anlamları farklılaştırması gerektiğini öğrenmişti.

İlk kapının ona en büyük hediyesi: "Realiten ne olursa olsun, sen kontrolde olabilirisin, duygularını yönetebilirsin, bakış açını değiştirebilirsin." hakikatiydi.

Şimdi, ilk kapının ardında, başka kapıların gölgeleri görünüyordu. Kerem, kalbin derinliklerine indikçe daha zorlu imtihanlarla karşılaşacağını seziyordu.

Çünkü ikinci kapı, "İç Kapı: Gölgeyle Yüzleşme" kapısıydı. Ve Kerem, gölgenin ne anlama geldiğini bilmeden önce, ışığını tanımak zorundaydı.

O, şu an bir eşiğin üzerinde duruyordu. Bir yanında kazandıkları, diğer yanında bilinmez bir karanlık...

Kerem o gece, odasının penceresinden yıldızlı gökyüzüne bakarken, içinden şunları geçiriyordu:

"Ben kimim?

Neden yaratıldım?

Bu dünyadaki amacım ne?

Nereye gidiyorum?

Bu sorulara cevap bulmak kolay değil biliyorum. Fakat ben, bu yolculuktan dönmeyeceğim. Kendimi tanıyacağım. Yaratılış sebebimi öğreneceğim, hayat amacımı belirleyeceğim ve bu istikamette bir hayat yaşayacağım."

İşte ilk kapı, Kerem'in bu sorularına aradığı cevapları bulması için bir başlangıç oldu.

İkinci kapının ardında, iç dünyasında yüzleşeceği gölge onu bekliyordu. Ama Kerem, artık korkmuyordu.

Çünkü o, merakıyla başlamış, yalnızlığıyla kendini bulmuş, kaygısıyla uyanmış, ümitsizliğiyle sabretmiş ve cesaretiyle adım atmıştı.

Yolculuk, henüz yeni başlıyordu…

www.ingramcontent.com/pod-product-compliance
Lightning Source LLC
Chambersburg PA
CBHW020405080526
44584CB00014B/1178